汽车制造设备与工装

主 编 杨立峰 程 琼
主 审 邵立东

中南大学出版社
www.csupress.com.cn

全国高等职业教育汽车类"十三五"规划教材编委会

主　任

李东江　王法长

副主任

（按姓氏拼音排序）

邓政洲	冯月崧	袁红军	陆耀良
李晶华	廖　明	孙立宇	苏　州
王国强	杨立峰	周志伟	

委　员

（按姓氏拼音排序）

蔡乙贤	陈顺强	陈伟儒	陈镇亚
成起强	高　明	归华君	何宇漾
柯文远	赖晓龙	李春辉	梁灿基
梁永勤	梁志伟	廖毅鸣	林耀忠
蔺文刚	刘及时	刘　宜	龙文婷
明邦平	谭光尧	王建莉	王一斐
韦　清	温锦文	谢岳辉	徐　振
颜其慧	张　隽	张璐嘉	张淑梅

总序

汽车销售市场风云变幻,配件垄断市场的、汽车维修技术信息公开、互联网+、大众创业万众创兴等对传统汽车后市场业态产生了巨大冲击,传统业态——4S店、一二类综合性维修企业的发展空间备受挤压,利润大幅缩水,甚至面临企业的生存问题;而新兴业态——上门保养,技术上门,快修快保连锁经营,综合维修企业联盟发展,汽车维保线上下单、线下作业等层出不穷但却没有赚到理想中的利润,发展前途堪忧。而随着制造汽车的原材料、汽车零部件的加工工艺、汽车装配工艺、汽车运行材料等的技术进步,以及道路条件的大幅改善,汽车的故障概率大幅度下降,汽车的可靠性大幅度提高,"汽车不坏了"已经是一个不争的事实;在环保和能源的层层重压之下,新能源汽车,特别是纯电动汽车的市场份额将急剧扩大。因此,过去汽车"以修为主"的时代已经成为历史,"以养代修"的汽车后市场时代已经来临。基于以上现实,在不久的将来,传统业态中的4S店、大型综合性汽车维修企业将面临大批倒闭的困境,汽车后市场的转型升级势在必行;流程化、规范化、标准化、专业化、品牌化、连锁化的汽车专项维修将是汽车后市场的必然发展趋势;汽车后市场对汽车类人才的需求将从单一的"技术技能型人才"向"技能服务型人才"过渡,过去汽车职业教育"以就业为导向"的人才培养模式将面临挑战,毕业生将无业可就,倒逼汽车职业教育人才培养向"以创、就业为导向"人才培养模式转变,因此汽车职业教育也必须进行转型升级,从而汽车职业教育也要从人才培养模式、人才培养方案、教学计划、教学大纲、课程建设、师资队伍建设、实训基地建设等方面进行全新规划。

职业教育不是为过去的行业培养人才,而是要为未来的行业发展需求储备人才,因此职业教育要紧跟行业发展,甚至要预判行业未来发展趋势,走在行业发展的前面,千万不能职业教育和行业发展两张皮,我办我的教育,不管行业发展什么事。因此汽车职业教育一定要研究汽车市场，一定要贴近汽车市场，要知道汽车职业教育到底应该教什么！到底应该怎么教！到底要教到什么程度！谋定而后动，直击汽修职业教育的痛点。鉴于此，中南大学出版社邀请行业专家参与，组织国内知名汽车高等职业教育院校教育专家共同剖析汽车后市场发展现状，研究汽车后市场发展趋势，积极探索汽车职业教育人才培养方案和人才培养模式，以满足汽车后市场现实要求和适应未来汽车后市场未来发展需求为出发点，构建全新的汽车职业教育课程体系，打造全国高等职业教育汽车类"十三五"规划教材，相信这套丛书的出版将对推动我国汽车职业教育的发展，为汽车市场的发展奠定基础。

李东江

2016 年 6 月

序言 / Foreword

汽车制造与装配技术专业隶属于汽车专业群，是浙江省提升地方办学水平重点资助专业，是基于校企合作、顺应杭州大江东汽车产业发展需求而成立的新专业，2012 年开始招生。该专业积极探索"2+1"人才培养模式，通过校内教、学、做一体和企业顶岗实习，《汽车制造设备与工装》是一门重要的基础专业课，培养、夯实汽车制造行业基础知识，使得毕业生在主机厂能够快速进入角色。

一、杭州汽车产业发展情况

汽车产业是我国国民经济三大支柱产业之一，中国商务部投资促进局和德勤 12 日联合发布的《2014 中国汽车行业发展报告》称，中国汽车产、销约占全球总产销量的四分之一，已连续六年稳居全球汽车产销量首位。2014 年虽然增速有所放缓，但仍是最具发展潜力的汽车市场。2015 年，中国汽车市场再次创造全年生产 2450.33 万辆，销售 2459.76 万辆的记录，同比分别增长 3.25% 和 4.68%。中国汽车市场刚性需求依然呈现增长态势，预计 2016 全年汽车总销量同比将保持 4% 的增长。

2015 年 10 月环保部发布《轻型汽车污染物排放限值及测量方法(中国第五阶段)》法规。与第四阶段标准相比，点燃式汽车的污染物排放限值加严 25%～35%，压燃式汽车的氮氧化物排放限值加严 28%，颗粒物排放限值加严 82%。

汽车产业也正由传统汽车向新能源汽车转型发展，新能源汽车成为国家战略性新兴产业。浙江省汽车产业呈现了高起点、高规划、高品位、高投入方向快速发展，如吉利汽车收购了国际知名品牌沃尔沃 100% 股权，东风裕隆杭州项目总投资达 34 亿元人民币，项目一期一阶段拥有 12 万辆产能、20

万台产能的发动机厂、汽车研发中心等配套将一次性到位。东风裕隆项目二期拥有24万辆的产能规划。还有长安福特马自达浙江（杭州）项目总投资75亿元人民币。2016年4月，80亿元吉利新能源整车项目落户大江东，年产10万辆纯电动乘用车。杭州湾汽车产业已成为浙江省优势龙头产业。

近年来，杭州市把发展汽车产业作为加快产业结构调整和推动经济转型升级的重要突破口，汽车产业已成为杭州经济增长的重要引擎。2011年，杭州汽车产业规模以上企业已达300余家。2015年，杭州大江东集聚区实现生产总值250.52亿元，比上年增长17.0%，增速位居全市第一；2016年一季度，杭州大江东汽车产业实现汽车制造业增长516%，占有规模上工业比例达到43.7%，实现地区生产总值77.1亿元，同比增长31.3%。仅长安福特工业增加值24.6亿元，产值94.8亿元。2016年1~3月，李尔长安实现工业总产值4.7亿元，永彰汽车、杭州佑展等汽车配套企业总产值同比增速分别达408.0%、19.6%。前进园区10家福特配套企业实现产值6.6亿元，占园区总产值比例提高到9.7%，从业人员由5万人提高到20万人。杭州汽车产业已显示出强劲的发展势头，将为促进浙江省经济转型升级起到积极作用。

杭州市汽车产业正由低端向高精尖、由单一向全系列、由分散向产业链、由跟风向创业品牌的方向转化。随着产业规模迅速发展和产业的转型升级，迫切要求提升行业企业从业人员的整体素质和技术水平，提高企业综合实力和竞争力，而目前浙江省仅有两所高职院校开设本专业，因此在今后几年，汽车制造与装配高素质技能型人才缺口极大，尤其是新能源汽车制造技术人才。

二、2017年度汽车行业人才需求描述

根据2011《中国汽车人才发展战略研究》报告显示，2017年中国汽车产业技术人员年需求将突破500万人大关，到2020年就能够达到776万人。

汽车企业间竞争，最终还是人才之争。各大汽车企业在人才培养招募领域的积极投入，不仅成为其完成中长期事业计划目标的有力保障，更是夯实了发展基础实力。相关的汽车人才主要需求如下：

(1)主机厂需求：整车设计、工艺、配送、检验、制造操作人员；

(2)4S店人员需求：销售、服务、索赔等；

(3)汽车零部件公司的需求：设计、技术、检验人员。

三、各大汽车厂应对人员缺口的应对措施

1. 与高校结盟、吸纳毕业生

对于企业基层人才的吸引，上海大众为了充分展现自身特色、吸引人才，上海大众在校园宣讲会的设计上下足了功夫。针对"80后"乃至"90后"学生群体自信、敢于质疑、敢于挑战权威的特点，上海大众的校园宣讲会摒弃了传统的说服式教育，而是以学生群体的视角来剖析问题，以他们的语言来描述事物。这种"换位思考"，得到了大学生们的认可，收效显著。

2. 定向培养：汽车类的中职和高职专业毕业生

吉利大学是一种成功的范例。北京吉利大学、杭州职业技术学院、湖南吉利汽车职业技术学院等高等院校，在校学生超过4万人，确保每年输送至吉利公司近万名毕业生。

3. 按照校企联合培养计划操作，使新入职毕业生直接进入角色

"预备工程师、预备营销人员"联合培养计划是由众泰汽车和金华职业技术学校共同实施的针对即将毕业的学生的培训项目，进入项目的学生以企业的开发、营销需要作为毕业设计的目标，从而使他们的毕业课题能紧贴企业的应用实际，使新入职毕业生直接进入角色。

四、本课程专业培养目标

根据汽车制造企业人才需求变化的要求，主要面向汽车整车制造企业、专用车辆改装企业的生产过程中汽车整车制造与装配作业、汽车整车装配过程中的过程检验、整车下线检查和调试、汽车性能检测与评价和配件检验等各项工作。

最终具备以下能力：

(1)能了解汽车生产常用检测设备、工具工装的机械传动、液压、气动传动和电路的工作原理；

（2）能读懂常用工装、检测设备的结构工作原理图；

（3）能分析、解决汽车生产常用设备、工装的简单故障；

（4）掌握汽车总装工艺过程所需工位器具的选型、简单设计。

因《汽车制造设备与工装》教学中没有合适的教材，本书在借鉴参照大量的参考文献的基础上进行编写，在此对参考文献中的作者表示衷心感谢。本书用于教学使用，在编写过程中，得到了作者所在单位杭州职业技术学院大力帮助，青年学院领导和同事们的支持与鼓励；本书由杨立峰主编，由青年汽车学院邵立东教授主审。参编的还有汽车企业焊接专家杨海深、宋军伟（共同编写项目二）、苑庆泽、李小攀（共同编写项目三）、汽车企业设备专家王智、陈强（共同编写项目四），程琼、迟晓妮、郑海、史云斌等老师做了编辑审稿工作，谨此，编者一并表示衷心的感谢！

由于作者水平有限，不妥之处在所难免，欢迎读者不吝指正。

编　者

2016 年 11 月

目 录
CONTENTS

项目一　汽车制造与雾霾治理

【观察与思考】

　　对于汽车我们天天要见到用到，可是汽车是如何制造出来的呢？需要哪些设备来支持？制造出来的汽车又怎么影响我们的生活？雾霾是不是由汽车造成的呢？汽车制造企业对于治理雾霾应该负起的责任是什么？我们如何通过控制汽车制造的每一个环节，保证我们的汽车是对环境有利的呢？这一系列的问题需要我们进行解决。我们应该如何学会思考、掌握解决问题的思路和方法？让我们一起来学习汽车制造的理论知识吧。

　　本项目安排三个任务，先从普通人生活的角度出发，思考汽车在雾霾产生和治理中应起的作用，进一步需要熟悉车辆相关的法规条款。学习国家法规的内容，了解国家强制标准的作用和意义，再对政府部门雾霾治理提出合理的建议，并确定所提出的建议应提交给哪个汽车制造的主管部门。

【任务引入】

　　带着问题观看柴静雾霾调查视频《穹顶之下》，讨论并回答问题：

　　(1)汽车对雾霾产生的影响有多大？

　　(2)中国汽车是由哪三个部门主管？如何管？

图 1-1-1　《穹顶之下》及二维码

（3）中国油品问题现在解决了吗？

（4）如何解决中国雾霾的问题？要用多长时间？

任务1　汽车排放与雾霾

能力目标

- 能认识雾霾的危害并了解治理方法
- 能叙述汽车排放的相关国家标准编号、年代号、执行日期
- 能通过占比多少熟练说明汽车排放与雾霾产生的相关度

知识目标

- 雾霾的形成和汽车尾气排放过程
- 雾霾的治理是需长期累积、长期努力才可达到的
- 企业必须遵守国家标准

素养目标

- 工作中的社会责任感
- 独立思考、善于总结
- 按标准做事，遵章守纪

1.1.1　汽车排放、雾霾的形成的认知

1.1.1.1　雾霾

雾是由大量悬浮在近地面空气中的微小水滴或冰晶组成的气溶胶系统。多出现于秋冬季节的清晨，是近地面层空气中水汽凝结（或凝华）的产物。当太阳升起后，温度上升，雾便逐渐消散。霾就是灰霾（烟霞），空气中的灰尘、硫酸、硝酸等颗粒物组成的气溶胶系统造成的视觉障碍叫霾。空气中的灰尘、硫酸、硝酸、有机碳氢化合物等物质也能使大气混浊。将目标物的水平能见度在 1000 ~ 10000 m 的这种现象称为轻雾或霭（Mist）。形成雾时大气湿度应该是饱和的（如有大量凝结核存在，相对湿度不一定达到 100% 就可能出现饱和）。PM2.5（空气动力学当量直径小于等于 2.5 μm 的颗粒物）被认为是造成雾霾天气的"元凶"。随着空气质量的恶化，雾霾天气增多，对人体的危害加重。

1.1.1.2　汽车排放

关于汽车排放，首先想到的是汽车的尾气，汽车尾气为汽油或者柴油燃烧后，从排气管排出的气体，包括排出的 CO（一氧化碳）、HC + NO$_x$（碳氢化合物和氮氧化物）、PM（微粒，碳烟）等有害气体和 H$_2$O（水），此外还有微量有害重金属，例如铅。其次，还包括燃油蒸发排放的没有燃烧完全的汽油，其主要成分是 HC 化合物，从油箱、加油口、燃油管路等处泄漏出来。废气中含有 150 ~ 200 种不同的化合物，由于汽车废气的排放高度主要在 0.3 ~ 2 m 之间，正好是人的呼吸高度范围，对人体损害非常严重，固体悬浮颗粒（PM）的成分很复杂，并具有较强的吸附能力，可以吸附各种金属粉尘、强致癌物苯并芘和病原微生物等。固体悬浮颗粒随呼吸进入人体肺部，以碰撞、扩散、沉积等方式滞留在呼吸道的不同部位，引起呼吸系统疾病。当呼吸道中悬浮颗粒积累到一定浓度时，便会激发形成恶性肿瘤。此外，悬浮颗

图 1-1-2 伦敦警察的雾霾中指挥交通

图 1-1-3 北京的严重雾霾

粒物还能直接接触皮肤和眼睛，堵塞皮肤的毛囊和汗腺，引起皮肤炎和眼结膜炎，甚至造成角膜损伤。

1.1.2 国家管理汽车排放的相关要求

据世界资源研究所和中国环境检测总站测算，全球 10 个大气污染最严重的城市中，我国就占了 7 个。因此，中国政府对治理汽车尾气排放造成的城市环境污染非常重视，国家环保部门和汽车企业目前正在加速推进国Ⅲ、国Ⅵ的达标工作，控制汽车尾气污染的排放已是环保部门、汽车生产厂家及社会各界的一项迫在眉睫、刻不容缓的责任。

为了防止空气质量的进一步恶化，国家通过引进欧洲的标准，制定适用于国内实际情况的相关标准：GB 18352.5—2013《轻型汽车污染物排放限值及测量方法（中国第五阶段）》（简称国五标准）。根据油品升级进程，分区域实施机动车标准。

（1）东部11省市（北京市、天津市、河北省、辽宁省、上海市、江苏省、浙江省、福建省、山东省、广东省和海南省）自2016年4月1日起，所有进口、销售和注册登记的轻型汽油车、轻型柴油客车、重型柴油车（仅公交、环卫、邮政用途），须符合国五标准要求。

（2）全国自2017年1月1日起，所有制造、进口、销售和注册登记的轻型汽油车、重型柴油车（客车和公交、环卫、邮政用途），须符合国五标准要求。

（3）全国自2017年7月1日起，所有制造、进口、销售和注册登记的重型柴油车，须符合国五标准要求。

（4）全国自2018年1月1日起，所有制造、进口、销售和注册登记的轻型柴油车，须符合国五标准要求。

1.1.3　国外汽车排放管理、雾霾治理

从国际上看，雾霾的现象并不是中国特有的，它的出现是发展中国家经济高增长，能源高消耗的伴生产物。对欧美发达国家而言，雾霾的治理已经具有非常成熟的经验。美国、英国以及日本无一例外地在经济快速发展阶段经历了雾霾的高发期。

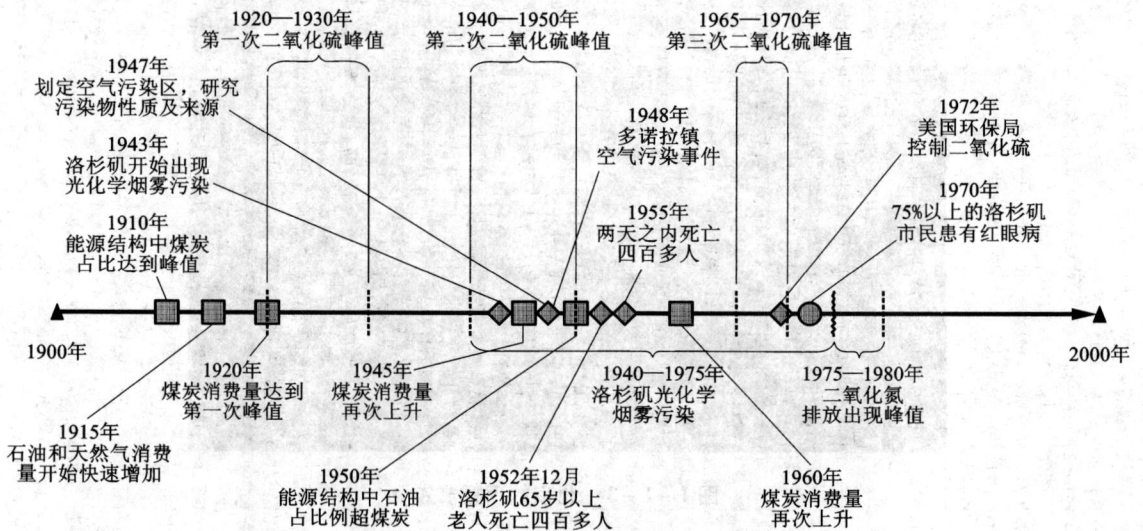

图1-1-4　美国雾霾治理时间线

西方国家实行"先污染，后治理"的模式成功地完成雾霾的治理，现在中国也处于高速经济增长和大规模能源消费过程。由于能源价格愈走愈高，传统的"先污染，后治理"的模式成本太高，难以承受。西方发达国家治理快速实现常以不发达国家的加速污染为代价，即污染生产转移。但中国不能把污染生产转移到其他国家。

美国洛杉矶治理雾霾用了50多年。英国"雾都"伦敦花了100多年治理雾霾。日本东京前后花费了近40年治理雾霾。

1.1.4 汽车排放与雾霾产生的相关度

雾霾的产生主要是汽车尾气排放造成的吗?

2016 年底,中国机动车保有量达 2.64 亿辆,其中汽车 1.54 亿辆(美国 2.7 亿辆);扣除三轮汽车和低速货车,2014 年末全国民用汽车保有量达到 14475 万辆,千人保有量首次超过百辆,达到 105.83 辆/千人。现在中国与美国 20 世纪 20 年代水平相当。据预测我国汽车保有量要到 2020 年才会赶上美国,目前美国千人汽车保有量超过 800 辆,中国只占其 1/8。(除此之外,在 2009 年,加拿大每千人拥有 582 辆汽车,英国为 513 辆,德国为 499 辆,法国为 495 辆,日本为 451 辆,印度为 7 辆,而全球平均水平则为 96 辆)可见,汽车数量多并不是雾霾形成的主要原因。

在《北京 PM2.5 化学组成及源解析》中说明:汽车尾气的排放对 PM2.5"贡献"不足 4%。

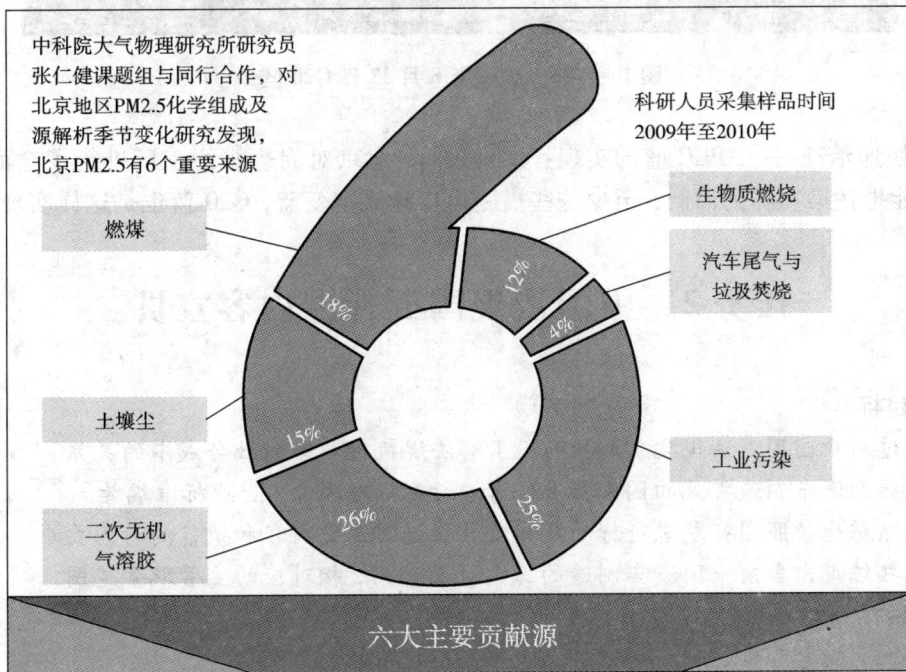

图 1-1-5 北京雾霾主要来源

北京 PM2.5 有 6 个重要来源,分别是土壤尘、燃煤、生物质燃烧、汽车尾气与垃圾焚烧、工业污染和二次无机气溶胶,这些来源的平均"贡献"分别为 15%,18%,12%,4%,25% 和 26%。大气细粒子 PM2.5 可分为一次源和二次源。一次源是指污染源直接向大气中排放颗粒物;二次源则是指污染源排放的气态污染物(如 NO_x、SO_2、NH_3、VOC 等)在大气中经过复杂物理化学反应而产生为颗粒物(如硝酸盐、硫酸盐、铵盐、二次有机气溶胶)。26% 的二次无机气溶胶中至少有一半是由汽车造成的,这 13% 加上 4%,就是 17% 了,还有比例为 15% 的土壤尘,包括道路扬尘和建筑工地扬尘,其中汽车道路扬尘约占一半,再把这里面的 7.5% 加上,汽车的"贡献"已经达到 24.5% 了。

图1-1-6　2016年8月25日 G20蓝

　　雾霾快速治理——APEC蓝的实现：在阅兵前，北京对周边排污工厂进行了全面停工管理，尽可能把污染物降到最低，至少这些措施可以让天空变蓝，G20蓝也是这样实现的。

任务2　中国法规国五标准内容宣贯

能力目标
- 通过对中国国五法规宣贯和执行，了解法规执行与当前社会成本的关系
- 能区别汽车制造常见的国家标准编号、行业标准编号、企业标准编号
- 能熟练地按照国标或者行标的年代变化，说明变更内容和执行的时间要求
- 能熟练说出当前中国汽车制造的三大主管部门，相对应的主管职责范围

知识目标
- 标准的概念和目的
- 国家标准、行业标准、企业标准
- 国家标准级别

素养目标
- 节约生产成本的理念
- 善于总结、标准化
- 诚信做人、踏实做事

1.2.1　国家标准、行业标准、企业标准

1.2.1.1　标准

　　标准是对一定范围内的重复性事物和概念所做的统一规定。它以科学、技术和实践经验的综合成果为基础，以获得最佳秩序、促进最佳社会效益为目的，经有关方面协商一致，由

主管机构批准，以特定形式发布，作为共同遵守的准则和依据。其目的是在给定范围内达到最佳有序化程度。

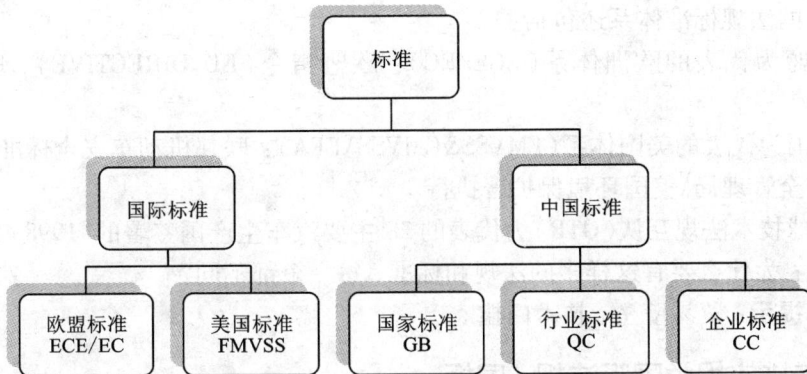

图 1 – 2 – 1　标准体系架构

1.2.1.2 标准化

标准化为在一定范围内获得最佳秩序，对实际的或潜在的问题制定共同的和重复使用的规则的活动（上述活动主要包括制定发布及实施标准的过程）。针对现实的或潜在的问题，为制定（供有关各方）共同重复使用的规定所进行的活动，其目的是在给定范围内达到最佳有序化程度。

1.2.1.3 标准级别

依据《中华人民共和国标准化法》将标准划分为国家标准、行业标准、地方标准和企业标准等 4 个层次。

国家标准。对需要在全国范围内统一的技术要求，应当制定国家标准。国家标准由国务院标准化行政主管部门编制计划和组织草拟，并统一审批、编号、发布。国家标准的代号为"GB"，其是"国标"两个字汉语拼音的第一个字母"G"和"B"的组合。

行业标准。对没有国家标准又需要在全国某个行业范围内统一的技术要求，可以制定行业标准，作为对国家标准的补充，当相应的国家标准实施后，该行业标准应自行废止。行业标准由行业标准归口部门审批、编号、发布，实施统一管理。例如汽车行业标准代号为"QC"，其是"汽车"两个字汉语拼音的第一个字母"Q"和"C"的组合。

企业标准。是对企业范围内需要协调、统一的技术要求，管理要求和工作要求所制定的标准。企业标准由企业制定，由企业法人代表或法人代表授权的主管领导批准、发布。企业产品标准应在发布后 30 日内向政府备案。例如长城汽车企业标准代号为"CC"，其是"长城"两个字汉语拼音的第一个字母"C"和"C"的组合。

强制性标准是由法律规定必须遵照执行的标准。强制性国家标准的代号为"GB"。推荐性国家标准的代号为"GB/T"，行业标准中的推荐性标准也是在行业标准代号后加个"T"字，如"JB/T"即机械行业推荐性标准，不加"T"字即为强制性行业标准。

1.2.1.4 国际标准

国际标准包括 ISO 标准、IEC 标准及其他 27 个国际组织通过的标准。ISO、IEC 是两个最大的国际标准化组织，ISO 和 IEC 共发布国际标准 1 万多个。这 27 个国际组织制定的标准化文献主要有国际标准、国际建议、国际公约、国际公约的技术附录和国际代码，也有经各国政府认可的强制性要求。对国际贸易业务和信息交流具有重要影响。

汽车相关的法规标准体系还包括：

（1）以欧盟为代表的欧洲体系（ECE/EC）：欧盟指令（EU DIRECTIVE），联合国（UN/ECE）。

（2）以美国为代表的美国体系（FMVSS&CMVSS\EPA）：联邦机动车安全标准 & 运输部国家公路交通安全管理局\美国环境保护署执行。

（3）以全球技术法规互认（GTR）为代表的 28 主要汽车生产国签署的"1998 年协定书"。

思考问题： 为什么要有这样多的法规和标准，每一个都不同？

拓展阅读提示： 贸易壁垒、技术门槛

1.2.2 汽车排放相关国际法规、国标

以欧洲汽车尾气排放标准为例。欧洲汽车尾气排放指令是由欧洲经济委员会（ECE）的排放法规和欧盟（EU）参与国强制实施的。对几乎所有类型的小轿车、卡车、火车、拖拉机和类似机器、驳船的排放都有限制，其标准每四年更新一次。从 1992 年开始实行了欧 I 标准，到 2014 年实行了欧洲 VI 标准。

表 1 - 2 - 1 M1 类轿车的欧洲排放标准实行历程

汽油车标准						
标准等级	实施日期	CO	HC	NO_x	$HC + NO_x$	PM
Euro I	1992 - 7	2.72 (3.16)	—	—	0.97 (1.13)	—
Euro II	1996 - 1	2.2			0.5	—
Euro III	2000 - 1	2.3	0.2	0.15		—
Euro IV	2005 - 1	1.0	0.1	0.08		—
Euro V	2009 - 9	1.0	0.1	0.06		0.005
Euro VI	2014 - 9		0.1	0.06		0.005
柴油车标准						
Euro 1	1992 - 7	2.72			0.97	0.14
Euro 2	1996 - 1	1.0			0.7	0.08
Euro 3	2000 - 1	0.64		0.5	0.56	0.05
Euro 4	2005 - 1	0.5		0.25	0.3	0.025
Euro 5	2009 - 9	0.5		0.18	0.23	0.005
Euro 6	2014 - 9	0.5		0.08	0.17	0.005

表 1 - 2 - 2 欧洲 V 标准排放限值(EC)No 692/2008

类别	级别	基准质量 /kg	限值													
			CO L_1/ (mg·km^{-1})		THC L_2/ (mg·km^{-1})		NMHC L_3/ (mg·km^{-1})		NO$_x$ L_4/ (mg·km^{-1})		HC+NO$_x$ L_2+L_4/ (mg·km^{-1})		颗粒物质量① (P) L_5/ (mg·km^{-1})		颗粒数量② (P) L_6/ (10"#·km^{-1})	
			PI	CI	PI	CI	PI	CI	PI	CI	PI	CI	PI③	CI	PI	CI
M	—	全部	1000	500	100	—	68	—	60	180	—	230	5.0/4.5	5.0/4.5	—	6.0
N$_1$	I	RM≤1305	1000	500	100	—	68	—	60	180	—	230	5.0/4.5	5.0/4.5	—	6.0
	II	1305<RM ≤1760	1810	630	130	—	90	—	75	235	—	295	5.0/4.5	5.0/4.5	—	6.0
	III	1760<RM	2270	740	160	—	108	—	82	280	—	350	5.0/4.5	5.0/4.5	—	6.0
N$_2$			2270	740	160	—	108	—	82	280	—	350	5.0/4.5	5.0/4.5	—	6.0

注:PI—点燃式;CI—压燃式。

表 1-2-3 欧洲 VI 标准排放限值（EC）No 692/2008

限值

类别	级别	基准质量 /kg	CO L_1/ (mg·km⁻¹)		THC L_2/ (mg·km⁻¹)		NMHC L_3/ (mg·km⁻¹)		NO_x L_4/ (mg·km⁻¹)		HC+NO_x L_2+L_4/ (mg·km⁻¹)		颗粒物质量① (P) L_5/ (mg·km⁻¹)		颗粒数量② (P) L_6/ (10"#·km⁻¹)	
			PI	CI	PI	CI	PI	CI	PI	CI	PI	CI	PI③	CI	PI④	CI⑤
M	—	全部	1000	500	100	—	68	—	60	80	—	170	5.0/4.5	5.0/4.5	—	6.0
N₁	I	RM≤1305	1000	500	100	—	68	—	60	80	—	170	5.0/4.5	5.0/4.5	—	6.0
N₁	II	1305<RM ≤1760	1810	630	130	—	90	—	75	105	—	195	5.0/4.5	5.0/4.5	—	6.0
N₁	III	1760<RM	2270	740	160	—	108	—	82	125	—	215	5.0/4.5	5.0/4.5	—	6.0
N₂			2270	740	160	—	108	—	82	125	—	215	5.0/4.5	5.0/4.5	—	6.0

欧洲标准适合发展中国家成本要求，中国于 2001 年实施的《轻型汽车污染物排放限值及测量方法（Ⅰ）》等效于欧洲一号标准（EUI），于 2015 年 10 月实施的国 V 标准相当于欧洲 V 号标准（EUV）。中国排放指令标准落后于欧洲汽车尾气排放标准。

目前我国除了北上广率先实行了"国五"排放标准，其余地方机动车仍然实行国四标准排放，（国五标准排放控制水平相当于欧洲正在实施的第 5 阶段排放标准）。2017 年 12 月北京将要实行的"京六"机动车排放标准，比目前实施的国五标准加严约 40％ 。

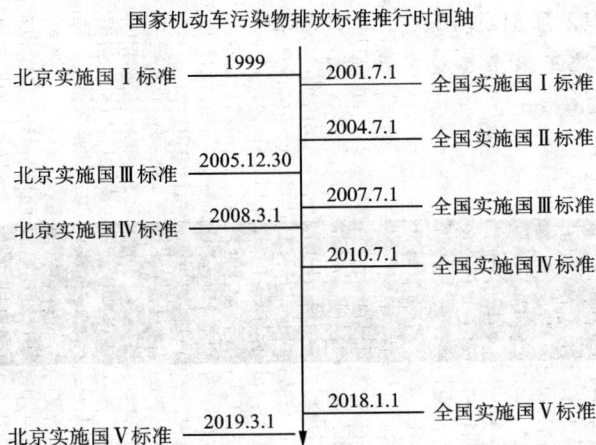

国家机动车污染物排放标准推行时间轴

北京实施国Ⅰ标准　1999　　2001.7.1　全国实施国Ⅰ标准

2004.7.1　全国实施国Ⅱ标准

北京实施国Ⅲ标准　2005.12.30　　2007.7.1　全国实施国Ⅲ标准

北京实施国Ⅳ标准　2008.3.1　　2010.7.1　全国实施国Ⅳ标准

2018.1.1　全国实施国Ⅴ标准

北京实施国Ⅴ标准　2019.3.1

图 1 - 2 - 2　北京、全国汽车排放法规执行年度表

思考问题：为什么不能在全国统一执行国Ⅴ（京Ⅴ）标准而要分步执行？
拓展阅读提示：国五油品的生产能力、社会消费者支付总成本

1.2.3　中国汽车制造主管部门职责

中国汽车制造主管部门包括：中华人民共和国工业和信息化部、国家质量监督检验检疫总局、中华人民共和国环境保护部。
【知识拓展】
中华人民共和国工业和信息化部（简称：工业和信息化部、工信部），其 LOGO 见图 1 - 2 - 3 所示，主要职责为：拟订实施行业规划、产业政策和标准；作为行业管理部门，主要是管规划、管政策、管标准，指导行业发展，但不干预企业生产经营活动。

图 1 - 2 - 3　工信部 LOGO

汽车生产企业及产品的许可制，1989 年 5 月由中国汽车工业联合会、公安部联合发布了

《全国汽车、民用改装车和摩托车生产企业及产品目录管理暂行规定》，该法规规定：凡国内生产汽车、改装车和摩托车的企业及产品，不分隶属部门和地区，均应纳入目录管理。

2014年12月24日发布的《车辆生产企业及产品公告（第267批）》对节能与新能源汽车推荐目录进行了清理。《节能与新能源汽车示范推广应用工程推荐车型目录（第64批）》撤销了包括东风、奇瑞、浙江豪情（吉利）等在内的多家车企的部分新能源汽车产品。

2016年1月工信部清理历史遗留的汽车产品目录，网站公布的最新一期《车辆生产企业及产品公告》，决定对不符合管理规定的757家国内车企旗下超4万款产品（包括整车和底盘）目录进行撤销，自12月31日起停止生产和销售。撤销产品涵盖国内绝大多车企客车、货车、环卫车、运输车、校车等多类整车及底盘。

http://www.miit.gov.cn

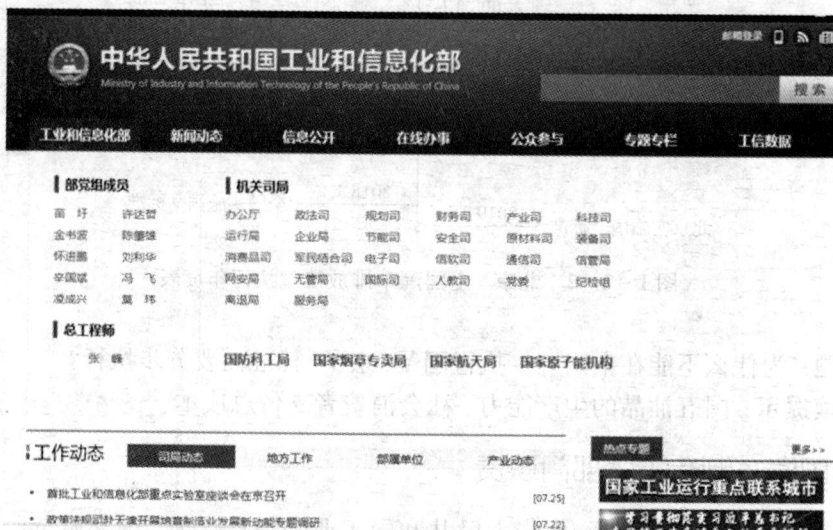

图1－2－4　工信部官网

中华人民共和国国家质量监督检验检疫总局的主要职责是主管全国质量、计量、食品安全和认证认可、标准化等工作，为行使行政执法职能的正部级国务院直属机构。组织实施与质量监督检验检疫相关法律、法规，指导、监督质量监督检验检疫的行政执法工作；负责全国与质量监督检验检疫有关的技术法规工作。宏观管理和指导全国质量工作，研究拟定提高国家质量水平的发展战略，组织实施《质量振兴纲要》，组织推广先进的质量管理经验和方法，推进名牌战略的实施；会同有关部门建立重大工程设备质量监理制度；负责组织重大产品质量事故的调查。

3C认证：全称为"强制性产品认证制度"，它是中国政府为保护消费者人身安全和国家安全、加强产品质量管理、依照法律法规实施的一种产品合格评定制度。所谓3C认证，就是中国强制性产品认证制度（英文名称China Compulsory Certification，缩写CCC）。

汽车产品必须有的3C认证包括16个种类。

图 1－2－5　工信部发布汽车生产车型目录

汽车产品技术参数

产品号：ZKDXW40D012　发布日期：20121218　免检

产品ID：O3215549　生效日期：20121218　批次 243

产品型号名称：JNJ7131Q1C型轿车

企业名称：

产品商标：

生产地址：

注册地址：湘潭市楠竹山　目录序号：84

主要技术参数

外形尺寸(长×宽×高)(mm)：　长：4277

宽：1703　高：1490

货厢栏板内尺寸(长×宽×高)(mm)：长：

宽：　高：

总质量(kg)：1505　轴距(mm)：2438

整备质量(kg)：1105　轴数：2

额定载质量(kg)：　转向型式：方向盘

准拖挂车总质量(kg)：

半挂车鞍座最大允许承载质量(kg)：　防抱死系统：选装

载质量利用系数：　最高车速(km/h)：150

额定载客(含驾驶员)(人)：5　驾驶室准乘人数(人)：

前悬/后悬(mm)：832/1007

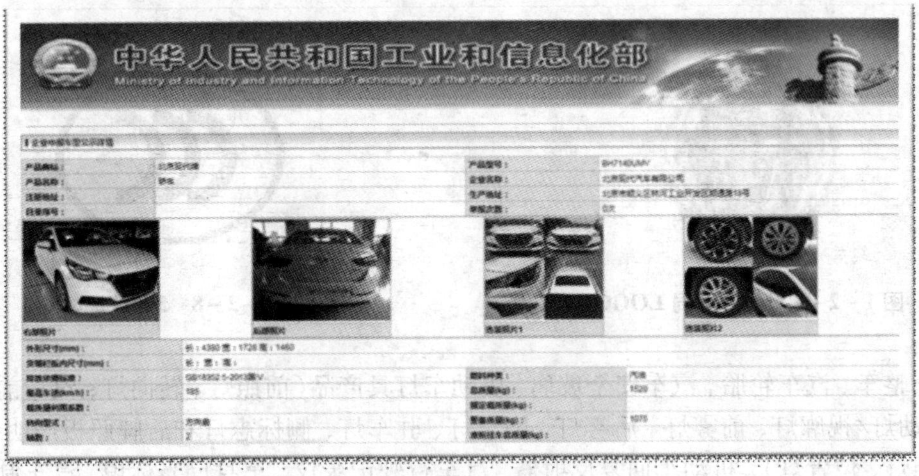

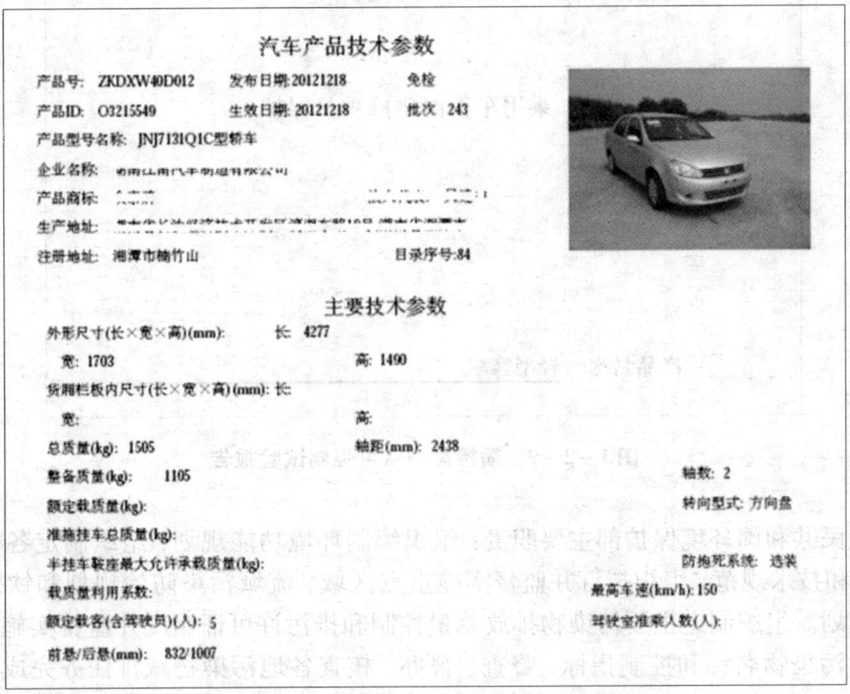

图 1－2－6　工信部发布汽车生产车型具体参数

图 1-2-7   质检总局 LOGO

图 1-2-8   3C 认证标识

汽车整车、汽车轮胎、汽车安全玻璃、机动车灯具产品(前照灯、转向灯;汽车前位灯/后位灯/制动灯/视廓灯、前雾灯、后雾灯、倒车灯、驻车灯、侧标志灯和后牌照板照明装置;摩托车牌照灯、位置灯)、机动车回复反射器、汽车行驶记录仪、车身反光标识、汽车制动软管、机动车后视镜、机动车喇叭、汽车油箱、门锁及门铰链、内饰材料、安全带、座椅、头枕。

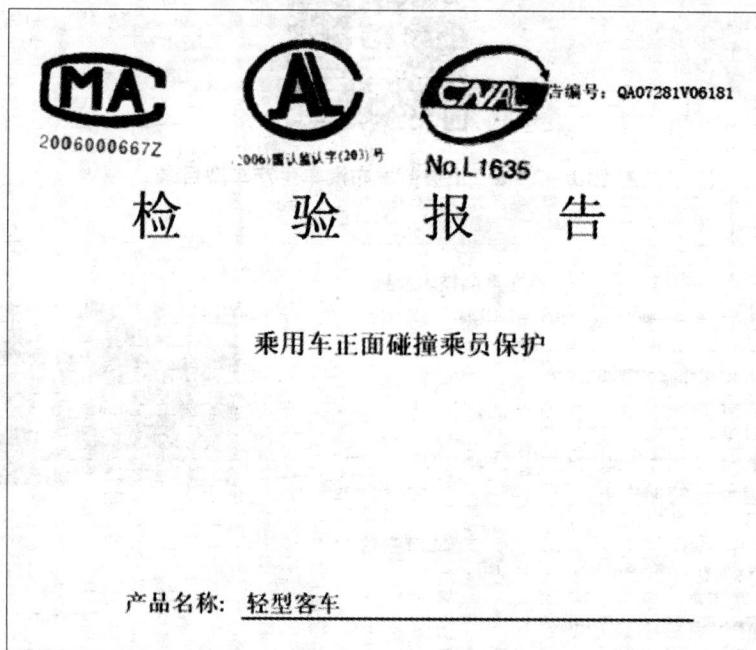

图 1-2-9   质检总局认可强制试验报告

中华人民共和国环境保护部主要职责:组织编制环境功能规划,组织制定各类环境保护标准、基准和技术规范,组织拟订并监督实施重点区域、流域污染防治规划和饮用水水源地环境保护规划。组织制定主要污染物排放总量控制和排污许可证制度并监督实施,提出实施总量控制的污染物名称和控制指标,督查、督办、核查各地污染物减排任务完成情况,实施环境保护目标责任制、总量减排考核并公布考核结果。

http://www.zhb.gov.cn/

图 1 - 2 - 10　环保部官网

图 1 - 2 - 11　环保部 LOGO

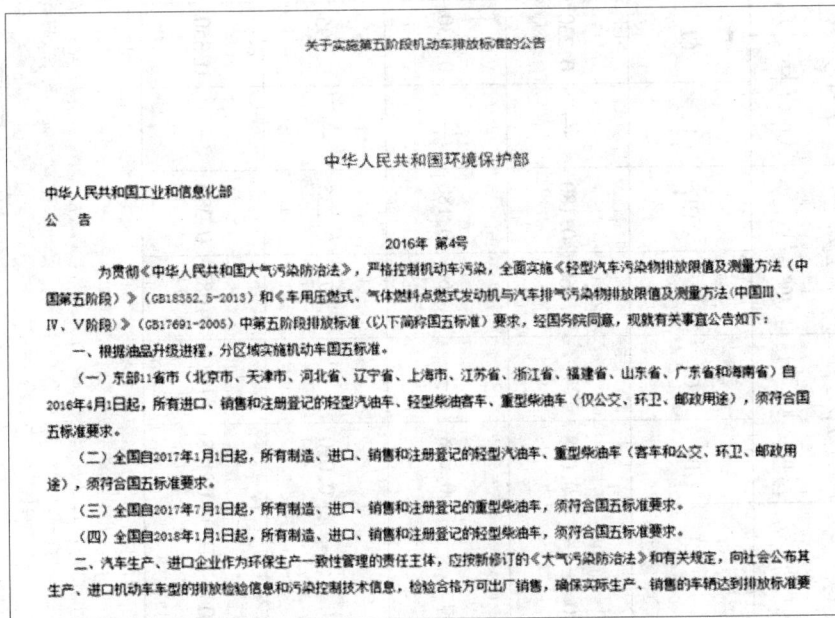

图 1 - 2 - 12　环保部官网实施国 V 公告

1.2.4　宣贯中国法规国五强制标准

适用范围：为贯彻《中华人民共和国环境保护法》和《中华人民共和国大气污染防治法》，防治机动车污染物放对环境的污染，改善环境空气质量，制定本标准。标准规定了轻型汽车污染物排放第五阶段核准的要求、生产一致性和在用符合性的检查和判定方法。本标准修改采用欧盟(EC)No 715/2007 法规《关于轻型乘用车和商用车排放污染物(欧 V 和欧 VI)的核准以及获取汽车维护修理信息的法规》和(EC)No 692/2008 法规《对(EC)No 715/2007》法规关于轻型乘用车及商用车排放污染物(欧 5 和欧 6)的型式核准以及获取汽车维护修理信息的执行和修订的法规》、以及联合国欧盟经济委员会 ECE R83 - 06(2011)法规《关于严根据发动机燃料要求就污染物排放方面批准车辆的统一规定》及其修订法规的有关技术内容。

表 1-2-4 欧洲 V 标准排放限值（EC）№ 692/2008

类别	级别	基准质量/kg	CO $L_1/$ (mg·km⁻¹) PI	CO CI	THC $L_2/$ (mg·km⁻¹) PI	THC CI	NMHC $L_3/$ (mg·km⁻¹) PI	NMHC CI	NOx $L_4/$ (mg·km⁻¹) PI	NOx CI	HC+NOx $L_2+L_4/$ (mg·km⁻¹) PI	HC+NOx CI	颗粒物质量(P) $L_5/$ (mg·km⁻¹) PI①	颗粒物 CI	颗粒数量(P) $L_6/$ (10#·km⁻¹) PI	颗粒数量 CI
第一类车	—	全部	1.00	0.50	0.100	—	0.068	—	0.060	0.180	—	0.230	0.0045	0.0045	—	6.0
第二类车	I	RM≤1305	1.00	0.50	0.100	—	0.068	—	0.060	0.180	—	0.230	0.0045	0.0045	—	6.0
第二类车	II	1305<RM≤1760	1.81	0.63	0.130	—	0.090	—	0.075	0.235	—	0.295	0.0045	0.0045	—	6.0
第二类车	III	1760<RM	2.27	0.74	0.160	—	0.108	—	0.082	0.280	—	0.350	0.0045	0.0045	—	6.0

限值

注：PI—点燃式；CI—压燃式。

例如一辆家用汽油轿车属于第一类车，它的排放污染物 CO 限值为 1.0 g/km，总 HC 限值为 0.1 g/km，NO$_x$ 限值为 0.06 g/km，PM 限值为 0.0045 g/km。与原来国Ⅳ的要求相比，点燃式汽车的污染物排放限值加严 25%～35%，压燃式汽车的氮氧化物排放限值加严 28%，颗粒物加严 82%。

1）Ⅰ型试验

Ⅰ型试验是指常温下冷启动后排气污染物排放试验。

RM 是指整车装备质量加上 100 kg，整车装备质量也就是人们常说的一辆汽车的自重，我们对它的规范定义是：汽车在正常条件准备行驶时的质量（油箱装有 90% 的燃油）＋随车附件（备胎、随车工具等）＋驾驶员体重 68 kg 以及行李 7 kg 的质量。

第一类车是包括驾驶员座位在内座位数不超过六座，且最大总质量不超过 2500 kg 的 M1 类（包括驾驶员座位在内的不超过 9 座的载客汽车）汽车。

2）Ⅱ型试验（双急速试验或自由加速烟度试验）

双急速试验（测定双急速的 CO、THC 和高急速的 λ 值）所有装点燃式发动机的汽车均应进行此项试验。对于两用燃料车，应对两种燃料分别进行此项试验。对于单一气体燃料车，仅用该气体燃料进行此项试验。

制造厂在型式核准时，应提交双急速的 CO、THC 污染物排放依和高急速的 λ 值的控制范围。若实测的双急速 CO、THC 排放值和高急速 λ 值在制造厂申报的控制范围内，则记录制造厂的报值；否则记录实测值。

3）自由加速烟度试验

所有装压燃式发动机的汽车均应进行此项试验，将测得的光吸收系数值加上 0.5 m^{-1}后得出的数值作为该车型自由加速排气烟度的型式核准值。此项试验在Ⅰ型试验后立即进行，试验按附录 D 的规定进行。

4）Ⅲ型试验（曲轴箱污染物排放试验）

除装压燃式发动机的汽车外，所有汽车均应进行此项试验。对于两用燃料车，仅对燃用汽油的车进行此项试验。对于单一气体燃料车，仅对燃用气体燃料的车进行此项试验。按附录 E 进行试验时，发动机曲轴箱通风系统不允许有任何曲轴箱污染物排入大气。

5）Ⅳ型试验（蒸发污染物排放试验）

除单一气体燃料车外：所有装点燃式发动机的汽车均应进行此项试验。两用燃料车仅对燃用汽油进行此项试验。试验前，制造厂还应单独提供两套相同的炭罐，型式核准主管部门直任选一套装车进行Ⅳ型试验，另一套按炭罐的生产一致性检查从装配线上或产品中随机抽取三辆车（或三套炭罐），检测炭罐的有效容积和初始工作能力。试验采用 50% 容积丁烷（正丁烷）和 50% 容积氮气的混合气，以 40 g/h 丁烷的充气速率的试验方法论测其有效容积和初始工作能力，测量结果应不高于制造厂申报值的 1.1 倍。按附录 F 进行试验时，蒸发污染物排放量应不超过 2.00 g/试验。

6）宣贯、阅读新版标准重要和关键点

着重关注标准的前言和序言部分，与上一版本相比变更的内容，因什么原因进行修订，标准执行时间节点、过渡期的要求。

例：国Ⅴ标准主要修订的内容

（1）标准的适用范围扩大到基准质量不超过 2610 kg 的汽车，明确了轻型混合动力电动汽车应符合本标准要求；

（2）提高了Ⅰ型试验排放控制要求，修订了颗粒物质量测量方法并增加了粒子数量测量要求；

（3）将点燃式汽车的双怠速试验和压燃式汽车的自由加速烟度试验归为Ⅱ型试验；

（4）提高了Ⅴ型试验的耐久性里程要求，增加了标准道路循环以及点燃式发动机的台架老化试验方法；

（5）增加了炭罐有效容积和初始工作能力的试验要求；

（6）增加了催化转化器载体体积和贵金属含量的试验要求；

（7）对车载诊断（OBD）系统的监测项目、极限值、两用燃料车的车载诊断技术等要求进行了修订；

（8）修订了获取汽车车载诊断（OBD）系统和汽车维护修理信息的相关要求；

（9）修订了生产一致性检查的判定方法，增加了炭罐、催化转化器的生产一致性检查要求；

（10）修订了在用符合性检查的相关要求，增加了车载诊断（OBD）系统、蒸发排放的检查要求；

自本标准发布之日起，可依据本标准进行型式核准。自2018年1月1日起，所有销售和注册登记的轻型汽车应符合本标准。自2018年1月1日起，本标准代替《轻型汽车污染物排放限值及测量方法（中国第Ⅲ、Ⅳ阶段）》（GB 18352.3—2005），在2023年1月1日之前，第三、四阶段轻型汽车的"在用符合性检查"仍执行 GB 18352.3—2005 的相关要求。

【知识拓展】

视频：德国大众赔付150亿美元，为"排放门"善后。

回答问题：大众汽车违反哪个标准而被处罚？中国大众汽车是否也要召回？

任务3   课后作业

从严管汽车尾气排放的角度为治理杭州雾霾提出你的建议。

1）任务要求

（1）处理一个难度很大的社会问题，掌握独立思考、解决新问题的思路方法。

（2）能按照标准模版完成关于杭州雾霾治理的建议和报告。

（3）能从"人、机、料、法、环"的角度，评价同学的报告，并提出改进意见。

2）任务提示

（1）如何站在巨人的肩膀上思考解、决问题？

（2）按照模版完成治理杭州雾霾建议的主要内容。

（3）从解决问题操作层面考量。

3）扩展支持文件

GB 18352.5—2013《轻型汽车污染物排放限值及测量方法（中国第五阶段）》

建议书
——从严管汽车尾气排放角度治理杭州雾霾

一、现存问题描述：

二、问题原因分析：

三、我的建议：

项目二　按照零件需求选型曲柄压力机

【观察与思考】

我们已经认识了法律法规对于汽车制造的重要方向控制作用，国家标准、行业标准以及企业标准逐步实现对汽车制造过程的全面控制。但是汽车是如何从一卷钢材，变成我们所需要的零部件的呢？又需要哪些设备来支持和实现呢？为了搞清楚这些问题，下面就开始本项目的学习。

本项目安排了三个任务，首先我们学汽车冲压的工作过程、冲压工的安全操作规程；再通过编制礼帽型的零件的加工工艺卡，熟悉需要完成的工序流程。最后依据标准模版完成曲柄压力机选型。

【任务引入】

带着问题观看视频：宝马 F30 新 3 系冲压车间生产线，讨论并回答下列问题：

(1) 汽车车身钣金件如何制造出来的？

(2) 冲压车间生产线有多少操作工人？主要做哪些工作？

(3) 宝马 F30 冲压车间生产线有几台冲压机？

(4) 为什么用多台冲压机？每天的生产量能达到多少件？

图 2 - 1 - 1　宝马 F30 新 3 系冲压车间

图 2 - 1 - 2　宝马 F30 新 3 系
冲压车间视频二维码

任务1　认识汽车冲压的工作过程

能力目标

- 能说明冲压加工方法优势和在汽车加工零件占比
- 能说明汽车冲压加工主要工序，应用场景
- 能识别曲柄压力机的运动原理图
- 能说明曲柄压力机主要参数意义

知识目标

- 认知汽车车身钣金件的制造过程
- 认知冲压加工方法的基本工序、功能
- 认知汽车企业冲压工必须遵守的安全操作规程

素养目标

- 工作中的制造成本意识
- 重视安全、善于自我保护
- 按标准做事，遵章守纪

2.1.1　汽车企业冲压工安全操作规程

采用机械压力机作冲裁、成型时，应遵守本规程；进行锻造或切边时，应遵守冲压工安全操作规程。

（1）暴露在外的传动部件，必须安装防护罩。禁止在卸下防护罩的情形下开车或试车。

（2）开车前应检查设备及模具的主要紧固螺栓有无松动，模具有无裂纹，操纵机构、急停机构或自动停止装置、离合器、制动器是否正常。必要时，对大压床可开动点动开关试车，对小压床可用手板试车，试车过程要注意手指安全。

（3）模具安装调试应由经培训的模具工进行；安装调试时应采取垫板等措施，防止上模零件坠落伤手。冲压工不得擅自安装调试模具。模具的安装应使闭合高度正确；尽量避免偏心载荷；模具必须紧固牢靠，经试车合格，方能投入使用。

（4）工作中注意力要集中。禁止边操作、边闲谈或抽烟。送料、接料时严禁将手、身体的其他部分伸进危险区内。加工小件应选用辅助工具（专用镊子、钩子、吸盘或送接料机构）。模具卡住坯料时，只准用工具去解脱和取出。

（5）两人以上操作时，应确定一人开车，统一指挥，注意协调配合好。

（6）发现冲压床运转异常或有异常声响（如敲键声、爆裂声）时，应停机查明原因；如果传动部件或紧固件松动、操纵装置失灵发生连冲、或模具裂损应立即停车修理。

（7）在排除故障或修理时，必须切断电源、气源，待机床完全停止运动后方可进行。

（8）每冲完1个工件，手或脚必须离开按钮或踏板，以防止误操作。严禁用压住按钮或脚踏板的办法使电路常开，进行连车操作。连车操作应经批准或根据工艺文件。

（9）操作者应站稳或坐好，他人联系工作应先停车，再接待。无关人员不许靠近冲床或操作者。

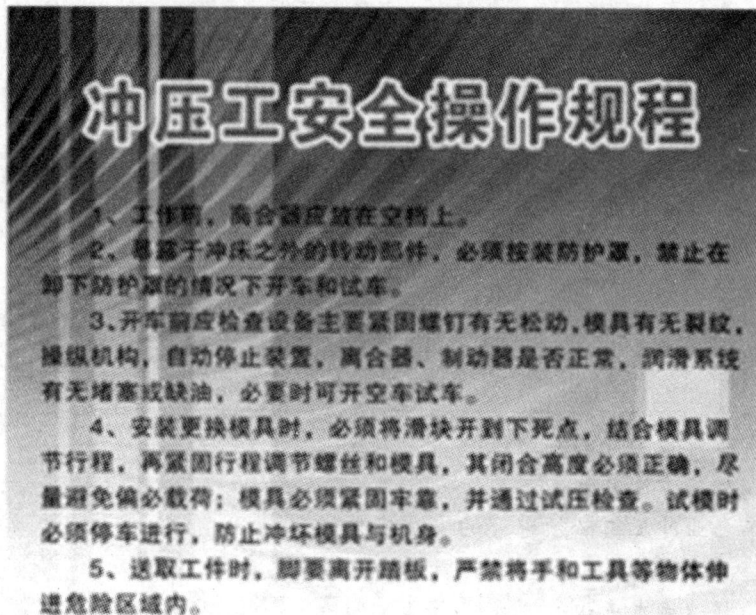

图 2 - 1 - 3　冲压工安全操作规程

（10）配合行车作业时，应遵守挂钩工安全操作规程。

（11）生产中坯料及工件堆放要稳妥、整齐、不超高；冲压床工作台上禁止堆放坯料或其他物件；废料应及时清理。

（12）工作完毕，应将模具落靠，切断电源、气源，并认真收拾所用工具和清理现场。

2.1.2　冲压车间在汽车生产中的作用

汽车制造由四大工艺构成，即冲压、焊装、涂装、总装。冲压技术在汽车制造业占有重要地位。据统计，汽车上有 60% ~70% 的零件是用冲压工艺生产出来的。因此，冲压技术对汽车的产品质量、生产效率和生产成本都有重要的影响。

冲压工艺的特点及冲压工序的分类：冲压是一种金属加工方法，它建立在金属塑性变形的基础上，利用模具和冲压设备对板料施加压力，使板料产生塑性变形或分离，从而获得一定形状、尺寸和性能的零件（冲压件）。

冲压车间的主要设备：单点单动机械压力机、闭式双点单动机械压力机、闭式四点单动机械压力机、闭式单点双动拉伸压力机、闭式双点双动拉伸压力机、闭式四点双动拉伸压力机、三座标闭式多工位压力机、大公称力的数控液压机、各种冷挤压机及多工位冷挤压机等锻压设备。钢板清洗涂油机、垛料翻转机、数控液压转塔冲床。

冲压是利用压力机和冲模对材料施加压力，使其分离或产生塑性变形，以获得一定形状和尺寸的制品的一种少无切削加工工艺。通常该加工方法在常温下进行，主要用于金属板料成形加工，故又称冷冲压或板料成形。冲压成形在较大批量生产条件下，虽然设备和模具资金投入大，生产要求高，但与其他加工方法（如锻造、铸造、焊接、机械切削加工等）相比较，具有以下优点：

（1）生产效率高，制品的再现性好，而且质量稳定。

（2）可实现少无切削加工。冲压件一般不需经机械加工即可进行表面处理或直接用于装配产品。

（3）材料利用率高。在节省原材料消耗的情况下，能获得强度高、刚度好、质量小的制品。

（4）可生产其他加工方法难以实现的复杂零件。如计算机机箱结构件、汽车覆盖件以及飞机、导弹、枪弹、炮弹等航空国防工业产品。

因此，冲压生产在现代汽车、计算机与信息、家用电器、电机、仪器仪表、电子和国防工业等领域均得到广泛的应用。冲压已成为现代工业的先进加工方法之一，工业越发达的国家，其冲压技术的应用和研究也越深入和普遍，并以较高的速度发展。

2.1.3　冲压生产基本工序

机械设备是为工艺服务的，它要满足产品生产过程的工艺要求，而两者又相互促进，共同发展。由于冲压件的形状、尺寸、精度要求、生产批量和所选用的材料性质等的不同，所采用的工艺也不同，但它的基本工序可以分为两大类，即分离和成形工序（见表1-1）[1]。

冲压工序按加工性质的不同，可以分为两大类型：分离工序和成形工序。

冲压工序可分为四个基本工序：

（1）冲裁：使板料实现分离的冲压工序（包括冲孔、落料、修边、剖切等）。

（2）弯曲：将板料沿弯曲线成一定的角度和形状的冲压工序。

（3）拉深：将平面板料变成各种开口空心零件，或把空心件的形状、尺寸作进一步改变的冲压工序。

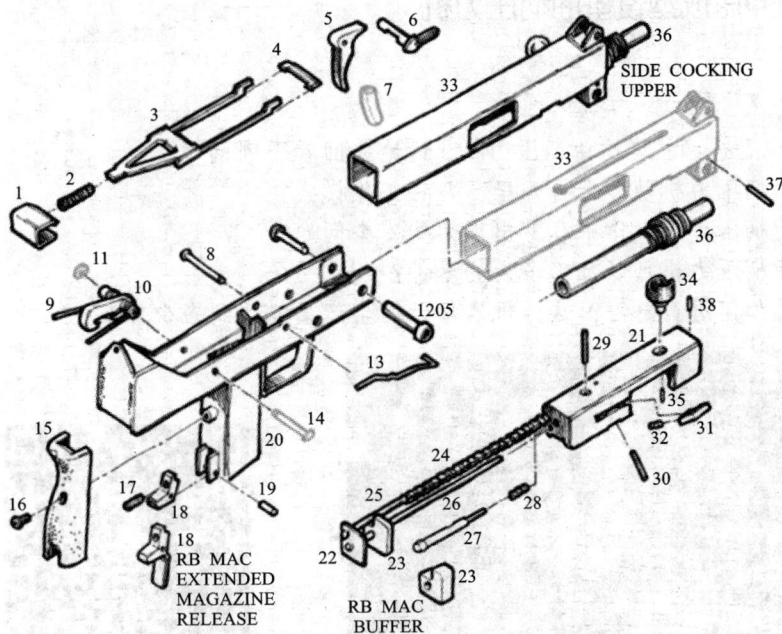

图 2-1-4　冲压制造的德国冲锋枪 MP40

（4）局部成形：用各种不同性质的局部变形来改变毛坯或冲压成形工序（包括翻边、胀形、校平和整形工序等）。

表 2 – 1 – 1　冲压基本工序

分离工序								成形工序													复合工序		
普通冲裁							精密冲裁	弯曲			拉深		成形										连续复合冲压
落料	冲孔	切边	切断	切口	剖切	修整		压弯	卷边	扭曲	普通拉深	变薄拉深	压凹	翻边	胀形	缩径	整形	校正	压印	冷镦	冷挤压	热挤压	复合冲压	连续冲压

　　分离工序是指被加工材料在外力作用下，使材料沿一定的轮廓形状剪切破裂而分离的冲压工序，通常称为冲裁。冲裁获得的零件断面质量较差，误差大，只能满足一般要求不高的产品需要，或为后续工序提供毛坯。若要获得断面质量好、尺寸精度高的冲裁件，则必须采用精密冲裁。它与普通冲裁的机理不同，普通冲裁是以剪切撕裂形式实现材料分离的，而精密冲裁则是以挤压变形实现材料分离的。

　　成形工序是指坯料在外力作用下，应力超过材料的屈服极限，经过塑性变形而得到一定形状和尺寸的零件的冲压工序。

　　此外，在大批量生产中，为了提高生产效率，结合零件的结构特点和工艺要求，有时将两个或两个以上不同的冲压工序复合在一起同时冲压成形，称之为复合工序。如落料 – 冲孔、落料、拉深 – 切边、落料 – 冲孔、翻边复合等。

2.1.4　常用冲压成型设备曲柄压力机

【任务引入】

　　带着问题观看视频：单柱曲柄压力机，讨论并回答下列问题：

　　(1)单柱曲柄压力机动力来自哪里？几种工作模式？

　　(2)单柱曲柄压力机工作中容易出现哪些安全问题？

　　(3)这台曲柄压力机可以加工多大的零件？

　　(4)冲压机如何进行急停？这台机器每天的生产量能达到多少件？

图 2 – 1 – 5　单柱开式曲柄压力机视频及二维码

压力机是用来为模具中的材料实现压力加工提供动力和运动的设备。曲柄压力机属于机械传动类压力机，是重要的压力加工设备，能进行各种冲压工艺加工，直接生产出半成品或制品。因此，曲柄压力机在汽车、农用机械、电机电器、仪表、电子、医疗机械、国防、航空航天以及日用品等领域得到了广泛的应用。

按工艺用途，曲柄压力机可分为通用压力机和专用压力机两大类。通用压力机适用于多种工艺用途，如冲裁、弯曲、成形、浅拉深等。而专用压力机用途较单一，如拉深压力机、板料折弯机、剪板机、冷镦自动机、高速压力机、精压机、热模锻压力机等，都属于专用压力机。按机身结构形式不同，曲柄压力机可分为开式压力机和闭式压力机。开式压力机的机身形状类似于英文字母 C，如图 2-1-6 所示江南 J23-63t 开式压力机，其机身工作区域三面敞开，操作空间大，但机身刚度差，压力机在工作负荷下会产生角变形，影响精度。所以，这类压力机的吨位比较小，一般在 2000 kN 以下。开式压力机又可分为单柱和双柱压力机两种，图 2-1-7 所示为单柱偏心式压力机，其机身工作区域也是前面及左右三向敞开，但后壁无开口。图 2-1-6 所示的双柱可倾式压力机，其机身后壁有开口，形成两个立柱，故称双柱压力机。双柱式压力机

图 2-1-6　JC23-63 开式双柱可倾式压力机

可实现前后送料和左右送料两种操作方式。此外，开式压力机按照工作台的结构不同可分为可倾式压力机（图 2-1-6）、固定台式压力机（图 2-1-7）、升降台式压力机（图 2-1-8）。

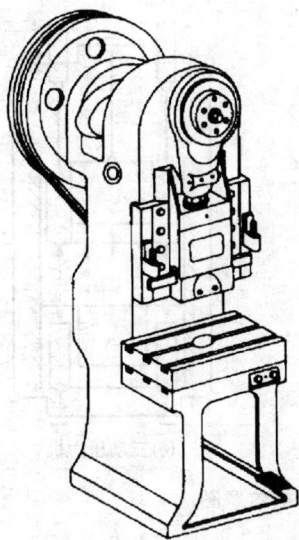

图 2-1-7　单柱固定台式压力机

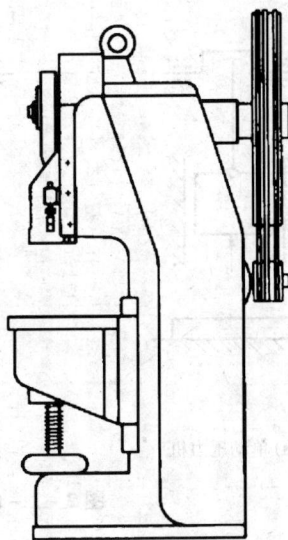

图 2-1-8　升降台式压力机

闭式压力机机身左右两侧是封闭的，如图 2-1-9 所示，只能从前后两个方向接近模具，操作空间较小，操作不太方便。但因机身形状组成一个框架，刚度大，压力机精度高。所以，

压力超过 2500kN 的大、中型压力机，几乎都采用此种结构形式。按运动滑块的数量，曲柄压力机可分为单动、双动和三动压力机，如图 2 – 1 – 10 所示。目前使用最多的是单动压力机，双动和三动压力机主要用于拉深工艺。

按连接曲柄和滑块的连杆数，曲柄压力机可分为单点、双点和四点压力机，如图 2 – 1 – 10 所示。曲柄连杆数的设置主要根据滑块面积的大小和吨位而定。点数越多，滑块承受偏心负荷能力越大。

2.1.5　曲柄压力机的工作原理与结构组成

尽管曲柄压力机类型众多，但其工作原理和基本组成是相同的，本章主要介绍常用曲柄压力机的工作原理和结构组成。图 2 – 1 – 6 所示的开式双柱可倾式压力机（JC23 – 63）的运动原理如图 2 – 1 – 12 所示。其工作原理如下：电动机 1 的能量

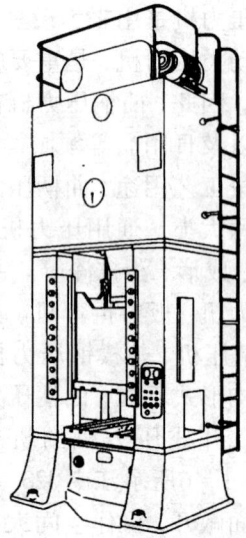

图 2 – 1 – 9　闭式压力机

和运动通过带传动传递给中间传动轴 4，再由齿轮传动给曲轴 9，经连杆 11 带动滑块 12 作上下直线移动。因此，曲轴的旋转运动通过连杆变为滑块的往复直线运动。将上模 13 固定于滑块上，下模 14 固定于工作台垫板 15 上，压力机便能对置于上、下模间的材料加压，依靠模具将其制成工件，实现压力加工。由于工艺需要，曲轴两端分别装有离合器 7 和制动器 10，以实现滑块的间歇运动或连续运动。压力机在整个工作周期内有负荷的工作时间很短，大部分时间为空程运动。为了使电动机的负荷较均匀，有效地利用能量，因而装有飞轮，起到储能作用。该机上，大带轮 3 和大齿轮 6 均起飞轮的作用[1]。

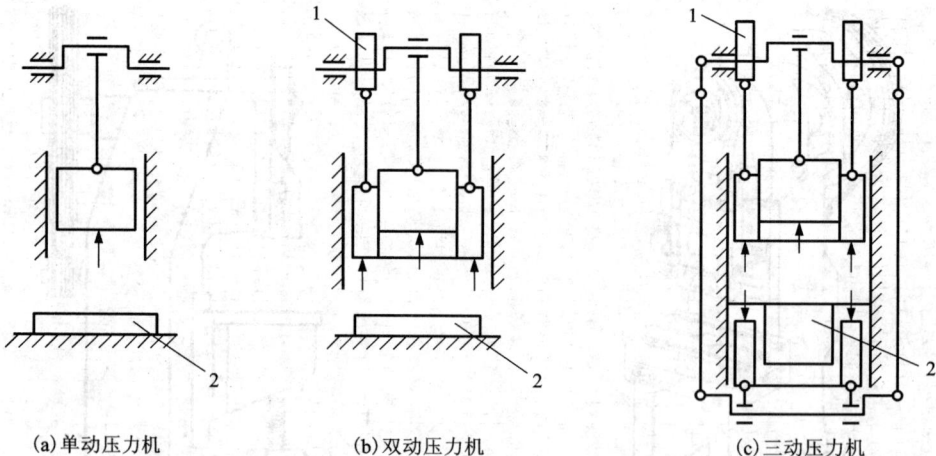

(a) 单动压力机　　　(b) 双动压力机　　　(c) 三动压力机

图 2 – 1 – 10　压力机按运动滑块数分类示意图

1—凸轮；2—工台

从上述工作原理可以看出，曲柄压力机一般由以下几个部分组成：

（1）工作机构。工作机构一般为曲柄滑块机构，由曲轴、连杆、滑块、导轨等零件组成。其作用是将传动系统的旋转运动变换为滑块的往复直线运动；承受和传递工作压力；在滑块

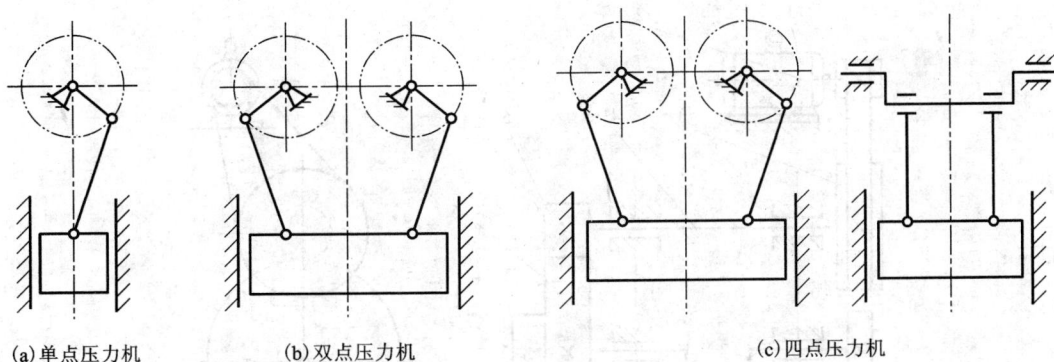

(a)单点压力机　　　　(b)双点压力机　　　　　　(c)四点压力机

图 2 - 1 - 11　压力机按点数分类示意图

上安装模具。

（2）传动系统。传动系统包括带传动和齿轮传动等机构。将电动机的能量和运动传递给工作机构；并对电动机进行减速，获得所需的行程次数。

（3）操纵系统。如离合器、制动器及其控制装置。用来控制压力机安全、准确地运转。

（4）能源系统。如电动机和飞轮。飞轮能将电动机空程运转时的能量储存起来，在冲压时再释放出来。

（5）支承部件。如机身，把压力机所有的机构连接起来，承受全部工作变形力和各种装置各个部件的重力，并保证整机所要求的精度和强度。

此外，还有各种辅助系统和附属装置，如润滑系统、顶件装置、保护装置、滑块平衡装置、安全装置等。闭式压力机外形（图 2 - 1 - 9）与开式压力机有很大差别，但它们的工作原理和结构组成是相同的。图 2 - 1 - 13 所示为 J31 - 315 型闭式压力机的运动原理图，与图 2 - 1 - 12相比较，只是在传动系统中多了一级齿轮传动；工作机构中曲柄的具体形式是偏心齿轮式，而不是曲轴式，即由偏心齿轮 9 带动连杆摆动，使滑块作往复直线运动；此外，该压力机工作台下装有液压气垫 18，用于拉深时压料及顶出工件。

2.1.6　曲柄压力机的主要技术参数

曲柄压力机的技术参数反映了压力机的性能指标[1]。

1）公称力 F_g 与公称力行程 S_g

曲柄压力机的公称力（或称额定压力）就是滑块所允许承受的最大作用力；而滑块必须在到达下止点前某一特定距离之内允许承受公称力，这一特定距离称为公称力行程（或额定压力行程）S_g 公称力行程所对应的曲柄转角称为公称压力角（或额定压力角）α_g。例如 JC23 - 63 压力机的公称力为 630 kN，公称力行程为 8 mm，即指该压力机的滑块在离下止点前 8 mm 之内，允许承受的最大压力为 630 kN。公称力是压力机的主参数，我国生产的压力机公称力已系列化，如 160 kN，200 kN，250 kN，315 kN，400 kN，500 kN，630 kN，800 kN，1000 kN，1600 kN，2500 kN，3150 kN，4000 kN，6300 kN 等。

2）滑块行程

如图 2 - 1 - 14 中的 S，它是指滑块从上止点到下止点所经过的距离，它等于曲柄半径的

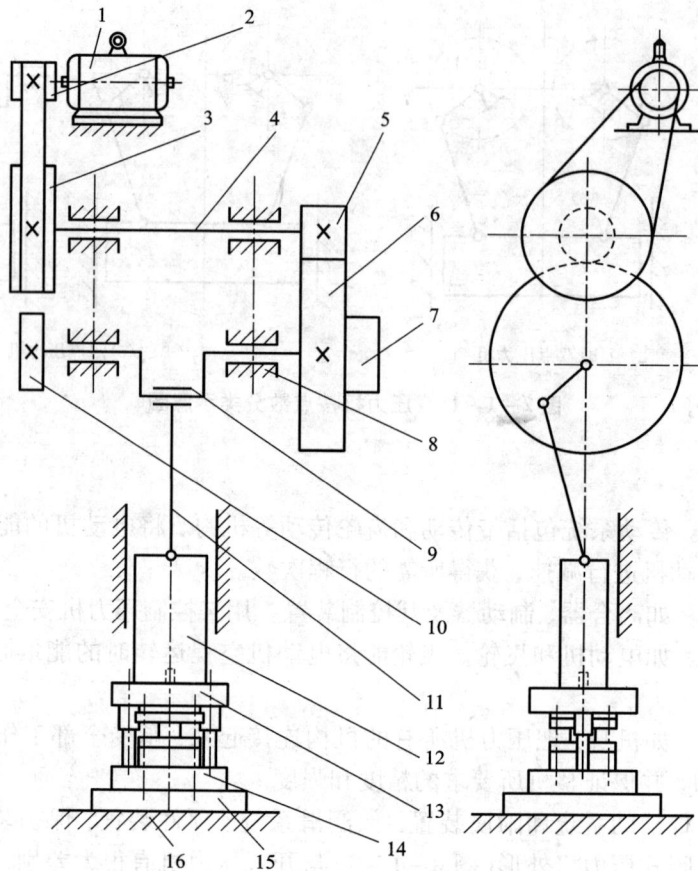

图 2－1－12 开式双柱可倾式压力机(JC23 －63)的运动原理
1—电动机；2—小带轮；3—大带轮；4—中间传动轴；5—小齿轮；6—大齿轮；7—离合器；8—机身；
9—曲轴；10—制动器；11—连杆；12—滑块；13—上模；14—下模；15—垫板；16—工作台

2 倍。它的大小反映出压力机的工作范围，行程长，则能生产高度较高的零件，但压力机的曲柄尺寸应加大，其他部分的尺寸也要相应增大，设备的造价增加。因此，滑块行程并非越大越好，应根据设备规格大小兼顾冲压生产时的送料、取件及模具使用寿命等因素综合考虑选取。为满足生产实际需要，有些压力机的滑块行程做成可调节的。如 J11 －500 压力机的滑块行程可在 10 ~90 mm 之间调节，J23 －100A、J23 －100B 压力机的滑块行程均可在 16 ~140 mm 之间调节。

3）滑块行程次数 n

它是指滑块每分钟往复运动的次数。如果是连续作业，它就是每分钟生产工件的个数。所以，行程次数越大，生产率就越高。当采用手动连续作业时，由于受送料时间的限制，即送料在整个冲压过程中所占时间的比例很大，即使行程数再多，生产率也不可能很高，比如小件加工最多也不过 60 ~100 次/min。所以行程次数超过一定数值后，必须配备自动送料装置，否则不可能实现高生产率。

拉深加工时，行程次数越多，材料变形速度也越快，容易造成材料破裂报废。因此选择

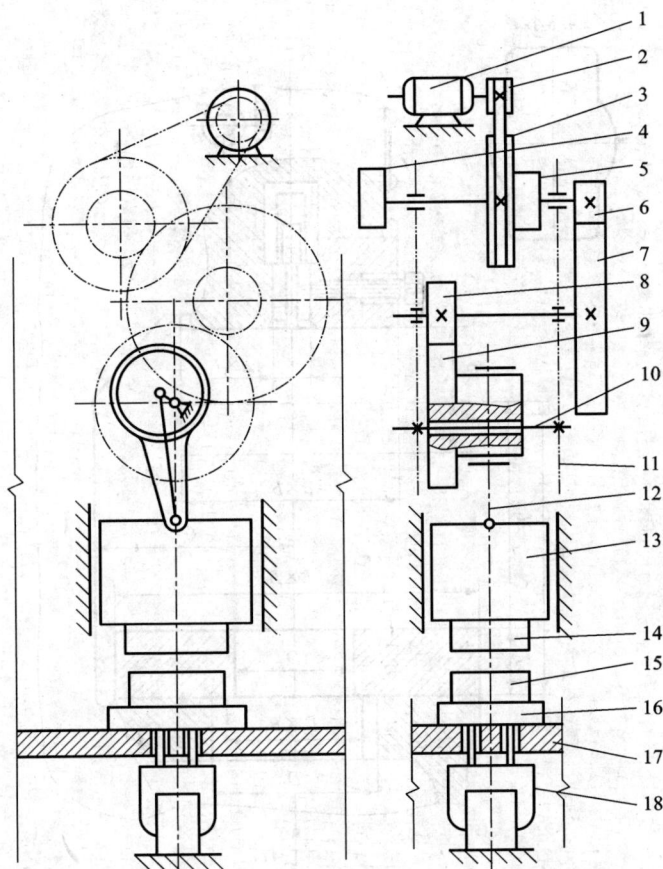

图 2 - 1 - 13　J31 - 315 型闭式压力机的运动原理

1—电动机；2—小带轮；3—大带轮；4—制动器；5—离合器；6—小齿轮；

7—大齿轮离合器；8—小齿轮；9—偏心齿轮；10—芯轴；11—机身；12—连杆；

13—滑块；14—上模；15—下模；16—垫板；17—工作台；18—液压

行程次数不能单纯追求高生产率。目前，实现自动化的压力机多采用可调行程次数，以期达到最佳工作状态。

4）最大装模高度 H_1 及装模高度调节量 ΔH_1

装模高度是指滑块在下止点时，滑块下表面到工作台垫板上表面的距离。当装模高度调节装置将滑块调整到最高位置时，装模高度达最大值，称为最大装模高度（图 2 - 1 - 14 中的 H_1）。将滑块调整到最低位置时，得到最小装模高度。与装模高度并行的参数尚有封闭高度。所谓封闭高度是指滑块在下止点时，滑块下表面到工作台上表面的距离，它和装模高度之差等于工作台垫板的厚度 T。图 2 - 1 - 14 中的 H 是最大封闭高度。装模高度和封闭高度均表示压力机所能使用的模具高度。模具的闭合高度应小于压力机的最大装模高度或最大封闭高度。

装模高度调节装置所能调节的距离，称为装模高度调节量 ΔH_1，装模高度及其调节量越大，对模具的适应性也越大，但装模高度大，压力机也随之增高，且在安装高度较小的模具

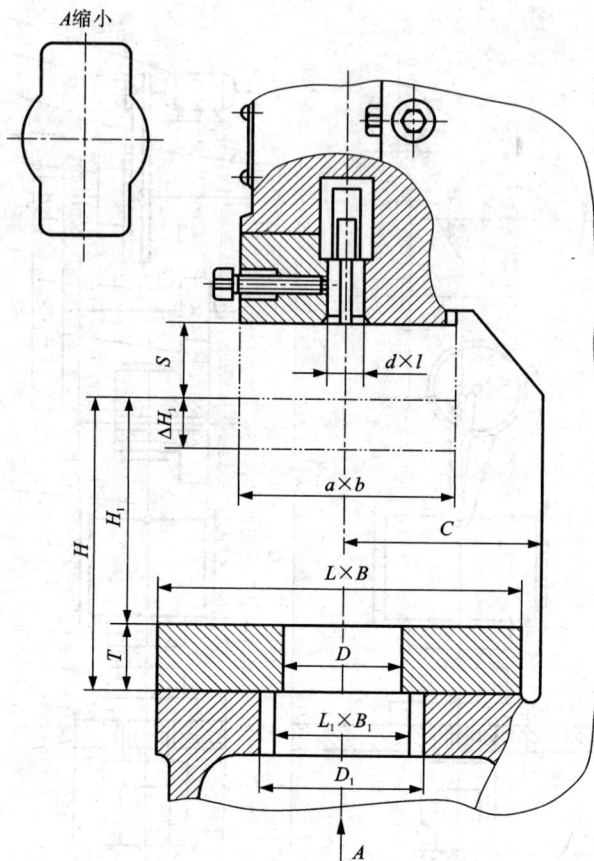

图 2 - 1 - 14　压力机基本参数

时，需附加垫板，给使用带来不便。同时，装模高度调节量越大，连杆长度越长，刚度会下降。因此，只要满足使用要求，没有必要使装模高度及其调节量过大。

5）工作台板及滑块底面尺寸

它是指压力机工作空间的平面尺寸。工作台板（垫板）的上平面，用"左右×前后"的尺寸表示，如图 2 - 1 - 14 中的 $L×B$。滑块下平面，也用"左右×前后"的尺寸表示，如图 2 - 1 - 14 中的 $a×b$。闭式压力机，其滑块尺寸和工作台板的尺寸大致相同，而开式压力机滑块下平面尺寸小于工作台板尺寸。所以，开式压力机所用模具的上模外形尺寸不宜大于滑块下平面尺寸，否则，当滑块在上止点时，可能造成上模与压力机导轨干涉。

6）工作台孔尺寸

工作台孔尺寸 $L_1×B_1$（左右×前后）、D_1（直径），如图 2 - 1 - 14 所示，用作向下出料或安装顶出装置的空间。

7）立柱间距和喉深 C

立柱间距是指双柱式压力机立柱内侧面之间的距离。对于开式压力机，其值主要关系到向后侧送料或出件机构的安装。对于闭式压力机，其值直接限制模具和加工板料的最宽尺寸。喉深是开式压力机特有的参数，它是指滑块中心线至机身的前后方向的距离，如图 2 - 1

－14 中的 C。喉深直接限制加工件的尺寸，也与压力机机身的刚度有关。

　　8）模柄孔尺寸

　　模柄孔尺寸 $d \times l$ 是"直径×孔深"，冲模模柄尺寸应和模柄孔尺寸相适应。大型压力机没有模柄孔，而是开设 T 形槽，以 T 形槽螺钉紧固上模。表2－1－2、表2－1－3是我国生产的部分通用压力机的主要技术参数。

表2－1－2　部分开式压力机的主要技术参数

压力机型号		J23-3.15	J23-6.3	J23-10	J23-16F	JH23-25	JH23-40	JC23-63	J11-50	J11-100	JA11-250	JH21-80	JA21-160	J21-400A
公称压力/kN		31.5	63	100	160	250	400	630	500	1000	2500	800	1600	4000
滑块行程/mm		25	35	45	70	75	80	120	10~90	20~100	120	160	160	200
滑块行程次数/(次·min^{-1})		200	170	145	120	80	55	50	90	65	37	40~75	40	25
最大封闭高度/mm		120	150	180	205	260	330	360	270	420	450	320	450	550
封闭高度调节量/mm		25	35	35	45	55	65	80	75	85	80	80		
立柱间距/mm		120	150	180	220	270	340	350					530	896
喉深/mm		90	110	130	160	200	250	260	235	340	325	310	380	480
工作台尺寸/mm	前后	160	200	240	300	370	460	480	450	600	630	600	710	900
	左右	250	310	370	450	560	700	710	650	800	1100	950	1120	1400
垫板尺寸/mm	厚度	30	30	35	40	50	65	90	80	100	150		130	170
	孔径	φ110	φ140	φ170	φ210	φ260	φ320	φ250	φ130	φ160	φ300			φ300
模柄孔尺寸/mm	直径	φ25	φ30		φ40			φ50		φ60	φ70	φ50	φ70	φ100
	深度	40	55		60			70		80	90	60	80	120
最大倾斜角/(°)		45			35			30						
电动机功率/kW		0.55	0.75	1.1	1.5	2.2	5.5			7	18.1	7.5	11.1	32.5

表2－1－3　闭式压力机参数

压力机型号		J31-100	JA31-160R	J31-250	J31-315	J31-400	JA31-630	J31-800	J31-1250	J36-160	J36-250	J36-400	J36-630
公称压力/kN		1000	1600	2500	3150	4000	6300	8000	12500	1600	2500	4000	6300
公称压力行程/mm		8.16	10.4	10.5	13.2	13	13	13	10.8	11	13.7	26	
滑块行程/mm		165	160	315	315	400	400	500	500	315	400	400	500
滑块行程次数/(次·min^{-1})		35	32	20	20	16	12	10	10	20	17	16	9
最大装模高度/mm		445	375	490	490	710	700	700	830	670	590	730	810
装模高度调节量/mm		100	120	200	200	250	250	315	250	250	250	315	340
导轨间距离/mm		405	590	900	930	850	1480	1680	1520	1840	2640	2640	3270
退料杆导程/mm		150	160	150	250								
工作台尺寸/mm	前后	620	790	950	1100	1200	1500	1600	1900	1250	1250	1600	1500
	左右	620	710	1000	1100	1250	1700	1900	1800	2000	2780	2780	3450
滑块底面尺寸/mm	前后	300	560	850	960	1000	1400	1500	1560	1050	1000	1250	1270
	左右	360		980	910	1230				1980	2540	2550	3200
模柄孔尺寸/mm	直径	φ65	φ75										
	深度	120											
工作台孔尺寸		φ250mm		430mm×430mm		630mm×630mm							

任务2　编制礼帽型的零件的加工工艺卡

能力目标

- 能说明汽车冲压工艺卡的如何指导生产作用，分工序的意义
- 能说明汽车冲压工艺卡主要项目，控制指标含义
- 能说明更改栏的填写方法、时间参数的有效性意义

知识目标

- 认知礼帽型的钣金件的冲压制造工序过程
- 认知汽车冲压工艺卡的基本功能
- 认知冲压工艺卡是正确操作、工时计算的依据

素养目标

- 工作中的必须遵守工艺卡操作的工艺纪律意识
- 重视自身安全、设备产品的安全
- 按标准做事，遵章守纪

【任务引入】

观看视频了解冲压工序。

图2-2-1　礼帽型的零件的加工视频

图2-2-2　礼帽型的零件的加工视频二维码

2.2.1 礼帽型的零件的技术要求参数

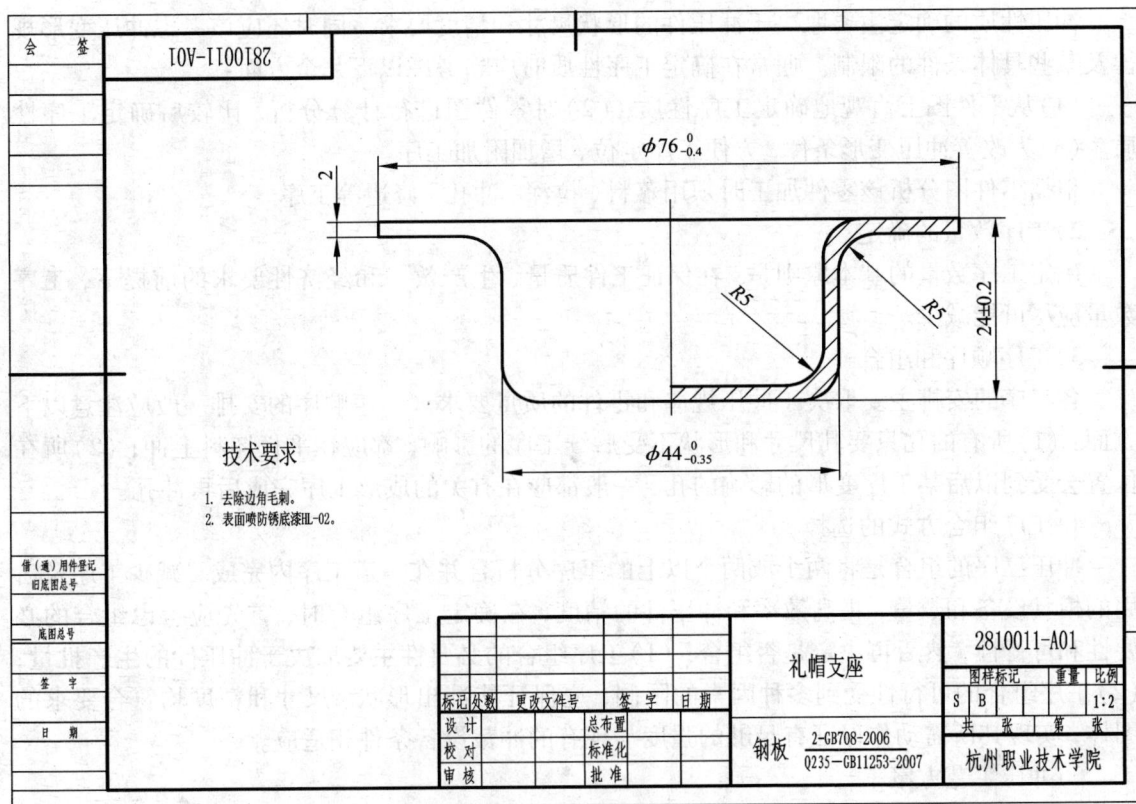

图 2-2-3 礼帽型的零件的图纸

2.2.2 礼帽型的零件的工艺性分析

材料为 10 号钢，大量生产。试制定工件冲压工艺规程，设计其模具，编制零件的加工工艺规程。

1）材料分析

10 号钢为优质碳素结构钢，具有较好的拉深性能。冷应变塑性高，板材正火或高温回后性能极佳，切削性，冷拉正火较退火状态好。

2）结构分析

零件为一有凸缘筒形件，结构简单，底部圆锥半径 $r = 5$，满足筒形件试音圆角半径大于一倍料厚的要求，因此，零件具有良好的结构工艺性。

3）精度分析

零件上尺寸 $\phi 76^{0}_{-0.4}$，$24^{+0.2}_{-0.2}$，$\phi 44^{0}_{-0.33}$，公差精度要求都不高，其他尺寸未注明公差，普通拉深即可达到零件的精度要求。

2.2.3　礼帽型的零件的工艺方案

1）工序性质的确定

冲压性质的确定主要取决于冲压件的形状尺寸和精度要求。同时还应该考虑冲压变形规律及某些具体条件的限制。通常在确定工序性质时应当考虑以下几个方面：

（1）从零件图上直观地确定工序性质；（2）对零件图进行计算分析，比较后确定工序性质。（3）为改善冲压变形条件，方便工序定位，增加附加工序。

根据零件图分析该零件加工时须用落料、拉深、冲孔、修边等工序。

2）工序数量的确定

确定工序数量的基本原则是：在保证工件质量、生产效率和经济性要求的前提下，工序数量应尽可能减少。

3）工序顺序和组合

各工序的安排主要取决于冲压规律和零件的质量要求。工序顺序的安排一般应注意以下方面：（1）所有的孔只要其尺寸和形状不受后续工序的影响，都应在平板坯料上冲；（2）所在位置会受到以后某工序变形的影响的孔，一般都应在有关的成形工序完成后再冲孔。

4）工序组合方式的选择

冲压工序的组合是将两个或两个以上的工序分析合并在一道工序内完成。减少工序及占用的模具设备和数量，提高效率和冲压件的精度，在确定工序组合时，首先应考虑组合的必要性和可行性，然后再决定是否组合；（1）工序组合的必要性主要取决于冲压件的生产批量；（2）工序组合的可行性受到多种因素的限制，应保证能冲出形状、尺寸和精度均符合要求的图样，实现其所需动作保证有足够的强度与现有的冲裁设备条件相适应。

5）冲压工艺方案

该工件包括落料、拉深三个基体工序，可有以下工艺方案：

方案一：先落料，再拉深，最后压边。采用单工序模生产。

方案二：落料—拉深压边复合冲压。采用复合模生产。

方案三：落料—拉深—压边连续冲压。采用连续模生产。

工艺方案分析：

（1）方案一模具结构简单，但需三道工序，即需要落料模，拉深模，切边模三副模具，生产效率低，难以满足该零件的年产量要求。

（2）方案二只需一副模具，冲压件的形位精度和尺寸精度易保证，且生产效率也高。尽管模具结构较方案一复杂，但由于零件的几何形状简单对称，模具制造并不困难。

（3）方案三也只需一副模具，生产效率也很高，但零件的冲压精度稍差。欲保证冲压件的形位精度，须在模具上导正销导正，故其模具制造，安装较撮合模复杂。

通过对于上述三种方案的分析比较，该件的冲压生产采用方案二为佳。

2.2.5　完成礼帽型的零件的工艺卡

1）首先学习一个工艺卡的实例

地板托架总成冲压工艺卡查找5个重要的零部件信息。

表 2 - 1 - 1　5102104 - R01 地板托架总成冲压工艺卡

文件号：ZTCY - R01 - 5102104 - 201506

X 汽车厂	冲压工艺卡	产品型号	R01	零件名称	地板托架	共　页
		产品名称	地板托架总成	零件型号	5102104 - R01	第　页

材料牌号及规格	材料技术要求	毛坯尺寸	每条料制件数	毛坯重	辅助材料
Q235A	1800×900 横裁	900×108×1.5			

工序号	工序名称	工序草图	工序内容	设备	检验要求	备注
1	落料		落料连续模	250 kN		
2	首次弯曲（带预弯）		弯曲模	160 kN		
3	二次弯曲		弯曲模	160 kN		
4	冲孔 4 - ϕ5		冲孔模	160 kN		
			编制日期	审核日期	会签日期	

标记	处数	更改文件号	签字	日期	标记	处数	更改文件号	签字	日期			

2）需要通过工艺卡了解一下信息

该零件加工工序分为落料→首次弯曲（带预弯）→二次弯曲→冲孔 4 - φ5 四步，为什么要进行分工序？

使用材料为 Q235A 钢，为优质碳素结构钢，具有较好的拉深性能。冷应变塑性高，板材正火或高温回后性能极佳，切削性，冷拉正火较退火状态好。底部折弯未标注圆角半径，按照经验 $r = 2 \times \delta = 3$ mm，精度要求零件上尺寸 φ10 +0.036 冲孔精度无法满足，后期配钻，φ5 +0.03，公差精度要求都不高，普通冲孔即可达到零件的精度要求。由公差表查得其公差要求都属 IT13，所以普通冲裁可以达到零件的精度要求。对于未注公差尺寸按 IT14 精度等级查补。

采用不同的冲压工艺，冲件的精度及固定误差相差甚大。除上述片齿轮实例说明，精冲工艺与普通冲裁的冲件精度与固定误差相差一个数量级之外，即便在普通冲裁中，采用不同间隙冲裁，固定误差相差也很大。例如料厚 $t = 1.5$ mm 冲裁件，选用单边 I 类小间隙冲裁比选用单边 III 类大间隙冲裁冲件固定误差将 40% ~ 60%，精度至少降一级。此外，采用无搭边排样，冲件的误差要远大于有搭边排样冲件的误差。无搭边排样冲件的精度低于 IT12 级，而多数有搭边排样的冲件精度在 IT11 ~ IT9 级之间，料厚 $t > 4$ mm 的冲件，尺寸精度会更低一些。不同冲模结构类型，由于适用冲压料厚及制造精度的差异，导致冲件的固定误差有别。在复合模中，多工位连续式复合模由于冲件连续重复定位加上制模误差较大，故其冲件的固定误差比单工位复合冲裁模要大 1 ~ 2 级。

表 2 - 2 - 2　基本尺寸 0 ~ 500 mm，4 ~ 18 级精度标准公差表

基本尺寸/mm		公差值														
		IT4	IT5	IT6	IT7	IT8	IT9	IT10	IT11	IT12	IT13	IT14	IT15	IT16	IT17	IT18
大于	到	μm										mm				
—	3	3	4	6	10	14	25	40	60	0.10	0.14	0.25	0.40	0.60	1.0	1.4
3	6	4	5	8	12	18	30	48	75	0.12	0.18	0.30	0.48	0.75	1.2	1.8
6	10	4	6	9	15	22	36	58	90	0.15	0.22	0.36	0.58	0.90	1.5	2.2
10	18	5	8	11	18	27	43	70	110	0.18	0.27	0.43	0.70	1.10	1.8	2.7
18	30	6	9	13	21	33	52	84	130	0.21	0.33	0.52	0.84	1.30	2.1	3.3
30	50	7	11	16	25	39	62	100	160	0.25	0.39	0.62	1.00	1.60	2.5	3.9
50	80	8	13	19	30	46	74	120	190	0.30	0.46	0.74	1.20	1.90	3.0	4.6
80	120	10	15	22	35	54	87	140	220	0.35	0.54	0.87	1.40	2.20	3.5	5.4
120	180	12	18	25	40	63	100	160	250	0.40	0.63	1.00	1.60	2.50	4.0	6.3
180	250	14	20	29	46	72	115	185	290	0.46	0.72	1.15	1.85	2.90	4.6	7.2
250	315	16	23	32	52	81	130	210	320	0.52	0.81	1.30	2.10	3.20	5.2	8.1
315	400	18	25	36	57	89	140	230	360	0.57	0.89	1.40	2.30	3.60	5.7	8.9
400	500	20	27	40	63	97	155	250	400	0.63	0.97	1.55	2.50	4.00	6.3	9.7

注：基本尺寸小于 1 mm 时，无 IT14 至 IT18。

3）技术文件更改栏的填写方法、时间参数的有效性

技术文件更改管理的目的是实现技术管理、检验、生产车间、档案等四个部门的设计图纸、工艺图纸的一致、协调、正确,确保产品质量满足要求。

技术文件更改操作人员:

(1)技术文件项目负责人负责技术图纸的更改或修订。

(2)技术文件项目承担部门的技术主管负责对更改或修订的技术图纸审核,并经主管经理或其委托人批准后下达实施。

(3)纸质图纸及技术文件的更改:

应按《设计和开发更改通知单》规定的项目,填写完整,签名齐全,更改处理意见明确。用手写将需要更改的尺寸、文字或图形用细实线划掉,划掉部分仍能清楚地辨认出改前的情况;然后填写上新的尺寸、文字或图形。在靠近更改部位写上更改标记;标记用加小圆圈的小写英文字母表示,例如:ⓐ,ⓑ,ⓒ,ⓓ,…;第一次更改用ⓐ,第二次更改用ⓑ,依此类推。在更改栏内填写:

①更改标记;

②同一标记下的更改处数;

③更改通知书编号;

④更改人签字;

⑤填写更改日期。

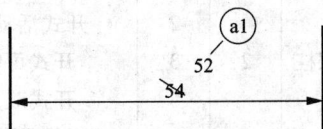

图2-2-4　技术文件零件的尺寸更改

4)曲柄压力机的型号

按照锻压机械型号编制方法(JB/T 9965—1999)的规定,曲柄压力机的型号由汉语拼音正楷大写字母和阿拉伯数字组成,型号中汉语拼音字母按其名称读音。例如 JC23-63A 型号的意义是:

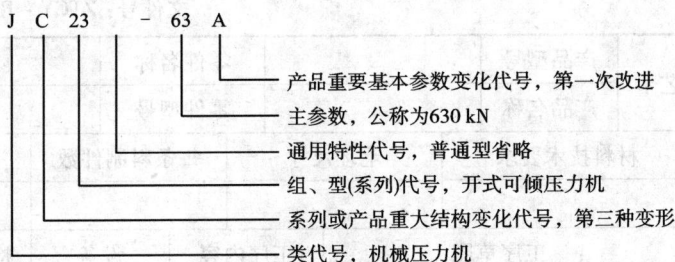

图2-2-5　曲柄压力机的型号说明

型号表示方法说明如下:

第一个字母为类代号,用汉语拼音字母表示。在 JB/T 9965—1999 中将锻压机械分为八类(见表2-1-3)。

第二个字母代表系列或产品重大结构变化代号。凡属产品重大结构变化和主要结构不同者分别用正楷大写字母 A,B,C,…加以区别。

第三、第四个数字分别为组、型代号。前面一个数字代表"组",后一数字代表"型"。在型谱表中,每类锻压设备分为 10 组,每组分为 10 型(系列)。在组、型(系列)代号之后是通用特性代号,用"K"代表数字控制或计算机控制(含微机),"Z"代表自动(带自动送卸料装置),"Y"代表液压传动(指主传动),"Q"代表气动(指主传动),"G"代表高速,"M"代表精密，普通型锻压机械的通用特性代号可省略。横线后面的数字代表主参数。一般用压力机公称力(kN)数值的1/10作为主参数。最后一个字母代表产品重要基本参数变化代号，凡是主参数相同而重要的基本参数不同者用 A，B，C，…字母加以区别。

通用曲柄压力机型号见表 2 - 2 - 3。

表 2 - 2 - 3　通用曲柄压力机型号

组		型号	名称	组		型号	名称
特征	号			特征	号		
开式单柱	1	1	单柱固定台压力机	闭式	3	1	闭式单点压力机
		2	单柱活动台压力机			2	闭式单点切边压力机
		3	单柱柱形台压力机			3	闭式侧滑块压力机
开式双柱	2	1	开式固定台压力机			6	闭式双点压力机
		2	开式活动台睡力机			7	闭式双点切边压力机
		3	开式可倾压力机			9	闭式四点压力机
		5	开式双点压力机				
		9	开式底传动压力机				

注：从 10 ~ 39 型号中，凡未列出的序号均留作待发展的型号使用。

5)完成礼帽支座的零件的工艺卡

表 2 - 2 - 4　2810011 - R01 礼帽支座冲压工艺卡

文件号：ZTCY - R01 - 2810011 - 201506

（厂名）	冲压工艺卡	产品型号		零件名称		共　页
		产品名称		零件型号		第　页

材料牌号及规格	材料技术要求	毛坯尺寸	每条料制件数	毛坯重	辅助材料

工序号	工序名称	工序草图	工序内容	设备	检验要求	备注
1						
2						
3						
4						
				编制日期	审核日期	会签日期

标记	处数	更改文件号	签字	日期	标记	处数	更改文件号	签字	日期

任务3 依据标准模版完成曲柄压力机选型

能力目标

- 能根据零部件的形状尺寸计算冲压机总载荷
- 能按照生产纲领和零件的需求选定曲柄压力机的型号
- 能以类比的方式选定可替代的液压式压力机的型号
- 能说明主要参数的意义

知识目标

- 认知曲柄压力机总载荷的构成
- 认知生产纲领和冲压加工的对应关系
- 认知汽车用曲柄压力机和液压式的优势和劣势

素养目标

- 工作中的制造工时和成本意识
- 重视安全、设备冗余度基本概念
- 按标准做事，遵章守纪

2.3.1 礼帽型的支架零件的冲压工艺计算

项目输入：现需要加工礼帽型的支架零件如图2-3-1所示，材料为10号钢，大批量生产。试制工件冲压工艺，完成冲压工艺计算。

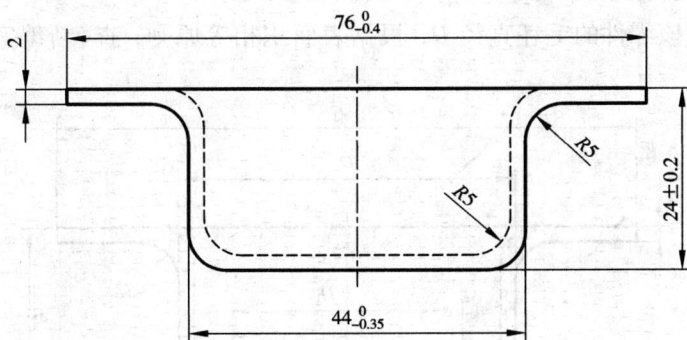

图2-3-1 零件的尺寸图

1)确定零件修边余量

零件的相对直径 $\dfrac{d_t}{d} = \dfrac{76}{44} = 1.727$，经查《新编实用冲压模具设计手册》，材料厚度 $\delta = 2$ mm 查得修边余量 $\Delta h = 3$，故实际凸缘直径 $d_F = 76 + 2 \times 3 = 82$。

2)用逼近法确定第一次拉深直径

表 2 - 3 - 1

试算次数	假定值 $N = d_F/d_1$	第一次拉深直径 $d_1 = dF/N$	实际拉深直径 $m_1 = d_1/D_0$	极限拉深系数查表 $[m_1]min$	相差值 $\Delta m_1 = m_1 - [m_1]$
1	1.3	82/1.3 = 63.1	63.1/112.25 = 0.56	0.65	+0.09
2	1.5	82/1.5 = 54.67	54.67/112.25 = 0.49	0.58	+0.08
3	1.8	82/1.8 = 45.56	45.56/112.25 = 0.41	0.48	+0.07
4	2.0	82/2 = 41	41/112.25 = 0.37	0.42	+0.05
5	2.2	82/2.2 = 37.27	37.27/112.25 = 0.33	0.35	+0.02
6	2.5	82/2.5 = 32.8	32.8/112.25 = 0.29	0.28	-0.01

查《新编实用冲压模具设计手册》，允许最大高度$[h_1/d_1] = 0.51$。

初选 2.2 挡：$m_1 = 0.33$，$d_1 = 37.27$。

第一次拉深高度：$[D = 114, d_t = 82, r_1 = 5, R_1 = 10, d_1 = 37.27]$；

$h_1 = 0.25(D_2 - d_2t)/d_1 + 0.43(r_1 + R_1) + 0.14(r_{21} - R_{21})/d_1 = 42.46$；

$h_1/d_1 = 1.13 > 0.51$ 变形过大，重选；

选 2.0 挡：$m_1 = 0.37$，$d_1 = 41$；

计算 $h_1 = 41.32 > d_1$ 变形仍过大，重选；

选 1.8 挡：$m_1 = 0.48$，$d_1 = 45.56$；

计算 $h_1 = 34.19$，$h_1/d_1 = 0.75 > 0.51$ 变形过大，重选；

选 1.5 挡：$m_1 = 0.49$，$d_1 = 54.67$；

计算 $h_1 = 28.5$，$h_1/d_1 = 0.51$ 可行；

3）用解析法求该零件的毛坯直径 D，根据表面积相等原则，查《新编实用冲压模具设计手册》，公式如下：

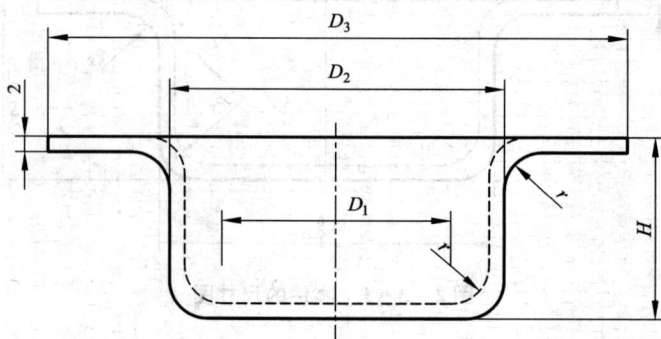

图 2 - 3 - 2　零件的尺寸定义图

$$D = \sqrt{((D_3 \times D_3 - D_1 \times D_1) + D_2 \times D_2 + 4 \times D_2 H - 0.15rD_2 + 1.28r \times r)}$$

$$= \sqrt{((76^2 - 30^2) + 44 * 44 + 4 * 44 * 44 - 0.15 * 10 * 44 + 1.28 * 10 * 5))}$$

$$= \sqrt{(4876 + 1936 + 7744 - 66 + 64)}$$

$$= 120.63 \text{ mm}$$

4）计算工序压力

计算落料力 $F_{落}$、卸料力 $F_{卸}$、拉深力 $F_{拉}$ 和压边力 $F_{压}$、推件力 $F_{推}$。

落料力：$F_{落}=K\pi D\delta T=1.3\times3.14\times120.63\times2\times335$

$=329915.8\approx329.92$（kN）

T 为 $10^{\#}$ 钢抗剪强度查手册为 335 MPa。

卸料力：$F_{卸}=K_{卸}\times F_{落}=0.04\times F_{落}=13.19$（kN）

拉深力：$F_{拉}=\pi d_1 t\sigma_b K_{拉}=3.14\times54.67\times2\times335\times0.55=31.63$（kN）

压料力：$F_{压}=\dfrac{\pi}{4}[D^2-(d_1+2r_{A1})^2]p=\dfrac{\pi}{4}[114^2-(54.67+2\times9)]\times3=30.43$（kN）

推件力：$F_{推}=nK_{推}\times F_{落}=3\times0.55\times329.92=544.37$（kN）

总冲压力为 $F=F_{落}+F_{卸}+F_{拉}+F_{压}+F_{推}=329.92+13.19+31.63+30.43+544.37$

$=949.53$（kN）

总冲压力为 $F=F_{落}+F_{卸}+F_{拉}+F_{压}+F_{推}\approx F_{落}\times3=329.92\times3=989.76$（kN）

故选用 1000 kN 的压力机。

2.3.2　冲压礼帽支座的模具图纸

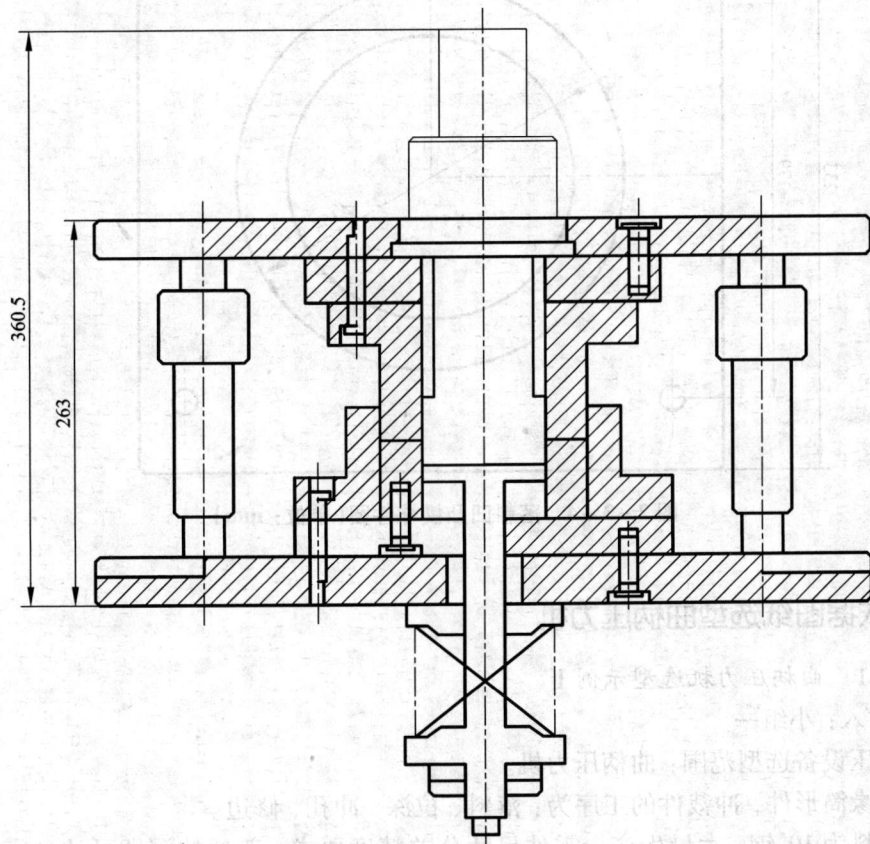

图 2 - 3 - 3　落料拉深复合模装配图

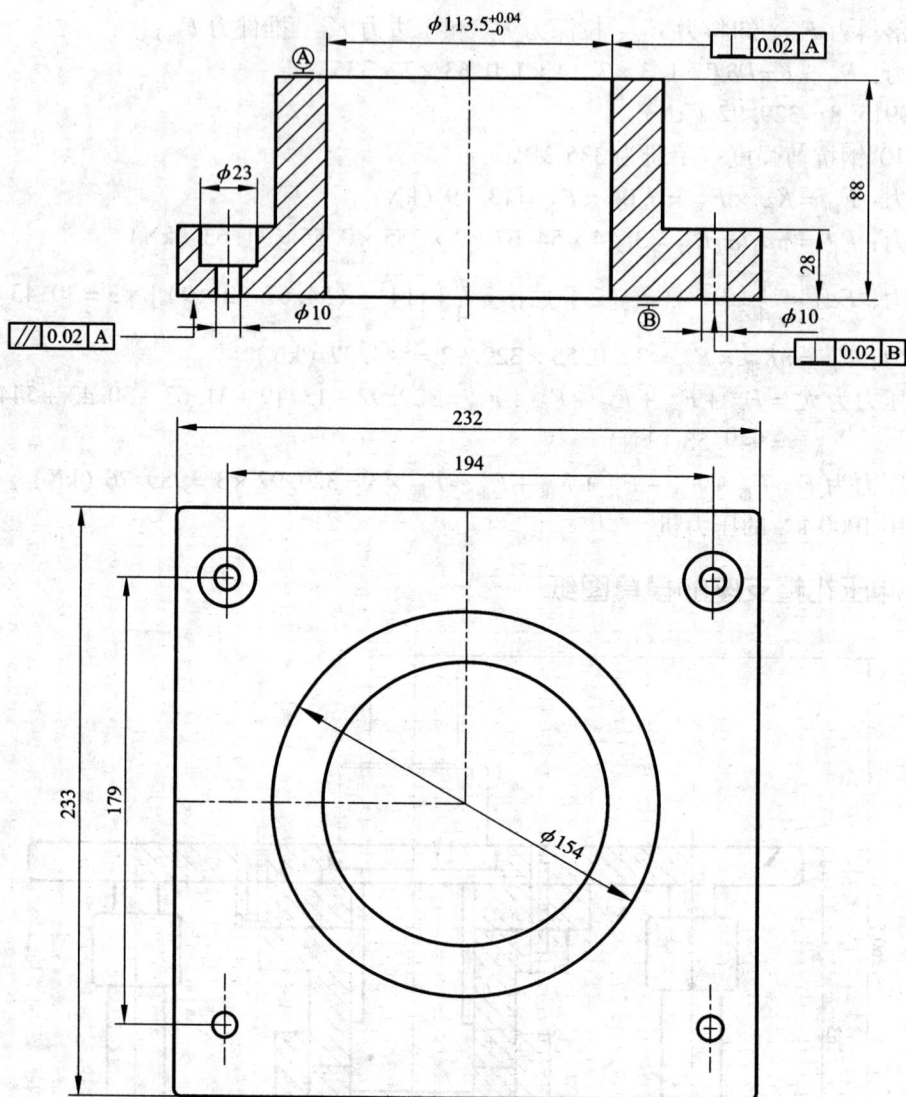

图 2 – 3 – 4　落料凹凸模零件图(单位：mm)

2.3.3　依据图纸选型曲柄压力机

2.3.3.1　曲柄压力机选型示例 1

项目输入：小组一

(1)冲压设备选型范围：曲柄压力机。

(2)凸缘筒形件，冲裁件的工序为：落料、拉深、冲孔、修边。

(3)材料为 10# 钢，大量生产。零件尺寸公差精度要求，普通拉深即可达到零件的精度要求。

输出结果：

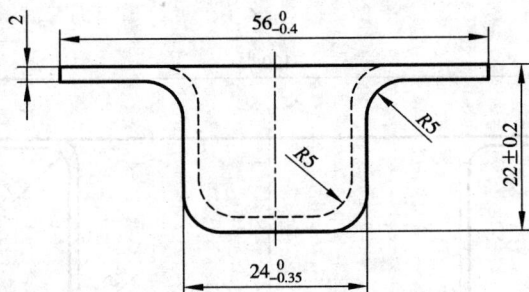

图 2 - 3 - 5 礼帽支座的图纸一(单位:mm)

(1)曲柄压力机型号——选型说明。

(2)计算单班产能(年计)。

曲柄压力机选型

2.3.3.2 曲柄压力机选型示例 2

项目输入:小组二

(1)冲压设备选型范围:曲柄压力机。

(2)凸缘筒形件,冲裁件的工序为:落料、拉深、冲孔、修边。

(3)材料为 10# 钢,大量生产。零件尺寸公差精度要求,普通拉深即可达到零件的精度要求。

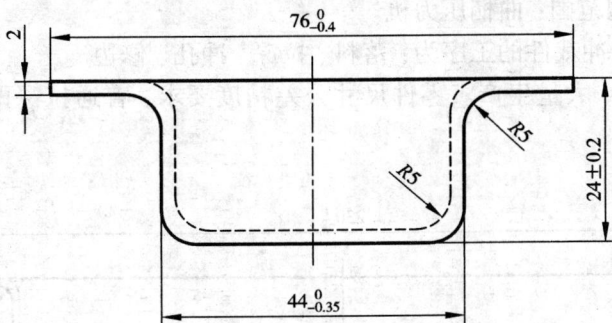

图 2 - 3 - 6 礼帽支座的图纸二(单位:mm)

输出结果:

(1)曲柄压力机型号——选型说明。

(2)计算单班产能(年计)

2.3.3.3 曲柄压力机选型示例 1

曲柄压力机选型

项目输入:小组三

(1)冲压设备选型范围:曲柄压力机。

(2)凸缘筒形件,冲裁件的工序为:落料、拉深、冲孔、修边。

(3)材料为 10# 钢,大量生产。零件尺寸公差精度要求,普通拉深即可达到零件的精度要求。

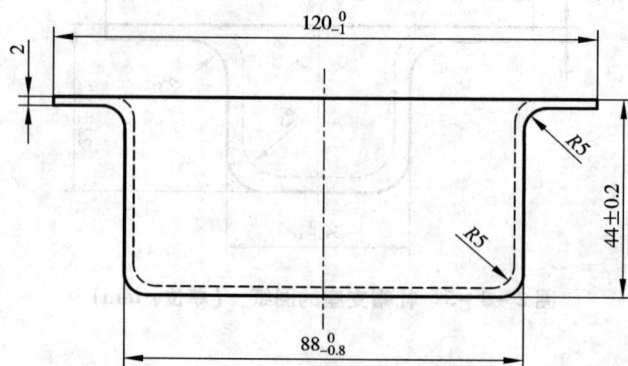

图 2-3-7 礼帽支座的图纸三（单位：mm）

输出结果：

（1）曲柄压力机型号——选型说明。

（2）计算单班产能（年计）。

2.3.3.4 曲柄压力机选型示例4

项目输入：小组四

（1）冲压设备选型范围：曲柄压力机。

（2）凸缘筒形件，冲裁件的工序为：落料、拉深、冲孔、修边。

（3）材料为10#钢，大量生产。零件尺寸公差精度要求，普通拉深即可达到零件的精度要求。

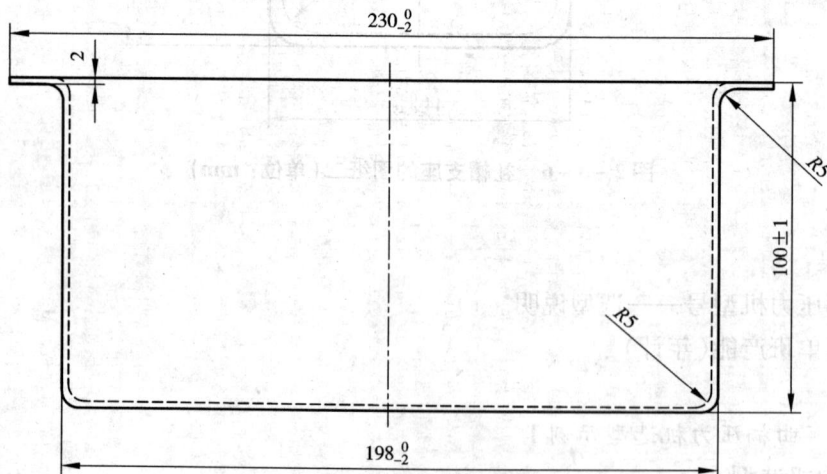

图 2-3-8 礼帽支座的图纸四（单位：mm）

输出结果：

（1）曲柄压力机型号——选型说明。

（2）计算单班产能（年计）。

附：表 2-3-2　组员分工表

项目名称：曲柄压力机选型

小组号		组长		书记	
组员					
任务内容		曲柄压力机型号——选型说明			
面对问题（边界）			对策		

项目名称：曲柄压力机选型

小组号		组长		书记	
组员					
任务内容		2. 计算单班产能（年计）			
面对问题（边界）			对策		

项目名称：曲柄压力机选型

小组号		组长		书记	
组员					
任务内容		因为预算经费短缺，两台只能买一台			
面对问题（边界）			对策		

项目名称：曲柄压力机选型

小组号		组长		书记	
组员					
任务内容			类比选择，同样的参数选择一款液压机		

面对问题（边界）	对策

附：表2-3-3　部分开式压力机的主要技术参数

压力机型号		J23-3.15	J23-6.3	J23-10	J23-16F	JH23-25	JH23-40	JC23-63	J11-50	J11-100	JAH-250	JH21-80	JA21-160	J21-400A
公称压力/kN		31.5	63	100	160	250	400	630	500	100	2500	800	1600	4000
滑块行程/mm		25	35	45	70	75	80	120	10~90	20~100	120	160	160	200
滑块行程次数/(次·min⁻¹)		200	170	145	120	80	55	50	90	65	37	40~75	40	25
最大封闭高度/mm		120	150	180	205	260	330	360	270	420	450	320	450	550
封闭高度调节量/mm		25	35	35	45	55	65	80	75	85	80	80	130	150
立柱间距/mm		120	150	180	220	270	340	350					530	896
喉深/mm		90	110	130	160	200	250	260	235	340	325	310	380	480
工作台尺寸/mm	前后	160	200	240	300	370	460	480	450	600	630	600	710	900
	左右	250	310	370	450	560	700	710	650	800	1100	950	1120	1400
垫板尺寸/mm	厚度	30	30	35	40	50	65	90	80	100	150		130	170
	孔径	φ110	φ140	φ170	φ210	φ260	φ320	φ250	φ130	φ160				φ300
模柄孔尺寸/mm	直径	φ25	φ30	φ40	φ40	φ50	φ50	φ50	φ50	φ60	φ70	φ50	φ70	φ100
	深度	40	35	35	60	60	60	70	80	80	90	60	80	120
最大倾斜角/(°)		45	45	45	45	35	35	30						
电动机功率/kW		0.55	0.75	1.1	1.5	2.2	5.5	5.5	5.5	7	18.1	7.5	11.1	32.5

液压机型号表示方法如下：

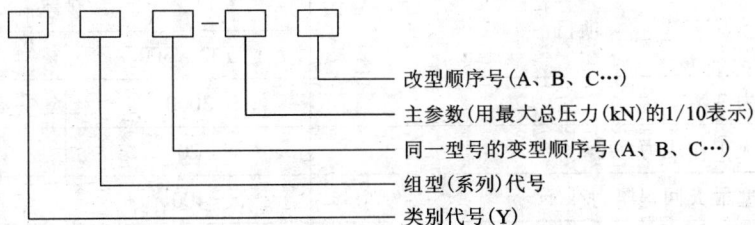

改型顺序号（A、B、C…）
主参数（用最大总压力(kN)的1/10表示）
同一型号的变型顺序号（A、B、C…）
组型（系列）代号
类别代号（Y）

例如，Y32A－315表示最大总压力为3150 kN、经过一次变型的四柱立式万能液压机，其中32表示四柱式万能液压机的组型代号。

附：表2－3－4　部分闭式压力机的主要参数

压力机型号		J31－100	JA31－160B	J31－250	J31－315	J31－400	JA31－630	J31－800	J31－1250	J36－160	J36－250	J36－400	J36－630
公称压力/kN		1000	1600	2500	3150	4000	6300	8000	12500	1600	2500	4000	6300
公称压力行程/mm			8.16	10.4	10.5	13.2	13	13	13	10.8	11	13.7	26
滑块行程/mm		165	160	315	315	400	400	500	500	315	400	400	500
滑块行程次数/(次·min^{-1})		35	32	20	20	16	12	10	10	20	17	16	9
最大装模高度/mm		445	375	490	490	710	700	700	830	670	590	730	810
装模高度调节量/mm		100	120	200	200	250	250	315	250	250	250	315	340
导轨间距离/mm		405	590	900	930	850	1480	1680	1520	1840	2640	2640	3270
退料杆导程/mm				150	160	150	250						
工作台尺寸/mm	前后	620	790	950	1100	1200	1500	1600	1900	1250	1250	1600	1500
	左右	620	710	1000	1100	1250	1700	1900	1800	2000	2780	2780	3450
滑块底面尺寸/mm	前后	300	560	850	960	1000	1400	1500	1560	1050	1000	1250	1270
	左右	360		980	910	1230					1980	2540	2550	3200
模糊孔尺寸/mm	直径	$\phi65$	$\phi75$										
	深度	120											
工作台孔尺寸/mm		$\phi250$	430 mm × 430 mm				630mm × 630mm						
垫板厚度/mm		125	105	140	140	160	200			130	160	185	190
备注		需压缩空气					备气垫						

附：表 2-3-5　Y32-300 与 YB32-300 液压机的主要技术参数

序号	项目		型号	
			Y32-300	YB32-300
1	公称压力/kN		3000	3000
2	液压最大工作压力/MPa		20	20
3	工作活塞最大回程压力/kN		400	400
4	顶出活塞最顶出力/kN		300	300
5	顶出活塞最大回程压力/kN		82	150
6	活动横梁距工作台面最大距离/mm		1240	1240
7	工作活塞最大行程/mm		800	800
8	顶出活塞最大行程/mm		250	250
9	工作活塞行程速度 /(mm·s⁻¹)	压制	4.3	6.6
		同程	33	52
10	顶出活塞行程程度	顶出	48	65
		回程	100	138
11	立柱中心距离(前后×左右)/(mm×mm)		90×1400	900×1400
12	工作台有效尺寸(前后×左右)/(mm×mm)		1210×1140	900×1400
14	高压泵	工作压力/MPa	20	20
		流量/(L·min⁻¹)	40	63
15	电动机	型号	JO₂-64-4	JO₂-72-6
		功率/kW	17	22
16	外形尺寸(前后×左右×高)/(mm×mm×mm)		1235×7580×5600	2000×3400×5600
17	主机质量/t		~15	
18	总质量/t		~15.6	~16
19	生产厂		天津(广州)锻压厂	天津锻压厂

附：表 2-3-6　部分国产液压机性能参数

液压机型号	YX(D)-45	YA71-45	Y71-63	YX-100	Y71-100	Y32-100-1	Y71-160	SY-250	YA71-250	Y71-300	Y71-500	YA71-500
公称压力/kN	450	450	630	1000	1000	1000	1600	2500	2500	3000	5000	5000
液体最大工作压力/MPa	32	32	32	32	32	26	32	30	30	32	32	32
最大回程力/kN	70	60	200	500	200	306	630	1250	1000	1000	—	160
活塞最大行程/mm	250	250	350	380	380	600	500	—	600	600	600	600

续上表

液压机型号		YX(D)-45	YA71-45	Y71-63	YX-100	Y71-100	Y32-100-1	Y71-160	SY-250	YA71-250	Y71-300	Y71-500	YA71-500
活动横梁距工作台最小距离/mm		80	—	—	270	270	—	—	600	—	600	—	—
活动横梁距工作台最大距离/mm		330	750	750	650	650	845	900	1200	1200	1200	1400	1400
最大顶出力/kN		—	120	200	200	200	184	500	340	630	500	1000	1000
活塞行程程度/(mm·s⁻¹)	低压下行	—	—	70	23	73.2	—	65	70	50	46	31.5	25
	高压下行		2.9	<15	1.4	23	1.5	2.9	2	1.75	21	1	
	低压回程			75	46	60		65	70	50	46	37	25
	高压回程		18	<16	2.8	2.6	50	3	5.8	3.7	3.5	2.5	2.5
顶出速度/(mm·s⁻¹)	低压顶出			90		60		85				90	
	高压顶出		10	<20		2.6	84					80	
	低压回程			140								110	
	高压回程		35	<30			134	30				11	1
电动机功率/kW		1.1	1.5	3	1.5	2.2	10	7.5		10	10	17	13.6
工作台尺寸/(mm×mm)		400×360	400×360	600×600	600×600	600×600	700×580	700×700	1000×1000	1000×1000	900×900	1000×1000	1000×1000
外形尺寸/(mm×mm×mm)		1050×610×2180	1400×740×2180	2352×1270×2645	1400×970×2478	1560×880×2470	1400×1100×3400	1950×1700×3350	2650×1000×3700	2420×1910×3660	2613×2540×3760	1800×2800×4270	2580×1910×4930
机器重量/t		1.2	1.17	3.5	1.5	2	3.5	4	8	9	8	14	14

附：表2-3-7　国内锻造液压机的主要参数

序号	项目		1250型	1600型	2500型	3150型	6000型	12500型
1	公称力/kN		12500	16000	25000	315000	60000	125000
2	压机形式		四立柱式上传动					
3	传动形式		泵蓄能器					
4	压力分级/kN		6500/12500	8000/16000	8000/16000/25000	16000/31500	20000/40000/60000	41800/83600/125000
5	工作介质		乳化液					
6	介质压力	高压/MPa	32					
		低压/MPa	0.6~0.8					
7	回程力/kN		1250	1300	3100	3400	6500	10800
8	净空距/mm		2680	2800	3900	4000	6000	7000
9	立柱	中心距/(mm×mm)	2200×1100	2400×1200	3400×1600	3500×1800	5200×300	6300×3450
		直径/mm	φ300	φ330	φ470	φ520	φ690	φ890

续上表

序号	项目			1250 型	1600 型	2500 型	3150 型	6000 型	12500 型
10	工作台尺寸/(mm × mm)			3000 × 1500	400 × 1500	5000 × 2000	6000 × 2000	9000 × 3400	10000 × 4000
11	最大行程/mm			1250	1400	1800	2000	2600	3000
12	活动横梁速度 /(mm · s⁻¹)		空程	300	300	300	300	250	250
			加压	~150	~150	~150	~150	~75	~70
			回程	300	300	300	300	250	250
13	锻造次数	常锻	行程/mm	165	165	200	200	300	275
			次数 /(次 · min⁻¹)	~16	~16	8~10	8~10	5~7	5~6
		精整	行程/mm	40	30	50	50	50	
			次数 /(次 · min⁻¹)	~60	~60	35~45	~40	~25	~20
14	最大偏心距/mm			100	120	200	200	200	250
15	工作台移动力/kN			250	350	400	1000	2250	3000
16	工作台行程 /mm		左	1500	1500	2000	2000	6000	7000
			右	1500	1500	2000	2000	6000	7000
17	工作台移动速度/(mm · s⁻¹)			~200	~200	~200	~200	~150	~150
18	工具提升形式					有工具提升缸		剁刀操作机	
19	设备外形尺寸 /mm		地面高度	~7730	~8350	~11200	~11200	~15700	~18310
			地下深度	~3640	~4000	~5650	~5000	~7000	~6130
		平面尺寸	最宽	~9500	~12600	~14760	~17000	~38950	~7600
			最长	~15200	~15200	~26360	~21760	~49600	~52200
20	设备总质量(不含泵站)/t			~130	~230	~511	~560	~1860	~2764
21	最大件质量/t			30	35	43	49	120	96
22	锻造能力		最粗最大钢锭/t	4	6	24	30	80	150
			拔长最大钢锭/t	10	12	45	50	150	300

课后思考题

1. 设备选型的关键因素是什么?
2. 如何协调成本与指标的关系?

项目三　按照零件需求选型点焊机、选型焊接机器人

【观察与思考】

我们已经知道要完成零部件的冲压必须了解该零件的冲压工序数量，完成冲压所需要的克服形变的应力的大小，按照增加一定的安全系数的原则，就可以对曲柄压力机进行选型。但是汽车的地板是如何从一个个小部件，最后形成大底板总成的呢？只有通过焊接来实现，在汽车行业大部分采用的是点焊工艺。点焊机如何来选型？点焊一个零部件还需要哪些设备的支持？要搞清楚这些问题，下面就开始本项目的学习。

本项目安排了三个任务，首先我们认识汽车点焊的工作原理；再通过汽车地板总成参数完成点焊机机选型；第三学习焊接机器人的相关参数，掌握焊接工装主要参数和焊接机器人选型的关键参数和焊接机器人系统的经济性评价方法。

任务1　认识汽车点焊机的工作原理

能力目标

- 能说明点焊加工方法工作原理
- 能说明汽车点焊加工主要工序，应用场景
- 能识别汽车点焊机的主要部件
- 能说明汽车点焊机机型号的主要参数意义

知识目标

- 认知汽车车身钣金件的焊接制造过程
- 认知汽车点焊加工方法的基本工序、功能
- 认知汽车企业焊工必须遵守安全操作规程

素养目标

- 工作中的焊接质量参数意识
- 重视安全、善于自我保护
- 按工艺标准做事，遵章守纪

【任务引入】

观看宝马 F30 新 3 系焊接车间生产线视频，讨论并回答下列问题：

（1）汽车车身钣金件是如何进行焊接的？

（2）冲压车间生产线有多少操作工人？主要做哪些工作？

（3）宝马 F30 焊接车间生产线使用哪几种焊接设备？

（4）焊接设备分别用在什么位置？每天的生产量能达到多少？

图 3－1－1　宝马 F30 新 3 系焊接车间

图 3－1－2　宝马 F30 新 3 系焊接车间视频二维码

3.1.1　汽车企业电焊工安全操作规程

未经专门训练并经电焊工技术考试合格者，不准进行焊接工作。安全操作规程：

（1）电烛机外壳应可靠接地。电焊机不能放在潮湿的地方，不能雨淋，应放于干燥通风处，以免损坏绝缘。内部线圈是水冷的，在使用时应按规定通水冷却。

（2）修理焊机和搬动焊机时，首先要断电，避免触电。施焊前应先检查周围不得有易燃易爆品，防止引起火警。

（3）经常检查导线的焊接绝缘是否良好。

（4）工作时带好绝缘手套及穿好胶鞋，皮肤不能外露。

（5）工作时必须用面罩保护面部，使用的滤光玻璃必须符合国家标准。

（6）在高处作业时，不准将焊接电缆放在电焊机上，横跨道路的电焊线必须有防压措施。仰焊时，要将衣领、袖口等处严密扣紧，并系好安全带。

（7）清理焊条时，必须戴电焊手套，以防触电。电焊机的外壳必须可靠接地，接地电阻不得大于 4 Ω，不得多台串连接地。严禁将电缆管、电缆外皮或吊车轨道等作为电焊导线。电焊导线不得靠近热源，并严禁接触钢丝绳或转动机械。

⑧车间及工场固定的焊接工作地点，应有通风装置，并用隔墙与其他工种隔开。

⑨在车上焊接时，回路电线不准搭在油箱或油箱架上，防止出现危险。

3.1.2 汽车点焊的原理、基本工序

3.1.1.1 汽车点焊加工实现焊接的原理

汽车焊接工艺使用最多是点焊,点焊(电阻点焊)是在电极压力作用下,通过电阻发热来加热熔化金属,断电后在压力下结晶而形成焊点焊接方法。汽车制造时,车辆各类钢板制件大多使用点焊方式连接。在对汽车车身进行板件更换、挖补等方式修理时,也应使用点焊。焊接的材料:碳素钢、合金钢、铝、铜及其合金等。

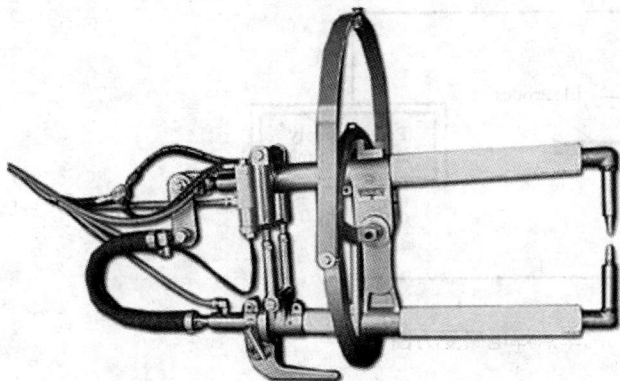

图 3 – 1 – 3　汽车焊接用焊钳

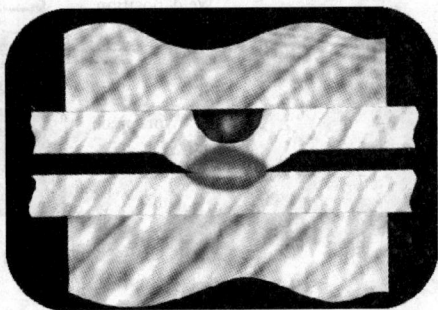

图 3 – 1 – 4　汽车点焊焊核形成

(1)电阻热的产生热量计算公式:

$$Q = I^2Rt$$

相关参数:通电电流、接触电阻、通电时间。

(2)温度分布:

点(对)焊——中心高,四周低,点焊温度分布比缝焊的集中,且前后对称。温度分布曲线越尖锐,接头越窄,工件表面越不容易过热,电极越不容易磨损。

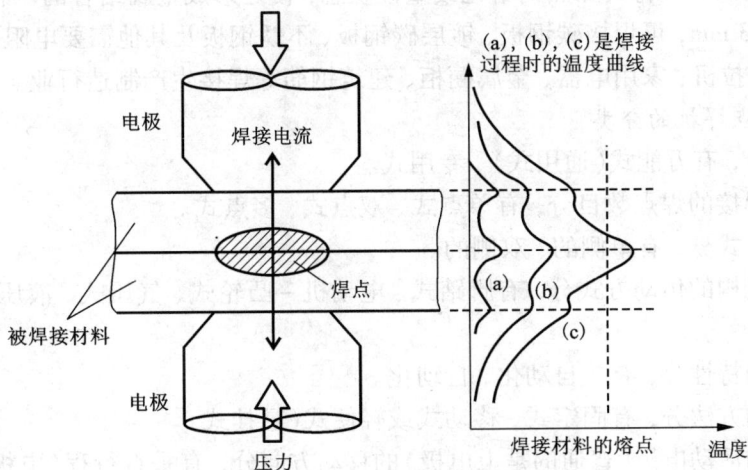

图 3 – 1 – 5　汽车点焊温度分布

3.1.2.2　汽车点焊基本工序

点焊焊核的形成过程

普通的点焊循环包括预压、通电加热、锻压和休止四个相互衔接的阶段。通电前的加压为预压阶段；加热熔化金属形成熔核称为通电加热阶段；断电后焊点在压力作用下冷却结晶称为锻压阶段；一个焊点焊完并转向下一个焊点的间隔时间称为休止阶段。

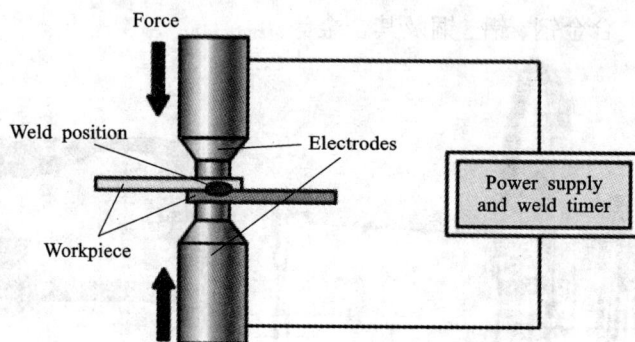

图3-1-6　汽车点焊电路受力图

（1）预压：需要控制压力，减小接触电阻；

（2）通电：需要控制通电电流，融化金属；

（3）锻压：形成焊核；

（4）休止：冷却；

3.1.3　点焊机的分类与组成

3.1.3.1　点焊机的定义

点焊机是将被焊工件压紧于两电极之间，并施以电流，利用电流流经工件接触面及邻近区域产生的电阻热效应将其加热到熔化或塑性状态，使之形成金属结合的一种方法。焊接厚度一般为0.5～3 mm，可焊接碳钢板、镀层碳钢板、不锈钢板及其他需要电阻焊的场合，广泛适用于汽车、拖拉机、家用电器、金属橱柜、建筑钢筋等焊接生产制造行业。

3.1.3.2　点焊机的分类

按照用途分，有万能式（通用式）、专用式。

按照同时焊接的焊点数目分，有单点式、双点式、多点式。

按照导电方式分，有单侧的、双侧的。

按照加压机构的传动方式分，有脚踏式、电动机-凸轮式、气压式、液压式、复合式（气液压合式）。

按照运转的特性分，有非自动化、自动化。

按照安装的方法分，有固定式、移动式或轻便式（悬挂式）。

按照焊机的活动电极（普通的是上电极）的移动方向分，有垂直行程（电极作直线运动）、圆弧行程。

按照电能的供给方式分，有工频焊机（采用50 HZ交流电源）、脉冲焊机（直流脉冲焊机、储能焊机等)、变频焊机(如低频焊机)。

汽车车身生产中,目前主流的是采用固定式焊接和移动悬挂式焊机。悬挂式焊机分一体式和分体式两种,如图 3-1-7 和图 3-1-8 所示。

图 3-1-7　一体式 DN2

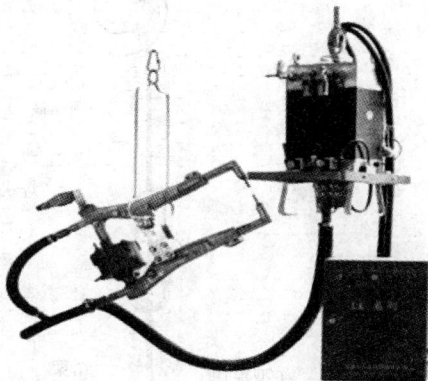

图 3-1-8　分体式 DN3

目前主要采用得较多的是分体式。一体式的,由于焊机和焊钳为一体,体积大,质量大,操作不方便,采用得不多,尽管其有总体质量小、不需通水、有效功率大、设备成本低等诸多优点。

3.1.3.3　点焊机的组成

分体式悬挂点焊机 DN3 系列悬挂式点焊机,由焊机变压器、焊机控制器、焊钳、水冷却系统、气动加压系统、悬挂装置等部分组成,焊钳根据焊臂的动作分为两种:X 型与 C 型。如图 3-1-9 所示。

焊机悬挂于桁架移动点焊,焊机变压器与焊钳分离联接,安全可靠。双焊钳配置,通水电缆适配标准无感抗电缆。焊钳配置有三自由度移动旋转装置,实现全方位焊接。焊钳也可固定后作为固定式点焊机使用。

(1)焊机变压器,为单相壳式,内部为整体真空浇注 F 级绝缘的环氧树脂。

初级线圈为盘形绕组,次级线圈为特制的中空形优质紫铜管件,二件串联,中空部分通冷却水。初级线圈紧贴通冷却水的次级线圈,以达到散热的目的。所有层间绝缘均采用 F 级的绝缘材料。

变压器次级线圈上装有温控仪,当焊机温度升高至设定值时,焊机将停止焊接,进入保护状态,以保证焊机不会因温度过高而烧坏。当温度降至设定值以下时,按复位键,焊机可重新进入工作状态。

初级线圈接入 380 V 额定网路电压。

(2)焊机控制器,负责按照用户设定的焊接工艺参数,对各种不同工件的焊接时间、焊接电流等参数进行精确地控制,从而保证被焊工件的质量达到预定的要求。

焊机控制器可实现单热量、双热量、多热量、单脉冲、多脉冲、电流缓升焊接等功能,并能全部自动化运行。

(3)焊钳,基本结构形式为 C 型和 X 型,编号规则如下。表示 C 型焊钳,最大承受压力

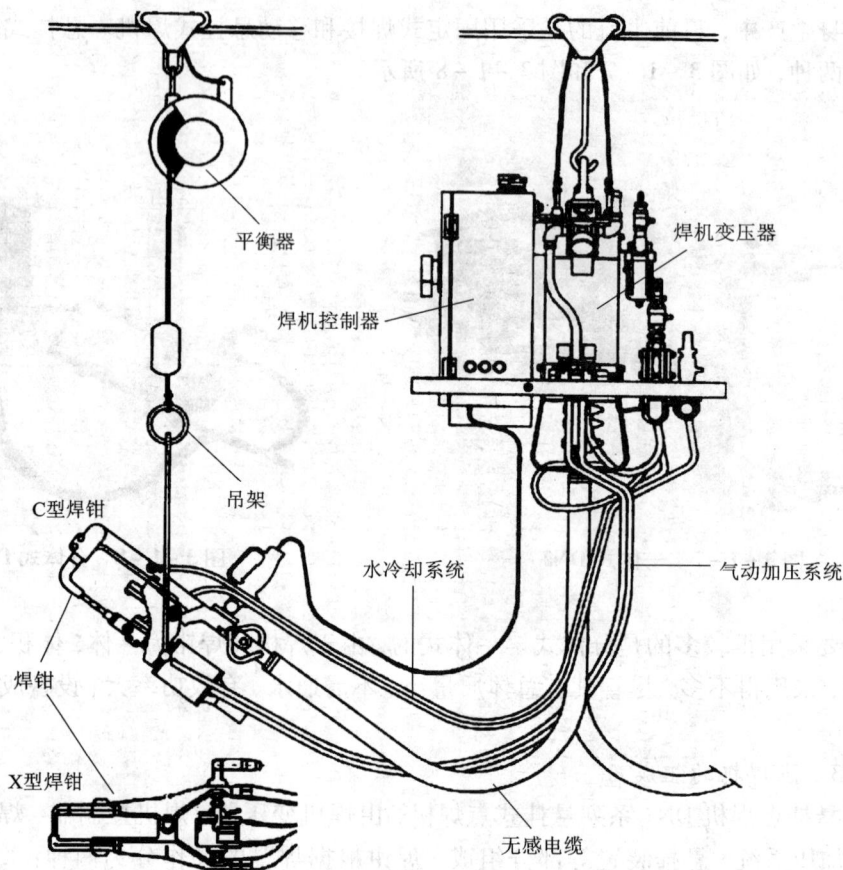

图 3 - 1 - 9　分体式悬挂点焊机

3000 N, 喉深 14 cm, 喉宽 14 cm。

　　X 型焊钳用于水平或接近水平焊点的焊接, C 型焊钳用于垂直或接近垂直焊点的焊接, 特殊焊接工位可选配异型焊钳。焊钳型号有多种系列, 可根据工位情况选配。焊钳可通过纵、横方向移动, 垂直方向移动通过弹簧平衡器进行。焊钳三维移动和转动, 实现全方位焊接。

　　(4)冷却水系统, 由球阀、排污阀、水流显示仪、分水器和管路组成。水流显示仪可以更加直观地观察冷却水的流动情况。常规分水器为六进六出, 分别用于焊接变压器(一进一出), 焊接控制器(一进一出), 两把焊钳和焊接电缆(四进四出)。水路所有器件, 均由铜件组成。

　　(5)通水电缆, 焊机标准配置无感抗通水电缆, 规格 150 mm × 2500 mm。焊机也可配置有感通水电缆。

　　(6)气动加压系统, 由进气阀门、气动三联件(分水过滤器、油雾器、调压阀)、压力表和管路组成。

　　(7)平衡器, 使操作工在无重状态下进行工作, 大大降低工人的劳动强度, 提高劳动生产率。每台焊机配置平衡器四个, 两个用于平衡焊钳重量, 两个用于平衡通水电缆重量, 焊钳平衡器规格根据焊钳重量选配,部分较小规格焊钳可不配置平衡器。

3.1.4 点焊机的特点

DN3 系列悬挂式点焊机的特点:

(1)结构紧凑、维修方便、体积小、质量小、安全耐用,可降低劳动强度和节约能耗。

(2)悬挂式点焊机的电极臂采用优质铬锆铜(CrZrCu),保证了焊接稳定性和电极臂的强度。

(3)气路系统通径大,装有分水过滤器和油雾器,有效地除去高压空气中的水分、杂质,可使润滑油雾化,达到润滑气阀和焊钳汽缸的目的。

(4)焊接时,加热时间短、热量集中、无电弧、无火花飞溅、无焊渣、无熔焊堆积、焊件无热变形。

(5)焊接生产率高、能耗低、焊件外观美、质量好。

(6)焊接过程简单,不需要填充材料和溶剂,不需要保护气体,所以成本低。

(7)适应多类同种或异种金属及镀层钢板的焊接。

(8)可与机器人匹配,进行全自动化焊接操作。

3.1.5 点焊机产品技术参数

3.1.5.1 产品型号定义

编号规则如图 3-1-10 所示,点焊机产品型号定义。例子中表示工频交流悬挂式移动点焊机,额定功率为 160 kW。

```
DN 3 - 160 T
              └─ 主机结构形式(T:同体式)
          └─ 焊机额定功率
      └─ 悬挂式移动
   └─ 工频交流
 └─ 点焊机
```

3.1.5.2 产品技术参数

目前用得比较多的分体式悬挂点焊机有 DN3 - 125/160/200/125T/160T/200T 几种,具体参数如表 3-1-1 所示。

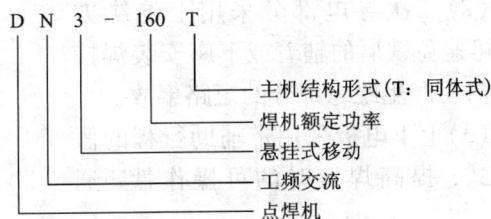

图 3-1-10 点焊机产品型号定义

表 3-1-1 DN3 点焊机产品参数

项目/型号	额定容量·/(kVA)	电源电压/V	次级空载电压/V	变压器匝比	最大短路电流/kA	气源压力/MPa	冷却水流量/(L·min⁻¹)	冷却水压力/MPa	质量/kg
DN3 - 125	125	380	20	19	12	0.5	6	0.2~0.3	150
DN3 - 160	160	380	22.4	17	14	0.5	6	0.2~0.3	180
DN3 - 200	200	380	24.5	15.5	16	0.5	6	0.2~0.3	200
DN3 - 125T	125	380	20	19	12	0.5	6	0.2~0.3	250
DN3 - 160T	160	380	22.4	17	14	0.5	6	0.2~0.3	280
DN3 - 200T	200	380	24.5	15.5	16	0.5	6	0.2~0.3	300

表 3 - 1 - 2　DN2 点焊机产品参数

项目/ 型号	额定 容量 /(kV·A)	输入 电压 /V	次级 电压 /V	焊接 能力 /mm	最大短 路电流 /kA	焊接 行程 /mm	水流量 /(L·min⁻¹)	气流量 /(L·H⁻¹)	重量 /kg
DN2 - 25X4H	25	380	4.8	3 + 3	19	20	3	4.5	55
DN2 - 25C4H	25	380	4.8	3 + 3	19	20	3	4.2	56
DN2 - 40X4H	40	380	6	4 + 4	22	20	3.5	5.4	65
DN2 - 40C4H	40	380	6	4 + 4	22	20	3.5	5.4	66
DN2 - 25CC4H	25	380	4.8	3 + 3	19	20	3.5	5.5	68
DN2 - 40CC4H	40	380	6	4 + 4	22	20	3.5	5.5	78
DN2 - 63X4H	63	380	7.9	5 + 5	32	20	3.5	6	90

3.1.5.3　DN3 点焊机产品特点

（1）稳定的机身结构

（2）二次导电部分采用上绝缘方式，可避免铁屑的辅着或下座安装焊接工作时易产生绝缘部分的短路事故。

（3）上下电极采用带辅助行程的假牙方式，提高焊接时的可操作性、通用性。

（4）可任意调整加压电极速度，减缓了对被焊接物体加压时的冲击，也减少了焊接时的噪声。

（5）变压器采用低阻抗设计，二次回路上采用了高品质的导电材料，降低了内耗，得到了小输入获得更大的焊接电流。

（6）可存储 15 个焊接程序：焊接时间可在 $0.02 \sim 4$ s 之间任意调整，不同

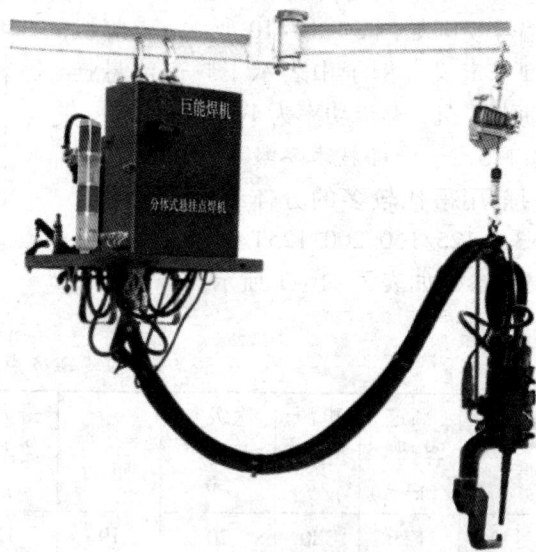

图 3 - 1 - 11　DN3 分体式悬挂点焊机实物图片

的焊接规范可存储在不同的焊接程序里，可非常方便、顺利地实现不同工件的准确焊接。

（7）操作界面采用数码管或液晶显示，清晰、明了、直观。

气动式点焊机（单头）	额定焊接能力			
	机型/（kVa）	金属板 + 金属板	金属丝 + 金属丝	螺母 + 金属板
	DN – 25	2.5 + 2.5	$\phi6 + \phi6$	M3 + 1.0
	DN – 40	2.7 + 2.7	$\phi6.5 + \phi6.5$	M4 + 1.0
	DN – 50	3.0 + 3.0	$\phi7 + \phi7$	M5 + 1.5
	DN – 75	3.3 + 3.3	$\phi8 + \phi8$	M6 + 1.8
	DN – 80	3.4 + 3.4	$\phi8.5 + \phi8.5$	M6 + 2.0
	DN – 100	3.6 + 3.6	$\phi9 + \phi9$	M8 + 2.0
	DN – 125	3.8 + 3.8	$\phi9.5 + \phi9.5$	M10 + 2.0
	DN – 150	4.0 + 4.0	$\phi10 + \phi10$	M10 + 2.5
	DN – 175	4.2 + 4.2	$\phi11 + \phi11$	M12 + 2.0
	DN – 180	4.3 + 4.3	$\phi11.2 + \phi11.2$	M12 + 2.2
	DN – 200	4.5 + 4.5	$\phi12 + \phi12$	M12 + 3.0
	DN – 225	4.8 + 4.8	$\phi12.5 + \phi12.5$	M14 + 2.0
	DN – 250	5.0 + 5.0	$\phi13 + \phi13$	M14 + 3.0
	DN – 280	5.3 + 5.3	$\phi13.5 + \phi13.5$	M16 + 2.0
	DN – 300	5.5 + 5.5	$\phi14 + \phi14$	M16 + 3.0
额定焊接能力是指该数值是本机型可常在该焊接能力下操作使用				
其他未标注机型请与厂家联系				

图 3 – 1 – 12　DN3 分体式悬挂点焊机的焊接场景

任务 2　校核顶盖前顶梁总成点焊工艺卡参数

能力目标

- 能说明点焊工艺卡参数的含义
- 能识别汽车点焊机的维护与安全操作
- 能校核焊接用汽车点焊机机型号的规格

知识目标

- 认知汽车车身钣金件的焊接工艺卡
- 认知汽车点焊加工工艺控制方法
- 认知汽车点焊机的维护与安全操作

素养目标

- 工作中的焊接质量控制意识
- 重视安全、善于自我保护
- 按工艺标准做事，遵章守纪

3.2.1　点焊机的选择

3.2.1.1　选择原则

1）根据零件的形状，焊接的空间位置

2）使用条件

3）生产节拍

4）维修的方便性

5）成本

3.2.1.2　点焊机的选择

1）焊机的选择

地板主要焊点在水平位置，板材厚度在 1～2 mm 范围，在从生产节拍、成本、维修方便性考虑，选择 DN3 – 160 和 DN3 – 200 两种完全能够满足要求。具体数量根据焊接的工位和生产节拍，需 20～30 台，每台焊机可以配两把焊钳。

2）焊接规范参数的选择

汽车板材 80% 以上板厚≤2mm，如表 3 – 2 – 1 所示点焊机电流参数表。根据需要选择强规范、中等规范、弱规范。根据不同的板厚选择不同的焊接电流、焊接时间、电极压力。

表3-2-1　点焊机电流参数表

材料厚度/mm	强规范			中等规范			弱规范		
	焊接电流/kA	焊接时间周波	电极压力/N	焊接电流/kA	焊接时间周波	电极压力/N	焊接电流/kA	焊接时间周波	电极压力/N
0.5	6	6	1350	5	11	900	4	24	450
0.8	7.8	8	1900	6.5	15	1250	5	30	600
1	8.8	10	2250	7.5	20	1500	5.6	36	750
1.2	9.8	12	2700	7.7	23	1750	6.1	40	850
1.5	11.2	15	3450	8.5	30	2000	7	52	1080
2	13.3	20	4700	10.3	36	3000	8	64	1500
2.5	15.5	24	6200	10.8	42	4200	8.7	78	2100
3	16.8	28	7800	11.8	55	4700	9.5	95	2400

3）焊钳选型是关键

汽车车身点焊是电阻焊的主要形式，点焊机主要有三类：普通点焊机、多点焊机和点焊机器人。普通点焊机是适用于各种场合、各类焊接对象的通用点焊设备，根据机器结构和应用场合的不同又分为移动式点焊机和固定式点焊机。移动式点焊机是汽车车身焊装自动化生产线上完成汽车车身组焊任务的主要设备，适用于焊接结构尺寸大、形状复杂、不便于移动的焊件和大型薄壁结构工件，焊接执行机构为点焊钳。依据产品结构、夹具结构、作业方位、板材厚度等确定合理的焊钳型号和数量。焊接空间越复杂，焊接板材厚度变化越多，生产节拍越高，焊钳型号和数量设定得越多，反之则越少。

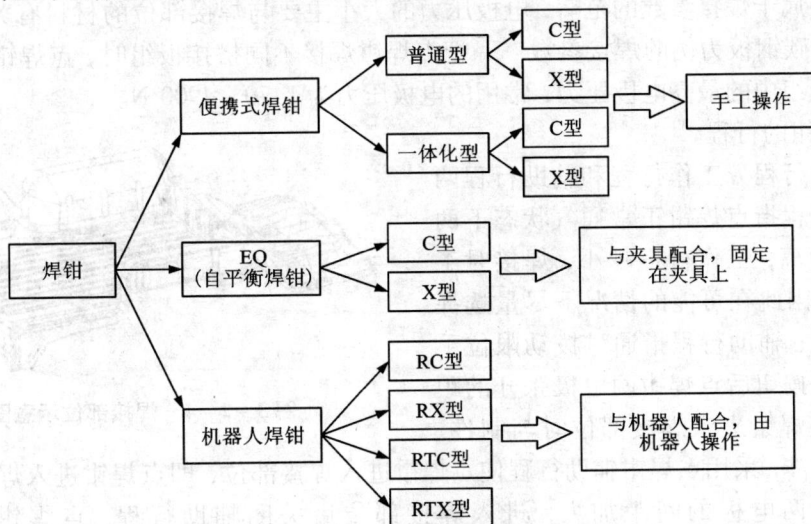

图3-2-1　焊钳的分类

点焊钳的选择

（1）点焊钳型式。

点焊钳按形状可分为 X 型焊钳和 C 型焊钳两类（图 3 - 2 - 2、图 3 - 2 - 3 所示）。X 型焊钳用于焊接水平及接近水平位置以及较深的焊点，电极的运动轨迹为圆弧线；C 型焊钳用于焊接垂直及接近垂直以及接近边缘的焊点，电极作直线运动。一般情况下，焊点距离边缘超过 300 mm 的情形选择 X 型焊钳，焊点距离边缘小于 300 mm 的情形可以选择 X、C 型焊钳。

图 3 - 2 - 2　X 型焊钳

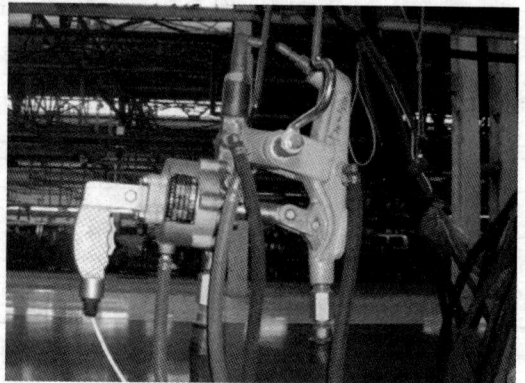

图 3 - 2 - 3　C 型焊钳

首先根据工程作业表中的焊接部位、生产节拍设计确定点焊钳的数量，生产节拍高时，点焊钳数量设定得多，否则尽可能降低点焊钳数量，合理划分每把点焊钳作业的内容，然后依据产品结构、夹具结构、作业方位等确定合理的点焊钳型式。X 型点焊钳用于点焊水平及接近水平位置的焊点，电极的运动轨迹为圆弧线。

（2）电极压力。

电极压力属于焊接参数的范畴，电极压力的大小主要与焊接部位的材料有关，表是以电镀锌钢板、低碳钢板为例的焊接参数。一把点焊钳焊接不同搭接板组时，点焊钳的电极压力要满足搭接板组中的最高电极压力，常用的电极压力为 1470 ~ 4900 N。

（3）点焊钳的行程。

点焊钳的行程分工作行程和辅助行程两部分。工作行程指点焊钳正常通气状态下两电极的张开距离，工作行程越小，焊接时工作效率越高，因此在可能的情况下尽量选择较小工作行程；辅助行程指通过拨动限位手把或按下气阀按钮后点焊钳两电极张开的距离。为避免点焊钳进入焊接部位时与制件、

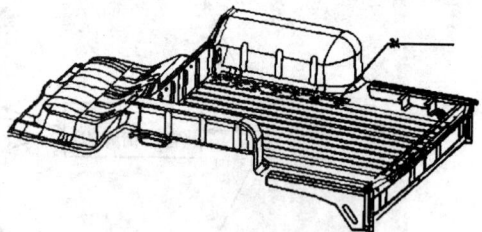

图 3 - 2 - 4　焊接部位示意图

焊接夹具等干涉，采用点焊钳辅助行程使点焊钳进入焊接部位，即点焊钳进入焊接部位时打开辅助行程，两电极的间距加大，进入焊接部位后关闭辅助行程，点焊钳实施焊接。图 3 - 2 - 4 所示的焊接部位，点焊钳进入焊接部位时要求两电极的距离大于 280 mm，如不采用辅助行程，生产效率低，焊接冲力大，焊接位置、质量不易保证。为提高生产效率，在产品结构、夹具结构等许可、工作行程不大于 50 mm 的情况下，尽量不使用辅助行程，选择大工

作行程的焊钳，此时辅助行程与工作行程的尺寸一致。

（4）点焊钳臂规格尺寸。

点焊钳臂规格尺寸主要指门深（宽）、门高尺寸（图3-2-5所示为X、C型点焊钳臂规格尺寸），由产品结构决定，通常为避免点焊钳臂与制件的干涉，减少焊接分流，点焊钳臂到制件之间的距离保持在30 mm以上。在满足各个焊接部位的工艺要求的前提下，点焊钳臂门深（宽）、门高尺寸设定时，遵循尺寸尽可能小的原则，可以减少焊钳的重量，作业方便，降低劳动强度。

在确定点焊钳臂门深（宽）、门高尺寸时，要根据产品结构、夹具结构考虑：①电极的形状、长度、角度等，对于使用频率高的情况，电极上尽量使用可更换的电极帽，减少使用成本；②为避免焊钳臂与制件、焊接夹具等的干涉，点焊钳臂是否需要异型等。图3-2-6所示为1款C型点焊钳臂考虑各项要素后的示例，对相关部位的尺寸进行了详细的规定。

焊钳的型号参数如图3-2-7所示。

（5）三维模拟。

以上项目确定后基本确定了点焊钳的型号，即可按各项规格设计出相应型号的点焊钳。将设计的三维点焊钳与点焊钳附件、产品数模、夹具等一起放在三维软件中，模拟作业方位、作业内容进行以下主要项目确认：①点焊钳能否进入焊接部位实现焊接；②点焊钳及附件作业时是否与产品数模、夹具等干涉；③作业是否方便；④点焊钳的更换、取放、翻转次数是否合理。确认后的不合适项目应制订修改方案，如重新确认点焊钳数量、型号及协商焊接夹具、点焊钳的修整部位等。

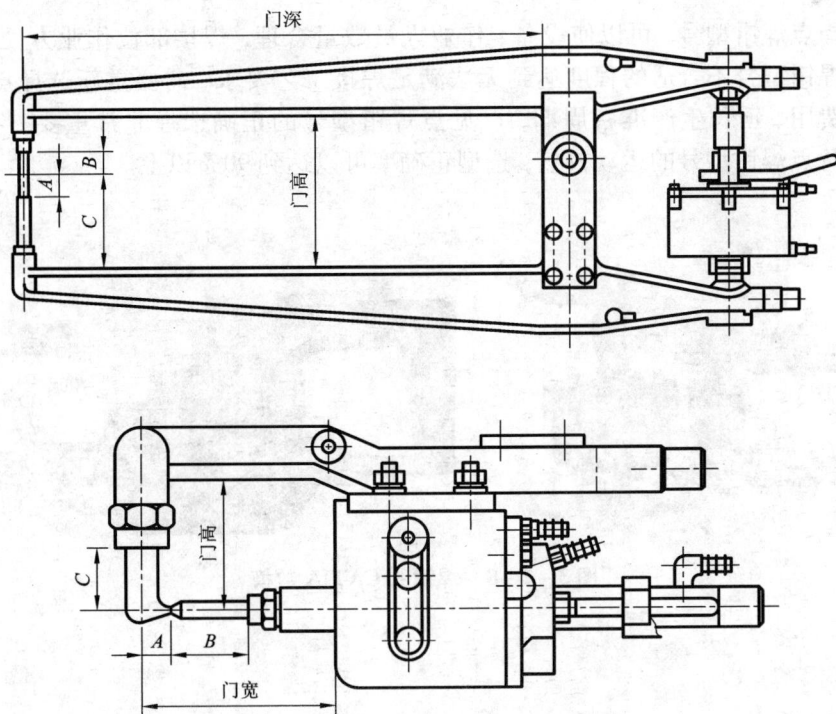

图3-2-5　X、C型点焊钳臂规格尺寸

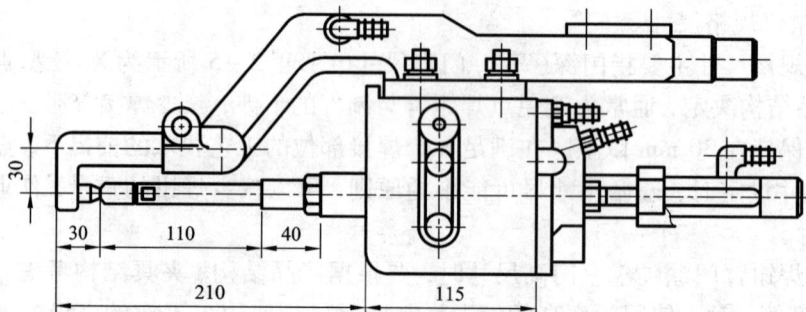

图 3 - 2 - 6　C 型点焊钳臂相关部位尺寸（mm）

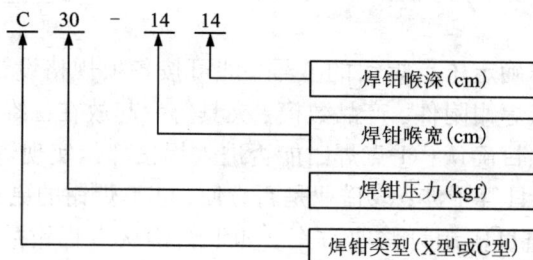

图 3 - 2 - 7　焊钳的型号参数

　　正确选择点焊钳型号，可以使设备、作业人员数量合理，焊接部位作业方便，劳动强度低。如果点焊钳型号不合适的程度达到无法满足焊接工艺要求，需要重新选择点焊钳型号，则增加投资费用、延长生产准备周期，可见点焊钳型号的正确选择非常重要。在三维软件 CATIA 中进行点焊钳型号的运动校核，选型正确率可以达到 90% 以上。

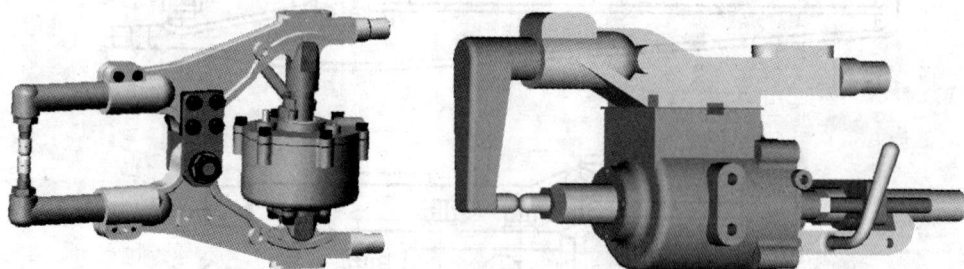

图 3 - 2 - 8　焊钳的 CATIA 数模

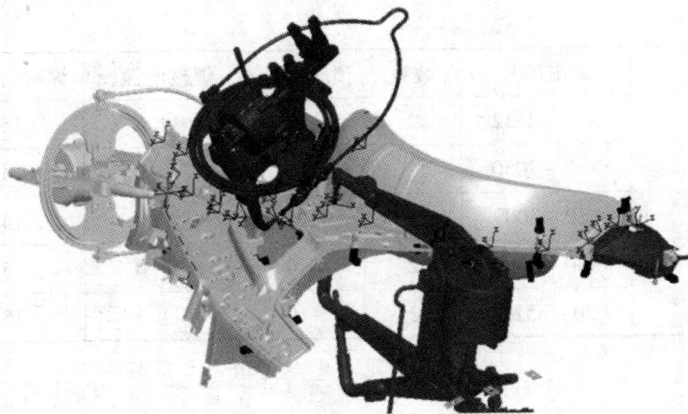

图 3 - 2 - 9 焊钳的 CATIA 运动校核

表 3 - 2 - 2 某车型地板部分焊钳选型明细

夹具名称	焊钳型号	数量	预压时间/s	焊接电流/s	焊接时间/s	维持时间/s
中底板总成 OP10	X30 - 9018A	1	10	9.0	15	20
	C30 - 2520A	1	10	10.0	16	20
中底板总成 OP20	X30 - 6027	1	10	10.0	14	20
后底板后部分总成	X30 - 2512C	1	10	10.0	15	20
	X30 - 4315	1	10	10.0	16	20
后底板后部总成	C30 - 3011	1	10	10.0	15	20
	X30 - 7030B	1	10	10.0	15	20
前底板总成 10	X30 - 8025A	2	10	10.0	14	20
	X40 - 3512	2	10	10.0	13	20
前底板分总成	X30 - 3512	2	10	10.0	15	20
	X30 - 8025A	2	10	10.0	15	20
前底板总成 20	X30 - 3508	1	10	11.0	12	20
	X30 - 8025A	2	10	11.5	14	20
右后纵梁总成	X30 - 1206	1	15	11.0	16	20
	C30 - 3520A	1	15	11.1	15	20
左后纵梁总成	X30 - 2006B	1	15	11.0	15	15
	C30 - 3520A	1	15	11.0	15	15
后车架分总成	X30 - 3314	2	10	11.0	18	20
	X30 - 2009A	2	10	11.0	18	20
	X30 - 3410L	2	10	6.0	8	20
	C30 - B1810	2	10	11.0	18	20

续表 3 − 2 − 2

夹具名称	焊钳型号	数量	预压时间/s	焊接电流/s	焊接时间/s	维持时间/s
后车架总成	X35 − 2512	2	10	11.5	15	20
后底板总成	X30 − 7030	2	10	10.0	14	20
	C30 − 3009	2	10	10.0	14	20
后底板总成	X30 − 7030	2	10	11.0	15	20
	C30 − 3520B	2	10	11.5	15	20

4)平衡器的选择

根据承载力量的大小,选择相应的平衡器,配备安全链、电绝缘吊带、吊链,方便拆卸焊钳,安全链承受的负载为实际负载的 10 倍。平衡器设安全装置防止平衡弹簧断裂后,悬挂物快速下落发生事故。

3.2.2 课堂作业:校核总成焊接工艺卡

表 3 − 2 − 3 焊接零件清单

序号	零件/材料名称	零件号/型号	数量
a	顶盖前顶梁分总成	5701200 − R01	1
b	阅读灯安装支架总成	5701025 − R01	1

图 3 − 2 − 10 5701200 − R01 顶盖前顶梁分总成

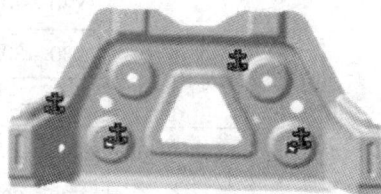

图 3 − 2 − 11 5701025 − R01 阅读灯安装支架总成

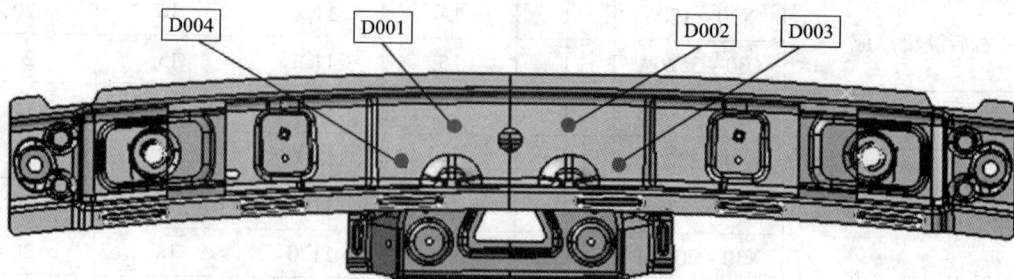

图 3 − 2 − 12 5701020 − R01 顶盖前顶梁总成焊接要求

项目三 按照零件需求选型点焊机、选型焊接机器人 67

图释			
●	两层焊点	○	两层补焊
▲	三层焊点	△	三层补焊
▬	焊缝	⬡	CO_2焊点
⬡	螺母	□	螺钉/螺栓
⬭	涂胶	✦	强度检验
D000	点焊编号	C000	CO_2编号
L000	螺柱编号	J000	涂胶编号

图 3 – 2 – 13 焊接要求图释说明

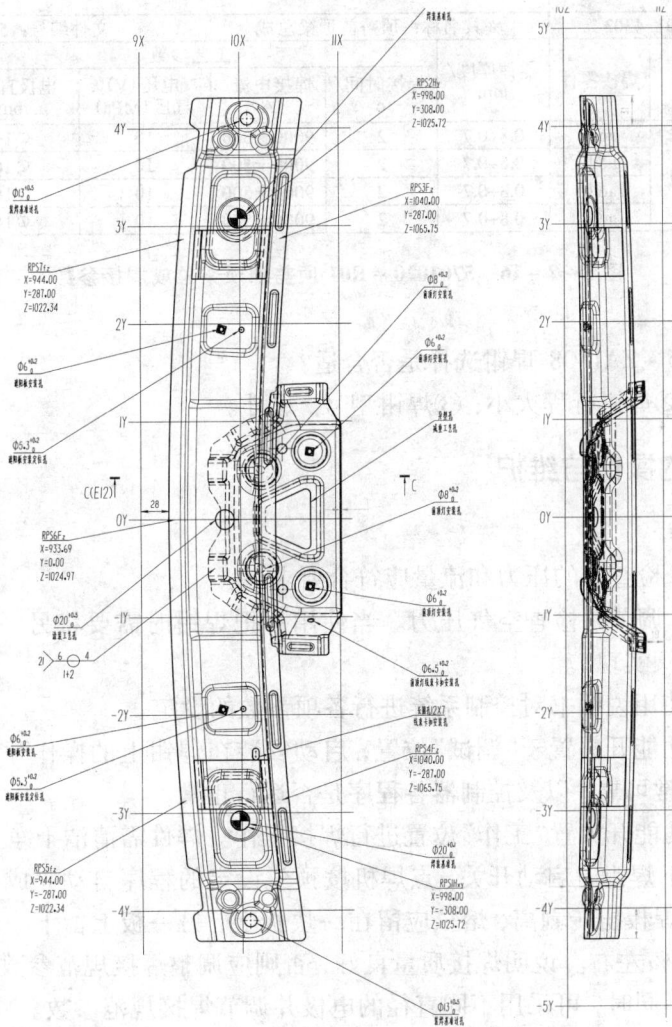

图 3 – 2 – 14 5701020 – R01 顶盖前顶梁总成尺寸

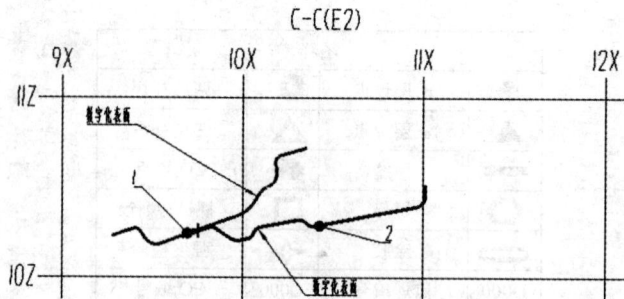

图 3 - 2 - 15　5701020 - R01 顶盖前顶梁总成 C - C 截面

×××××汽车浙江分公司				焊装工艺参数表				
夹具编号：R01-01-4303			夹具名称：顶盖前顶梁总成			文件编号：5701020-R01		
工艺编号	工具型号	焊接零件	零件厚度/mm	工艺参数				备注
				焊接时间/c	焊接电流/A	电压(V)气压(MPa)	电极直径/mm	
D001	C25-ZA1508	a&b	0.8+0.7	2	9000±500	10	∅16	
D002		a&b	0.8+0.7	2	9000±500	10	∅16	
D003		a&b	0.8+0.7	2	9000±500	10	∅16	
D004		a&b	0.8+0.7	2	9000±500	10	∅16	

图 3 - 2 - 16　5701020 - R01 顶盖前顶梁总成焊接参数

校核内容：C25 - ZA1508 焊钳选择是否合适？

①焊接电流；②焊钳行程大小；③焊钳型号、尺寸。

3.2.3　点焊机的操作与维护

3.2.3.1　操作

(1)接通水路，检查水的压力和流量应符合要求。

(2)接通气源、调节并检查空气压力。当使用一把焊钳时需要将另一路的气源关闭(通过顺时针调节减压阀实现)。

(3)按控制器使用说明书对控制系统进行各项参数的设定。

(4)将控制器功能开关置于"调试"位置，启动安装在焊钳上的操作开关，检查气动部件及焊钳动作是否正常可靠，以及控制器各程序是否运行正常。

(5)将控制器功能开关置"工作"位置进行焊接操作。焊件需清洁干净无锈斑。将焊件放置焊钳钳口中，按下焊钳上启动开关，点焊机按预先设定的程序自动完成一个焊接周期，焊好一个接点。取出焊板扭转剥离，熔核应留在一块板上，另一板上留下一小孔，熔核直径应为电极头直径的80%左右。说明焊接质量良好，否则应调整焊接规范参数。

(6)工件厚度不同时，可采用不同直径的电极并调节焊接规范参数。

(7)通过试焊调整好水流量气源气压和焊接规范参数后，即可开始焊接操作。

(8)焊接完成后应注意及时切断电源、水源和气源。

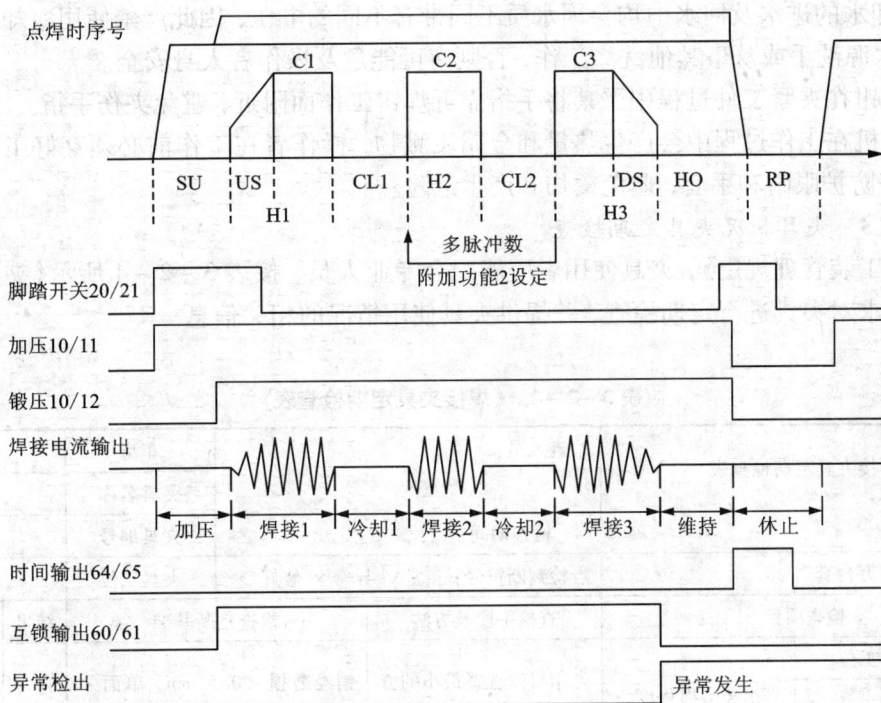

图 3 - 2 - 17 焊接时序参数

3.2.3.2 维护

(1)焊机应定期清理灰尘保持清洁。

(2)定期检查气路、水路系统,不应有堵塞和泄漏现象,气路中压力表要定期校验。水路中的冷却水要经常进行更换,以保证水源干净,才能起到很好的冷却作用。

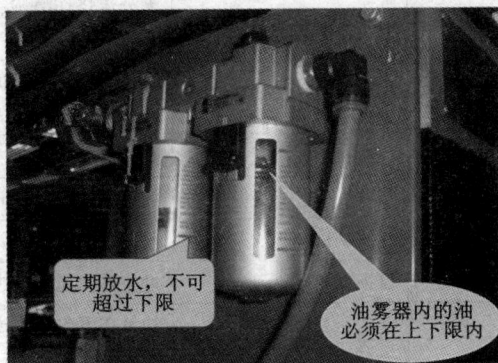

图 3 - 2 - 18 焊接压缩空气滤清器检查

(3)应定期修整电极头,以保证电极端头规定尺寸。

(4)定期检查焊机接地是否良好,以保证操作者人身安全。

(5)点焊机停止使用时,冷却水必须排放干净,以免低温引起结冰损坏点焊机和控制柜。

6）冷却水的进水及回水中均会因水质不同带有不同的电压，因此严禁使用冷却水槽及回水管中的水源洗手或从事其他洗涤工作，否则有可能危及操作者人身安全。

（7）焊钳在夹紧工件过程中严禁将手指靠近焊钳工作面附近，避免夹伤手指。

（8）焊机在工作过程中会产生热量和金属飞溅物，操作者在工作前必须穿好工作服和绝缘鞋，戴好防护眼睛和手套，避免烫伤和产生危险。

3.2.3.3　夹具状况夹具定期检查

按照《工装管理规定》，夹具使用者应能配合专业人员，按表3-2-4所示《夹具定期检查表》的要求对夹具进行定期检查，并提供夹具使用情况的相关信息。

表3-2-4　《焊接夹具定期检查表》

焊接夹具定期检查表			检查人员：		车型	
					夹具名称	
编号：			检查期间：		夹具编号	
检查周期：2万台套			点检判断符号：正常√ 异常× 修好○		夹具工位	
检查项目			查检手段及方法	检查判断基准	结果	备注
基准销	组焊工位	销经磨损程度	先用目测选择最小的方向用游标卡尺测量	销经磨损<0.5 mm、单面<0.25 mm		
	增打工位					
	固定式定位销紧固状况		用手搬动	不允许转动和拔出		
	活动定位销径向晃动状况		用卡尺测量	摆动量<0.2 mm		
	全销有效长度(高出工件表面部分)		目视或直尺测量	3~5 mm		
	基准销安装座		目视	红色标记宽10 mm左右		
	基准销表面		目视	无分流烧伤痕迹、无焊渣脏物附着		
基准面	基准面表面		目视	无分流烧伤痕迹、无焊渣脏物附着		
	和工件之间的装配间隙		用0.1 mm塞规检查	基准面和工件间的间隙<0.1 mm		
	基准面的磨损状况		用游标卡尺测量	磨损量<0.2 mm		
	基准面安装座		目视	红色标记宽10 mm左右		
气动部分	调节阀		气压调试	压力可调节		
	过滤器		目视	过滤杯内无积水脏物		
	油雾器		目视	油量在下刻度线之上，汽缸动作20~30缸次出一滴油		
	气动元件及气路		操作检查	动作协调，无漏气现象		
限位开关	限位开关固定状况		用手搬动	无松动、位移		
	开关动作		操作检查	动作准确可靠		

备注：测量基准有数据的将实测数据记入备注栏，结果栏填写判断符号。

任务3 焊接工装、机器人主要类型参数和评价

能力目标

- 能说明焊接工装主要类型参数
- 能说明汽车焊接机器人主要定位方式
- 能识别汽车机器人的主要部件、工作原理
- 能说明汽车焊接机器人系统经济性原则

知识目标

- 认知汽车焊接机器人的焊接制造优势
- 认知汽车焊接机器人的主要部件、工作原理
- 认知汽车焊接机器人系统的精度控制

素养目标

- 工作中的时间成本、质量成本意识
- 重视安全、善于自我保护
- 按工艺标准做事，遵章守纪

3.3.1 焊接工装的组成与分类

现在，随着科学技术的进步，焊接结构上正朝着超大型、高容量、高参数、耐磨、耐蚀、耐低温、耐动载的方向发展。除提供质量更高、性能更好的各种焊机、焊接材料和焊接工艺外，还要求提供各种性能优异的焊接工装设备，使焊接生产实现机械化和自动化，减少人为因素干扰，达到保证和稳定焊接质量、改善焊工劳动条件、提高生产率、促进文明生产的目的。焊接机械装备的分类见表 3-3-1[2]。

从使用范围来分，焊接机械装备又分为通用和专用两大类。

包括通用焊接机械装备及专用焊接机械装备的内容。其中，本任务着重从焊接结构、焊接工艺的角度来阐述对焊接上装夹具和焊接变位机械的性能、设计及使用要求，以达到正确设计和正确选用焊接机械装备的目的。

3.3.2 焊接工装的作用

焊接机械装备对焊接生产的有利作用体现在以下几个方面[2]：

(1)采用焊接工装夹具，零件由定位器定位，不用划线、不用测量就能得到准确的装配位置，从而保证了装配精度，加快了装配作业的进程。此外，在焊接工装夹具上大都采用磁力、液压、气动夹具，即使采用手动夹具，也都有扩力机构，因此可减轻工人的体力劳动，提高装配效率。

(2)由于焊件在夹具中可强行夹固或预先给予反变形，所以能控制或消除焊接变形。

(3)焊接过程中，焊接件往往会产生变形，尤其是复杂的焊接结构，其变形有时会达到无法消除的程度，这就会影响到后面总装配工作，甚至造成产品报废。采用焊接工装夹具后，不仅可以保证装配定位焊时各零件正确的相对位置。而且，可以防止或减少工件的焊接

变形。尤其是批量生产时，可以稳定和提高焊接质量，减少焊件尺寸偏差，所以可提高焊件的互换性能。

（4）采用焊件变位机械，可缩短装配和施焊过程中焊件翻转变位的时间，减少辅助工时，提高焊机利用率和焊接生产率。

表 3 - 3 - 1　焊接机械装备的分类

焊接机械装备	焊接工装夹具 （按动力源分）	手动夹具	
		气动夹具	
		液压夹具	
		磁力夹具	
		电动夹具	
		真空夹具	
		混合式	
		焊工变位机械	
		焊工升降台	
	焊接变位机械	焊机变位机械	焊接操作机
			电渣焊立架
		焊件变位机械	焊接变位机
			焊接回转台
			焊接翻转机
			焊接滚轮架
	焊件输送机械	上料装置	
		配料装置	
		卸料装置	
		传送装置	
		各种专用吊具	
	其他从属装置	导电装置	
		焊剂输送与回收装置	
		焊丝清理及盘丝装置	
		埋弧焊焊剂垫	
		坡口准备及焊缝清理与精整装置	
		吸尘及通风设备	

3.3.3　焊接工装的特点

焊接工装的特点，是由装配焊接工艺和焊接结构决定的。与机床夹具比较其特点是[2]：

(1)焊接工艺装备中进行装配和焊接的零件有多个，它们的装配和焊接按一定的顺序逐步进行，其定位和夹紧也都是分别的单独的或是一批批联动地进行，其动作次序和功能要与制造工艺过程相符。

(2)焊接件为薄板冲压件时，其刚性比较差，极易变形，如果仍然按刚体的六点定位原理，即3-2-1定位，工件就可能因自重或夹紧力的作用，定位部位发生变形而影响定位精度。此外，薄板焊接主要产生波浪变形，为了防止变形，通常采用比较多的辅助定位点和辅助夹紧点以及过多地依赖于冲压件外形定位。因此，薄板焊接工装与机床夹具有显著的差别，不仅要满足精确定位的共性要求，还要充分考虑薄板冲压件的易变形和制造尺寸偏差较大的特点，在第一基面上的定位点数目 N 允许大于3，即采用 N-2-1 定位原理。

3.3.4　焊接机械装备的经济性评估

焊接机械装备先根据工作职能要求。确定装备的工作原理，选择机构和传动方式(液压、气动、磁力、电力、机械)，然后在运动分析的基础上进行动力分析，确定机构各部分传递的功率、转矩和力的大小，根据这些数据和使用要求进行强度、刚度、发热、效率等方面的计算或校核，使设计出的装备能在给定的年限内正常工作。

另外，在考虑满足职能要求的同时，要注意取得较好的经济效果，使设计出的装备成本低，动力消耗及维修费用少，能满足给定的生产效率。

焊接装备的经济性可按下式评估：

$$A_j + W_j + F_j + J/N < A_0 + W_0 + F_0$$

式中：A_j，W_j，F_j 分别为采用装备后进行单个焊接装配、焊接、机械加工工序的费用；A_0，W_0，F_0 分别为未采用装备后进行装配、焊接、机械加工工序的费用；J 为装备的制造费用；N 为采用装备制造的焊件数量。

只有满足上式，焊接装备的制造和使用才有经济性。但是否符合低成本自动化的要求，还要考虑使用装备后所发生的连带效益，一并计入。

最后，要注意操作简便、安全、可靠。对一些外露的运动部件，要有防护设施，尽量减少各种危险因素。对于大型的焊接装备还要考虑通风、防尘、防辐射等设备的配置，尽量减少影响焊工身体健康的危害因素。

3.3.5　焊接工装、生产过程精益改造原则

随着机器人技术的不断进步与发展，用于通用汽车的材料处理工作，包括喷涂、码垛、搬运、包装、焊接、装配等，工业机器人五大常见应用搬运所占比例重最大38%。机械加工机器人主要从事应用的领域包括零件铸造、激光切割以及水射流切割。机器人喷涂主要指的是涂装、点胶、喷漆等工作，只有4%的工业机器人从事喷涂的应用。装配机器人主要从事零部件的安装、拆卸以及修复等工作。机器人焊接应用(29%)主要包括在汽车行业中使用的点焊和弧焊，虽然点焊机器人比弧焊机器人更受欢迎，但是弧焊机器人近年来发展势头十分迅猛。许多加工车间都逐步引入焊接机器人，用来实现自动化焊接作业。机器人搬运应用

（38%）许多自动化生产线需要使用机器人进行上下料、搬运以及码垛等操作。

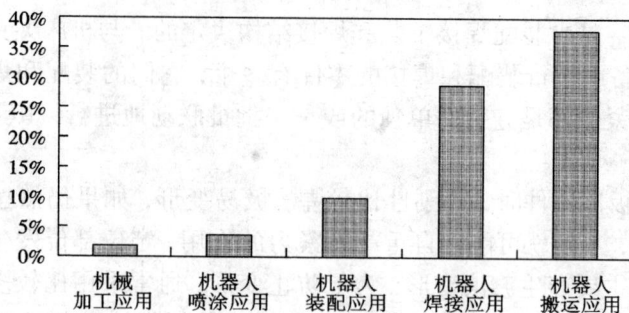

图 3 - 3 - 1　世界各类工业机器人比例%分布

因为目前生产上使用的焊接机器人许多是示教型的，特别是弧焊机器人对焊件的尺寸精度、装配精度要求很高，并需要很强的调试维修能力。从工作职能来看，用电弧焊完成的焊接结构中，大多数是很有规则的角焊缝和对接焊缝，其中直线焊缝占 70%，圆环焊缝占 7.5%，复杂的空间曲线焊缝很少（图 3 - 3 - 2），这就为用一些价格较低、结构不太复杂而又有一定控制水平的机械装备实现焊接作业机械化、自动化提供了可能。

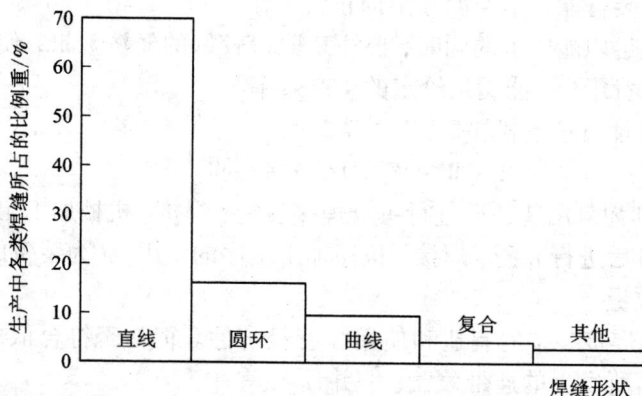

图 3 - 3 - 2　焊接结构焊缝的构成比例

例如，装有焊接机头的操作机与焊接滚轮架、焊接变位机等焊件变位机械相配合，在一定范围内仍可实现焊接作业的机械化、自动化，而设备本身也有一定工作柔性，工艺适应性比较宽。低成本自动化经济方面的含义是："凡投资能在三年内回收的可考虑属于低成本"。在计算效益时，除把生产过程降低物耗和工耗作为计算依据外，还应考虑：提高产品质量所带来的效益（如声誉及销售量等）；减少返修量的效益；增加产量在新增利润中的份额；减少工伤、降低劳动强度、改善劳动环境的长远效益，选用低技术级别操作工取代高级别熟练焊工的效益。

低成本自动化有两方面的含义——技术方面和经济方面。从技术方面看，弧焊过程低成本自动化应包括表 3 - 3 - 2 所列的技术内容，焊接装备只要包括（按焊缝长度计算），并组成一套能完成某种机械化或自动化焊接操作的设备，即可认为具有低成本自动化的技术内容。

因此，机器人的引入仅仅是其中的一项内容。

表 3 - 3 - 2　低成本机械化自动化所包括的技术内容

弧焊过程的低成本机械化、自动化	焊接设备机头	送丝装置	机械化系统
		焊接电源	
	移动装置	小车 + 轨道	
		电渣焊立架	
		操作机	
		龙门架	
	焊件移动装置	回转台	自动化系统
		翻转机	
		变位机	
		滚轮架	
	控制装置	启、停控制（继电器）	
		程序控制（PLC）	
		参数稳定/自适应控制（微机）	
	传感装置	跟踪传感技术	
		参数传感技术	
		坡口形状/尺寸传感检测技术	
	机械手	具有三个以下可编程轴	
	机器人	具有四个以上可编程轴（示教再现型）	

3.3.6　焊接工装夹具的动力装置

3.3.6.1　气压传动装置

焊接工装中机械化传动装置包括气压传动、液压传动、电力传动、电磁传动和真空传动等多种方式，而气压传动是这些传动中应用最广泛的一种。

3.3.6.2　气压传动系统的组成

气压传动系统的组成如图 3 - 3 - 3 所示。第一部分为气源部分，包括空压机、冷却器、储气罐三个主要装置，这一部分一般置于单独的动力站内，也可以采用小型移动式空压机。第二部分为控制部分，包括分水滤气器、减压阀、压力继电器等，这些部件一般安装在工装的附近。第三部分为执行部分，包括汽缸等，它把气体压力能转变为机械能，以便实现所需要的动作，如定位、夹紧等，通常直接装在夹具上。压缩空气经油水分离器滤去水分和杂质，再经减压阀，使压力降低至工作压力（0.3 ~ 0.6 MPa），然后通过油雾器混以雾化油，以保证系统中各元件内部有良好的润滑条件。最后经过单向阀和换向阀进入汽缸。值得注意的是，

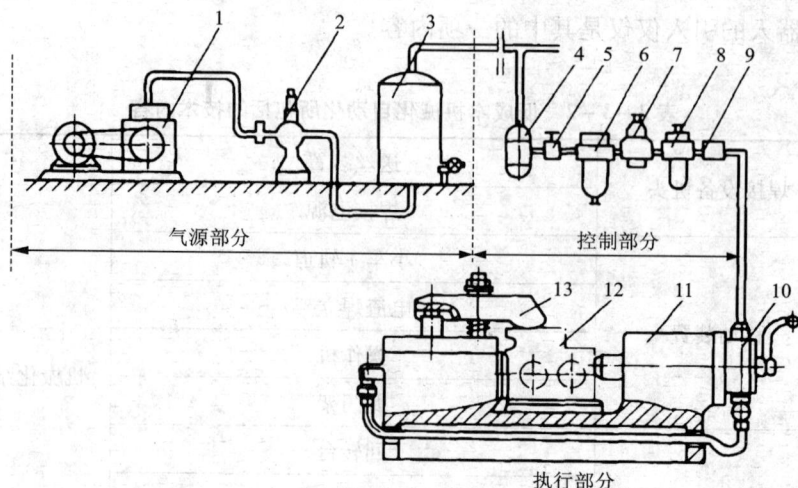

图 3 - 3 - 3   气压传动系统的组成

1—空压机；2—冷却器；3—储气罐；4—油水分离器；5—截止阀；6—过滤器；7—减压阀；

8—油雾器；9—单向阀；10—换向阀；11—动力汽缸；12—被加工件；13—气动夹紧机构

气动琴键式焊接夹具采用消防水带作为气囊时，不得使用油雾器。

为防止阀冲击破坏定位或导致工件变形，可在汽缸内部或气动同路的适当部位设置节流阀。起缓冲作用。当气动夹具动作频繁或集中时，可在换向阀或快速排气阀的排气口安装消声器，以减小噪声。

3.3.6.3   气压传动系统的特点

气压传动具有下列优点：

（1）与液压传动相比，气压传动动作迅速、反应快（汽缸或活塞的平速度一般为 0.5 ~ 1 m/s），操作控制方便，每次夹紧或松开所用的辅助时间极少。

（2）压缩空气来源于大气，用后排入大气，不需要回收装置，万一管路有泄漏，除引起能量损失外，不致产生不利于工作的严重影响。

（3）对环境的适应性强，在易燃、易爆、多尘、强磁、辐射、潮湿、振动及温度变化大的场合下也能可靠地工作，并便于实现过载保护，比液压、电气控制优越。

（4）结构简单，维护方便。由于压缩空气的工作压力较低（一般为 0.3 ~ 0.6 MPa），因而气动回路结构较为简单；空气黏度小，在管道中压力损失较小，一般其阻力损失不到油路损失的千分之一，对元件的材质和制造质量要求较低；管道不易堵塞，亦无介质变质、补充和更换等问题；便于集中供应和远距离输送。

（5）气动元件均已标准化和系列化，便于维护。容易集中控制、程序控制和实现工序自动化，因此，比液压传动的成本低。由于空气具有可压缩性，与液压传动相比，气压传动还有一些不足之处：①载荷变化时，传递运动不够平稳、均匀，夹紧的刚性较低；②执行元件的结构尺寸较大；③排气噪声较大。

3.3.7   课堂作业：汽车车架夹具汽缸的选择

为焊接总长度 22540 mm 角钢 80 × 50 × 4 车架零件，焊接夹具的夹紧力要求大于等于其重量的一半,对于汽车车架类夹具由于其板厚较大,需要夹紧力在 50~80 kg 以上。夹紧支臂长度为 230 mm 和 260 mm。计算夹紧汽缸作用力,选择合适的汽缸型号。

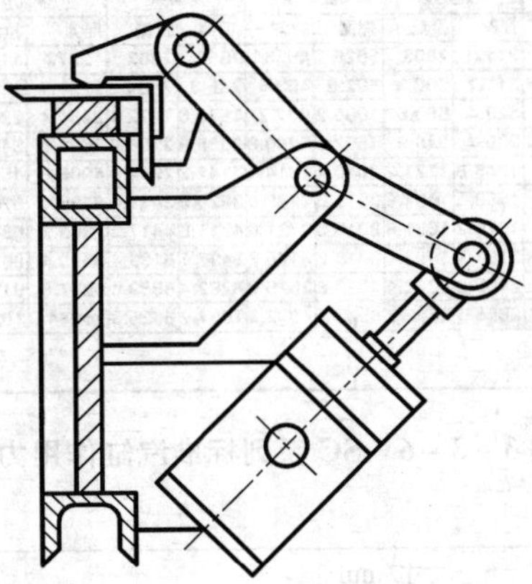

图 3 - 3 - 4　汽车车架焊接夹具

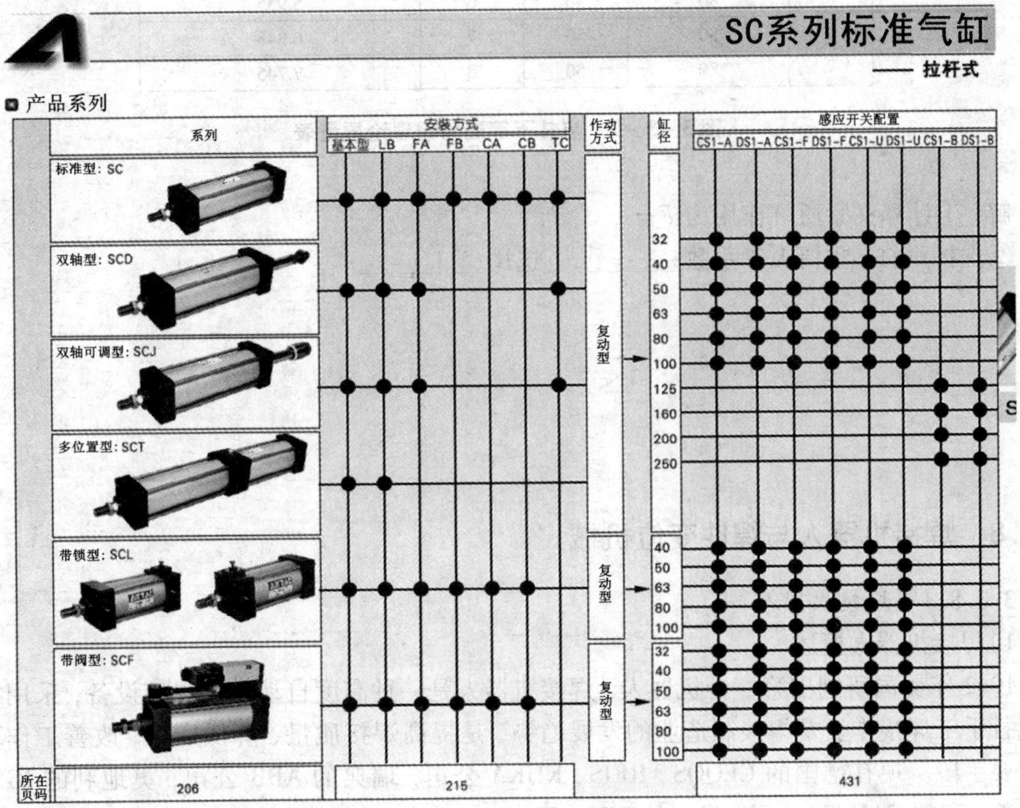

图 3 - 3 - 5　SC 系列标准汽缸列表

氣缸理论出力表　　　　　　　　　　　　　　　　　　　　　　　　　　　　　　单位：牛顿（N）

	32		40		50		63		80		100		125		160		200		250	
活塞杆外径(mm)	12		16		20		20		25		25		32		40		40		50	
作动方式	复动型		复动型		复动型		复动型		复动型		复动型		复动型		复动型		复动型		复动型	
	押侧	拉侧	押侧	拉侧	押侧	拉侧	押侧	拉侧	押侧	拉侧	押侧	拉侧	押侧	拉侧	押侧	拉侧	押侧	拉侧	押侧	拉侧
受压面积 (mm²)	804	690	1256	1055	1963	1649	3117	2803	5026	4536	7853	7362	12272	11468	20106	18849	31416	30159	49087	47124
空气压力(Mpa) 0.1	80.4	69	125.6	105.5	196.3	164.9	311.7	280.3	502.6	453.6	785.3	736.2	1227.2	1146.8	2010.6	1884.9	3141.6	3015.9	4908.7	4712.4
0.2	160.8	138	251.2	211.0	392.6	329.8	623.4	560.6	1005.2	907.2	1570.6	1472.4	2454.4	2293.6	4021.2	3769.8	6283.2	6031.8	9817.4	9424.8
0.3	241.2	207	376.8	316.5	588.9	494.7	935.1	840.9	1507.8	1360.8	2355.9	2208.6	3681.6	3440.4	6031.8	5654.7	9424.8	9047.7	14726.1	14137.2
0.4	321.6	276	502.4	422.0	785.2	659.6	1246.8	1121.2	2010.4	1814.4	3141.2	2944.8	4908.8	4587.2	8042.4	7539.6	12566.4	12063.6	19634.8	18849.6
0.5	402	345	628.0	527.5	981.5	824.5	1558.5	1401.5	2513.0	2268	3926.5	3681.0	6136.0	5734.0	10053.0	9424.5	15708.0	15079.5	24543.5	23562.0
0.6	482.4	414	753.6	633.0	1177.8	989.4	1870.2	1681.8	3015.6	2721.6	4711.8	4417.2	7363.2	6880.8	12063.6	11309.4	18849.6	18095.4	29452.2	28274.4
0.7	562.8	483	879.2	738.5	1374.1	1154.3	2181.9	1962.1	3518.2	3175.2	5497.1	5153.4	8590.4	8027.6	14074.2	13194.3	21991.2	21111.3	34360.9	32986.8
0.8	643.2	552	1004.8	844.0	1570.4	1319.2	2493.6	2242.4	4020.8	3628.8	6282.4	5889.6	9817.6	9174.4	16084.8	15079.2	25132.8	24127.2	39269.6	37699.2
0.9	723.6	621	1130.4	949.5	1766.7	1484.1	2805.3	2522.7	4523.4	4082.4	7067.7	6625.8	11044.8	10321.2	18095.4	16964.1	28274.4	27143.1	44178.3	42411.6

205

图 3 - 3 - 6　SC 系列标准汽缸作用力表

型号	尺寸/mm			理论质量/(kg·m⁻¹)
	长边宽	短边宽	边厚	
8/5	80	50	5	5.005
	80	50	6	5.935
	80	50	7	6.848
	80	50	8	7.745

图 3 - 3 - 7　热轧不等边角钢理论质量表

解：①计算夹紧所缸作用力 $F =$

②选择汽缸，预留 1.3 系数_____选用_____

3.3.8　焊接机器人与焊件变位机械

3.3.8.1　焊接机器人

1）焊接机器人概述

1962 年美国研制出第一台机器人，焊接机器人是一种高度自动化的焊接设备，采用机器人代替手工焊接作业是焊接制造业的发展趋势，是提高焊接质量、降低成本、改善工作环境的重要手段。现有德国的 CLOOS、REIS、KIJKA 公司，瑞典的 ABB 公司，奥地利的 IGM 公司，意大利的 CAMAU 公司，日本的 OTC、Motoman、Panasonic、FANUC 公司的标准焊接机器人。国内目前使用的机器人以德国、日本生产的最多，分别占 39% 和 30%。这些引进的焊接机器人，94% 以上都是五轴或六轴的关节式球坐标焊接机器人。截止 2015 年中国有 5 万台机器人在用，占世界在用机器人份额 8%。

在汽车及其零部件制造行业中使用高达 98% 的点焊机器人，弧焊机器人占 37%、摩托车及工程机械制造行业中使用的分别占 25% 和 30%。

采用机器人进行焊接,仅有一台机器人是不够的,还必须配备外围设备,如焊接电源、焊枪或点焊钳以及焊接工装等。图 3-3-8 所示为焊接机器人工作站,常规的焊接机器人系统由以下 5 部分组成:

(1)焊接机器人本体。一般是伺服电动机驱动的六轴关节式操作机,它由驱动器、传动机构、机械手臂、关节以及内部传感器等组成,它的任务是精确地保证机械手末端(焊枪)所要求的位置、姿态和运动轨迹。

(2)焊接工装夹具。主要满足工件的定位、装夹,确保工件准确定位、减小焊接变形。同时要满足柔性化生产要求。柔性化就是要求焊接工装夹具在夹具平台上快速更换,包括气、电的快速切换。

(3)夹具平台。主要用于满足焊接上装夹具的安装和定位,根据工件焊接生产要求和焊接工艺要求的不同,设计的形式也不同。它对焊接机器人系统的应用效率起到至关重要的作用。通常都以它的设计形式和布局来确定其工作方式。

(4)控制系统。它是机器人系统的神经中枢,主要对焊接机器人系统硬件的电气系统进行控制,通常采用 PLC 为主控单元,人机界面触摸屏为参数设置和监控单元以及按钮站,负责处理机器人工作过程中的全部信息和控制其全部动作。

(5)焊接电源系统。包括焊接电源、专用焊枪或点焊钳等,根据焊接电源的种类和应用广泛程度主要分为弧焊机器人和阻焊机器人。

图 3-3-8 焊接机器人工作站

2)焊接机器人本体的组成及腕、臂部的传动控制特征

焊接机器人是在焊接生产中部分地替代人的功能,完成一连串复杂动作的可编程序的焊接操作设备,也是具有高度自动化功能的焊机变位设备。它主要由以下 4 部分组成:

(1)操作(执行)部分是机器人为完成焊接任务而传递力或力矩,并执行具体动作的机械结构,包括机身、臂、腕、手(焊枪)等,

(2)控制部分是控制机械结构按照设定的程序和所要求的轨迹,在规定的位置(点)之间

完成焊接作业的电子电气器件和计算机，它有记忆功能，可储存有关数据和指令，还有通信功能。可与焊接电源、焊件变位机械、焊件输送装配机械等进行信息交换，协调相互之间的动作，调节焊接操作规范等。

（3）动力源及其传递部分是为操作部分提供和传递机械能的部件和装置，其动力以电动为主，也有液压的。

（4）工艺保障部分主要有焊接电源，送丝、送气装置，电弧及焊缝跟踪传感器等。根据机器人臂部自由度的不同组合，其臂端运动所对应的坐标系有四种形式：直角坐标系、圆柱坐标系、球形坐标系和多球形坐标系（图3-3-9）。各种坐标系的特性见表3-3-6。

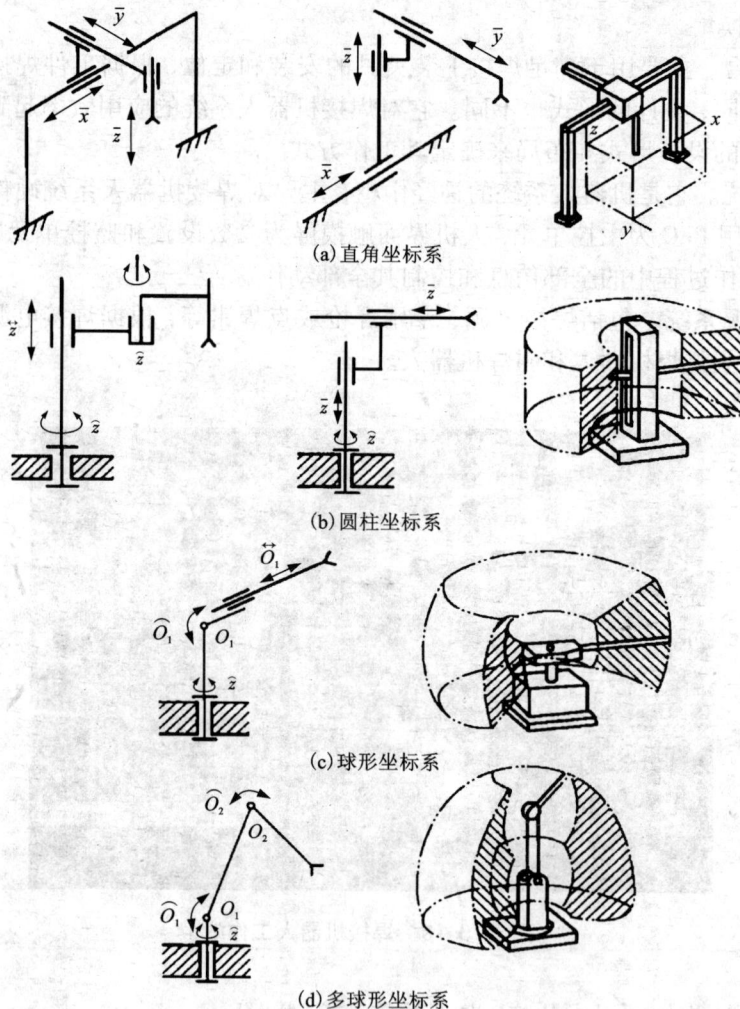

(a)直角坐标系

(b)圆柱坐标系

(c)球形坐标系

(d)多球形坐标系

图3-3-9 机器人臂端运动所对应的坐标系

$\bar{x}$—沿 x 轴的线位移；$\bar{y}$—沿 y 轴的线位移；$\bar{z}$—沿 z 轴的线位移；$\hat{z}$—绕 z 轴的角位移；$\overset{\leftrightarrow}{z}$—垂直于 z 轴的辐射位移；

$\hat{O_1}$—绕 O_1 轴的角位移；$\hat{O_2}$—绕 O_2 的角位移；$\overset{\leftrightarrow}{O}$—相对 O_1 点的辐射位移

表3-3-3 机器人各坐标系的特性

坐标系类型	臂端在空间的运动范围	占用空间	相对工作范围	结构	运动精度	直观性	应用情况
直角坐标系	长方体	大	小	简单	容易达到	强	少
圆柱坐标系	圆柱体	较小	较大	较简单	较易达到	较强	较少
球形坐标系	球体	小	大	复杂	较难达到	一般	较多
多球形坐标系	多球体	最小	最大	很复杂	难达到	差	最多

按这四种坐标系设计的任何一种机器人的臂部都有三个自由度,这样,机器人臂的端部就能达到其工作范围内的任何一点。但是,对焊接机器人来说,不但要求焊枪能到达其工作范围内的任何一点,而且还要求在该点不同方位上能进行焊接。为此,在臂端和焊枪之间,还需要设置一个"腕"部,以提供3个自由度。调整焊枪的姿态,保证焊接作业的实施(图3-3-10)。

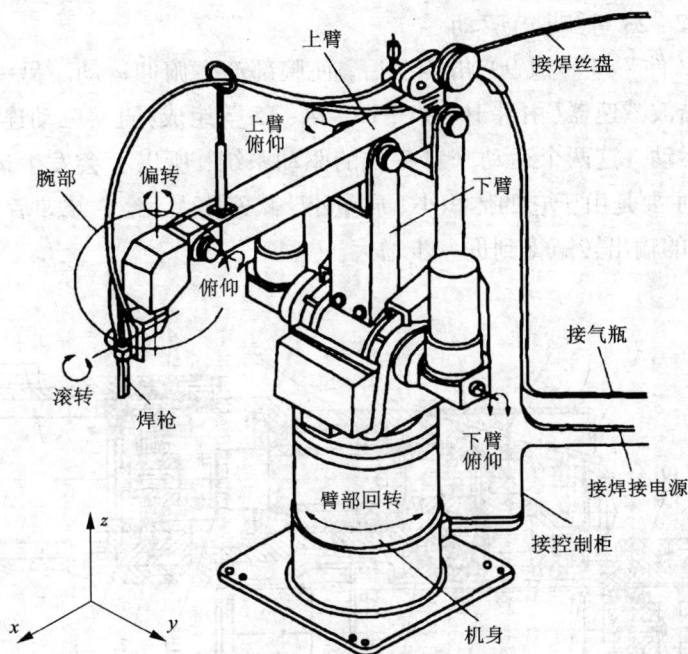

图3-3-10 焊接机器人运动图

由图3-3-10知,腕部的三个自由度,是绕空间相互垂直的三个坐标轴 x、y、z 的回转运动,通常把这三个运动分别称为滚转、俯仰、偏转运动。在结构不同的机器人中,这三个运动的布置顺序也不相同。焊接机器人有了臂部和腕部提供的六个自由度后,它的手部(焊枪)就可达到工作范围内的任何位置,并在该位置的不同方位上,以所需的姿态完成焊接作业。

由图3-3-9、图3-3-10知,机器人的每一个自由度,必有一个相应的关节。为了使各关节的运动互不发生干涉,各个关节必须是独立驱动的,其驱动方式通常有液压、气动和电动三种。随着高性能伺服电动机的出现,在焊接机器人中几乎都采用了电驱动。过去以永磁直流伺服电动机驱动应用较多,但现在已被永磁同步交流伺服电动机所取代。其原因一方面是永磁材料性能提高且价格下降,另一方面是交流伺服电动机的构造比较简单,没有整流产生的电磁干扰,并且能够实现高性能的优良控制。

在机器人传动系统中,普遍采用了齿形带、滚珠丝杠、精密齿轮副、谐波减速器等先进、精密、轻质、高强的传动器件。

图 3-3-12 所示为一台关节式机器人的腕部传动系统结构图,由图可知,交流伺服电动机(件 1)通过谐波减速器(由件 3、4、21、22、23 等组成)驱动一

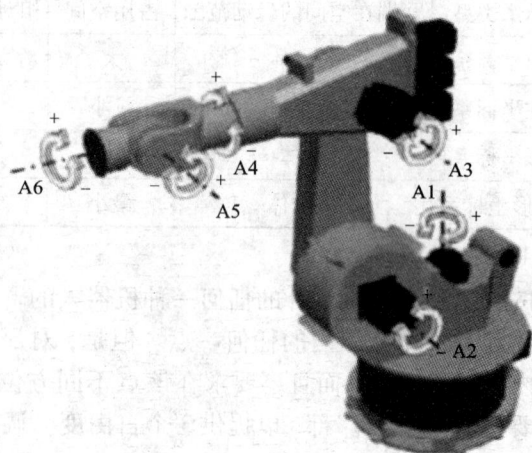

图 3-3-11　6 轴焊接机器人

对精密圆锥齿轮副(件 7、17)成 90°角传动后,使腕部产生俯仰运动。另一交流伺服电动机(件 20)通过另一谐波减速器(由件 10、11、13、14、15 等组成)直接驱动连接焊枪的法兰(件 12),以产生偏转运动。这两个运动来自各自的驱动系统,所以不会发生运动干涉。采用谐波减速器的目的,主要是由于它的体积小、质量小、减速比大,经它减速后,可使交流伺服电动机驱动腕部运动的输出转矩得到进一步增大。

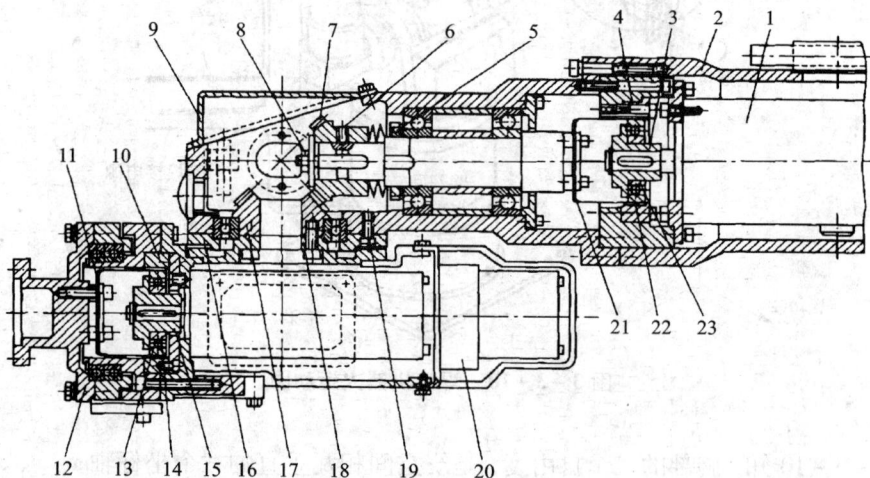

图 3-3-12　关节式机器人的腕部传动系统结构图

1,20—空流伺服电动机;2—上臂;3,15—发生器椭圆轮;4,10—刚性轮;5—防松螺母;6—紧固螺钉;
7,17—圆锥齿轮;8—紧固螺母;9—侧盖;11,21—柔性轮;12—焊枪连接法兰;13,22—发生器外圈;
14,23—发生器内圈;16—端盖;18—连接法兰;19—连接套筒

图 3-3-13 所示为上臂俯仰运动的传动简图，图 3-3-14 所示为下臂俯仰运动的传动简图。它们都是通过交流伺服电动机驱动滚珠丝杠使上、下臂产生俯仰运动。上、下臂构成一个平行四边形机构，上臂为短边、下臂为长边。它们可同时驱动，也可单独驱动，上臂运动不会改变下臂的姿态，下臂运动也不会改变上臂的姿态，相互均不发生运动干涉。

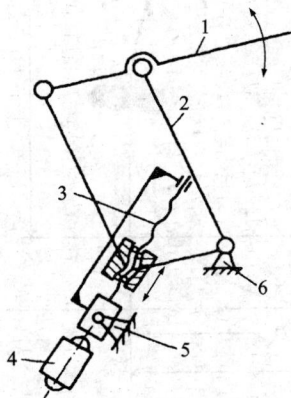

图 3-3-13 上臂传动简图

1—上臂；2—下臂；3—滚珠丝杠传动副；4—交流伺服电
动机；5—驱动系统铰链支座；6—下臂铰链支座

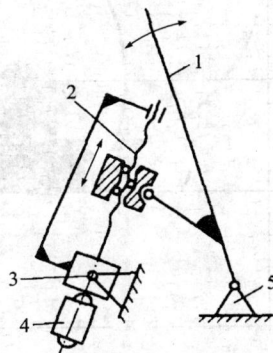

图 3-3-14 下臂传动简图

1—下臂；2—滚珠丝杠传动副；3—驱动系统铰链支座；
4—交流伺服电动机；5—下臂铰链支座

有的机器人，下臂的运动是由交流伺服电动机直接驱动的，上臂的运动有的也是直接驱动的，有的则是通过齿形带将动力传递到上方进行驱动。上述传动形式，与经滚珠丝杠驱动相比，要求电动机的输出转矩要大。

机器人机身的回转，多是由交流伺服电动机经谐波减速器减速后直接驱动，或者再经一级齿轮副，驱动固定在机身上的齿圈使机身转动。在机器人控制系统中，以可编程序的伺服控制为主，采用"示教"编程。但是近年来，以程序语言编程的方法，因其固有的优点而受到重视，必将在重要关键性焊件的焊接中得到应用。

各种焊接机器人的技术性能。主要由两部分表示：一部分是机器人本体的技术数据；另一部分是控制系统的技术数据。表 3-3-74 所示为 KUKA 系列的 KR120 R2500 PRO 型机器人本体的技术数据，其作业空间范围如图 3-3-15 所示。松下 AW-005C 型弧焊机器人本体的技术数据与表 3-3-4 所列大同小异，表 3-3-5 所列是该型机器人控制系统的技术数据。

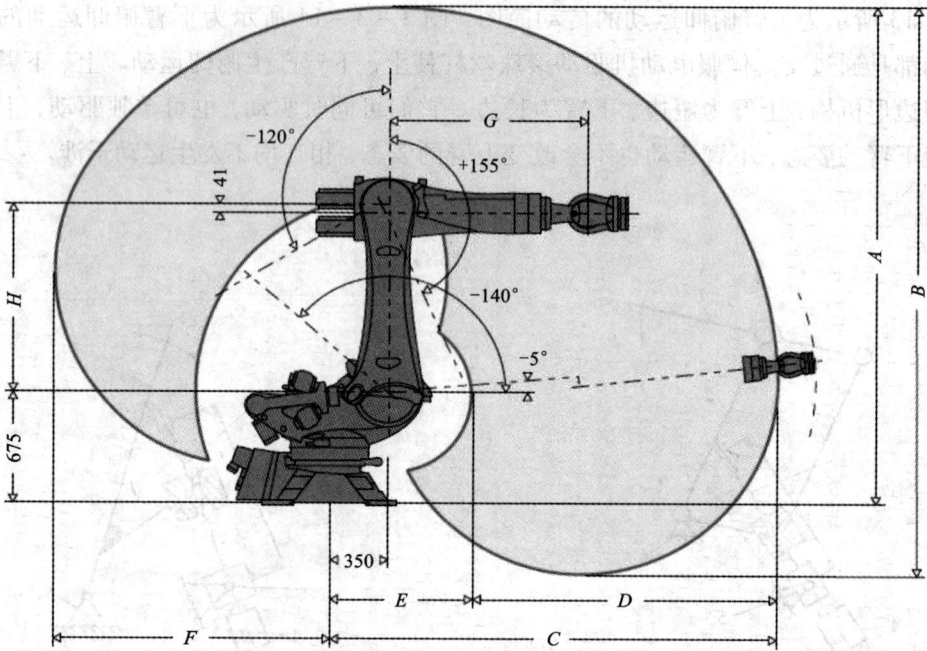

图 3 – 3 – 15　KUKA 系列的 KR120 R2500 PRO 型机器人 P 点动作范围图 1

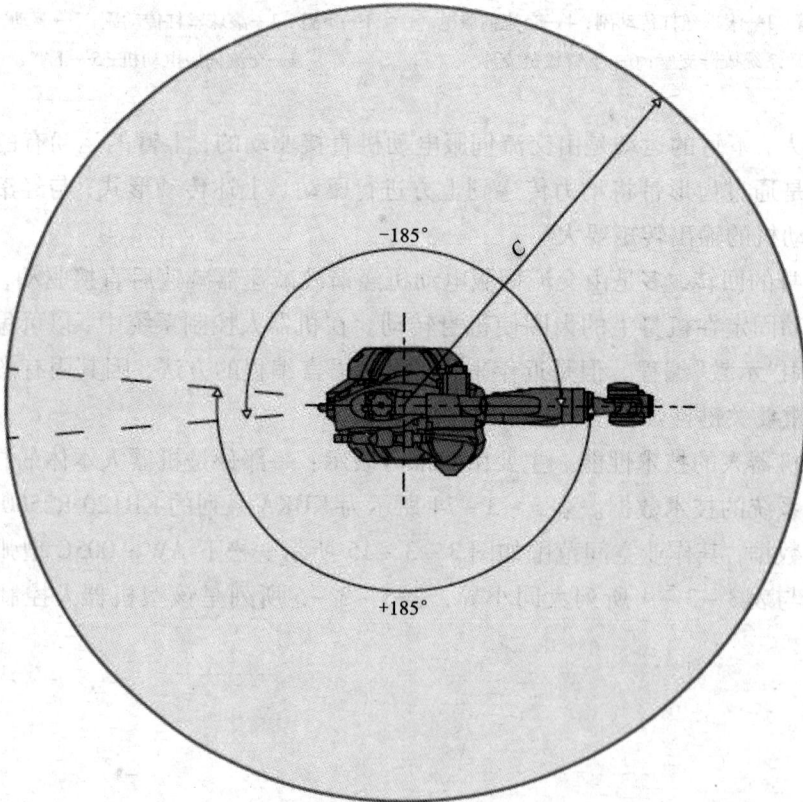

图 3 – 3 – 16　KUKA 系列的 KR120 R2500 PRO 型机器人 P 点动作范围图 2

表 3 – 3 – 4　**KUKA 系列的 KR120 R2500 PRO 型机器人本体技术数据**

	KR 120 R2500 pro	KR 90 R2700 pro
最大工作范围	2496 mm	2696 mm
额定负载	120 kg	90 kg
轴3/轴2/轴1的额定附加负载	50 kg/–/–	50 kg/–/–
最大总负载	170 kg	140 kg
位置重复精度	± 0.06 mm	± 0.06 mm
轴数	6	6
安装位置	地面	地面
特殊型号	–	–
机器人占地面积	830 mm × 830 mm	830 mm × 830 mm
质量(不含控制柜)约	1049 kg	1058 kg

轴参数/ 运动范围		120 kg额定负载时的速度	90 kg额定负载时的速度
轴1(A1)	+/–185°	136° /s	136° /s
轴2(A2)	–5° /–140°	130° /s	130° /s
轴3(A3)	+155° /–120°	120° /s	120° /s
轴4(A4)	+/–350°	292° /s	292° /s
轴5(A5)	+/–125°	258° /s	258° /s
轴6(A6)	+/–350°	284° /s	284° /s

运行条件

环境温度	+10℃至+℃

防护等级

机器人防护等级	IP 65
机器人腕部防护等级	IP 65

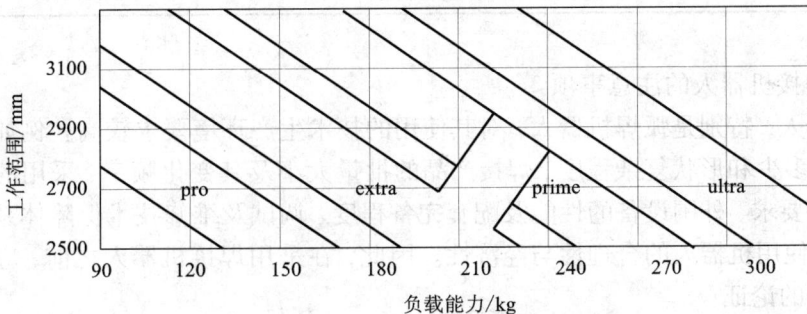

表 3 – 3 – 5　松下 AW – 005C 型弧焊机器人控制系统技术数据

规格		YA—ICCR5J	
控制方式	示教方式	示教盒示教	
	驱动方式	交流伺服电动机	
	控制轴数	6 轴同步控制，外部 6 轴可选择控制	
	坐标类型	直角型、关节型、圆柱型、吊挂型，移动型	
存储	存储量	4000 点（2000 步、2000 序列）	
	作业程序数	999	
焊接条件设定	设定方式	内部设定功能，电流、电压数据直接输入示教盒功能，编辑时焊接参数直接修改功能	
	焊接方法	CO_2，MAG（熔化极活性氩气气体保护电弧焊）	
外部控制用的输入输出	专用的输入输出	输入：13 位输出：9 位	
	通用的输入输出	输入：16 位，根据作业要求最多可设 80 位	
		输出：16 位，根据作业要求最多可设 80 位	
	输入输出形式	输入：光电耦合输出；开式集电极	
作业程序的编辑功能	缩辑指令的种类	①输入指令；②分支指令；③计数处理；④延时；⑤子程序；⑥其他	
	编辑功能	复制、剪切、粘贴、删除、插入、修改等	
	运行中的编辑	运行任务，程序外任务、可编辑程序	
保护功能（自诊断）	机器人	①机械式制动；②行程保护；③软硬件保护；④CPU 异常监控；⑤电源异常；⑥电缆连接监控；⑦仪表温度异常；⑧伺服系统异常（过速、过流、过载、监视器异常）；⑨焊接异常；⑩误操作	
	焊接电源	①一次侧过电流；②二次侧过电流；③温度异常；④一次侧过电压；⑤一次侧低电压	
工作环境温度与湿度		O ~ 45℃，20% ~ 90%（不能结露）	
控制柜外形尺寸（长 × 宽 × 高）		600 mm × 580 mm × 1275 mm	
机器人与控制柜间的电缆长度		4 m 专用电缆（最多可以延长至 20 m）	
示教盒电缆	10 m（从控制柜算起）	输入电源	3 相交流 200 V ± 20 V，25 kV·A
装饰色	5Y8/1 芒塞尔色	自重	约 170 kg

3) 采用焊接机器人的注意事项

焊接机器人，特别是弧焊机器人，对其使用的技术生产环境要求较高。例如焊件的结构形式、焊缝的多少和形状复杂程度、焊接产品的批量大小及其变化频率、采用的焊接方法及对焊接质量的要求、外围设备的性能及配套完备程度、调试及维修技术保障体系的健全程度等，都影响着使用机器人的合理性与经济性。因此，在采用焊接机器人之前，应从以下几个方面进行充分的论证：

（1）从拟生产焊件的品种和批量及其变化频率论证，确认焊件的牛产类型，只有"多品种、小批量"生产性质，才适宜采用焊接机器人。否则，使用焊接机械手或焊接操作机、专用焊接机床或通用机械化焊机较为适宜。

（2）仔细分析焊件的结构尺寸。如果是以中小型焊接机器零件为主，则宜采用机器人焊接；如果以大型金属结构件（例如大型容器、金属构架、重型机床床身等）为主，则只能将焊接机器人安装在大型移动门式操作机或重型伸缩臂式操作机上才能进行焊接。

（3）如果焊件材质和厚度有利于采用点焊或气体保护焊工艺，则宜采用焊接机器人。

（4）考虑选用焊接机器人是否用于焊接产品的关键部位，对保证产品质量能否起决定性的作用；能否把焊工从有害、单调、繁重的工作环境中解放出来。

（5）考虑由上游工序提供的坯件，在尺寸精度和装配精度方面能否满足机器人焊接的工艺要求。如果不能，则要考虑对上游工序的技术改造，否则将会影响机器人的使用。

（6）考虑与机器人配套使用的外围设备（上下料设备、输送设备、焊接工装夹具、焊件变位机械）是否满足机器人焊接的需要，是否能与机器人联机协调动作，夹具的定位精度、变位机械的到位精度（非同步协调时）和运动精度（同步协调时）是否满足机器人焊接的工艺要求。如果上述外围设备不能满足机器人焊接的需要，则将极大地限制机器人功能的发挥。

（7）目前，在我国许多工厂引进的弧焊机器人中，有些已具有机器人与焊件变位机械同步协调运动的功能，因而能使一些空间曲线焊缝或较复杂的焊缝始终保持在水平位置上进行焊接，并能一次起弧就连续焊完整条焊缝。但是这些带同步协调运动控制的弧焊机器人系统，都是由外国机器人生产厂事先编程、调试好后交付使用的，目前国内还未掌握有关技术。因此，在引进该类机器人时，除注意针对当前产品需要提出同步协调控制要求外，也要适当考虑今后产品发展的需要，向外方提出给予后续编程、调试的承诺。

（8）考虑工厂的现行管理水平、调试维修的技术水平和二次开发能力，能否保证对焊接机器人高质、高效的应用，以达到保证产品质量，降低生产成本，提高生产率，实现自动化、省力化操作的目的。否则，应采取相应的完善和提高措施。

在确认和通过上述内容的论证后，再从焊接机器人对各种焊接方法的适应性、自由度（一般 5~6 个）、空间作业范围（固定式机器人一般为 4~6 m^3。）、搭载质量（一般小于 10 kg，满足焊枪搭载即可。但点焊机器人要远远大于此值）、运动速度（空程速度约 1000 mm/s，焊接速度随施焊工艺可调）、重复定位精度（0.1~1 mm，点焊机器人可大于此值）、程序编制与存储容量等基本参数出发，结合具体产品要求，选用适合生产需要的焊接机器人。目前，从控制方式和技术成熟程度来看，以选用示教再现型的关节式焊接机器人为宜。

3.3.8.2　焊接机器人用的焊件变位机械

1）焊件变位机械与焊接机器人的运动配合及精度

焊接机器人虽然有 5~6 个自由度，其焊枪可到达作业范围内的任意点以所需的姿态对焊件施焊，但在实际操作中，对于一些结构复杂的焊件，如果不将其适时变换位置，就可能会和焊枪发生结构干涉，使焊枪无法沿设定的路径进行焊接。另外，为了保证焊接质量，提高生产效率，往往要把焊缝调整到水平、船形等最佳位置进行焊接，因此，也需要焊件适时地变换位置。基于上述两个原因，焊接机器人几乎都是配备了相应的焊件变位机械才实施焊接的，其中以翻转机、变位机和回转台为多。

图 3-3-17 所示是弧焊机器人与焊接翻转机的配合示例；焊件变位机械与焊接机器人之间的运动配合，分非同步协调和同步协调两种。前者是机器人施焊时，焊件变位机械不运

动，待机器人施焊终了时，焊件变位机械才根据指令动作，将焊件再调整到某一最佳位置，进行下一条焊缝的焊接。如此周而复始，直到将焊件上的全部焊缝焊完。后者不仅具有非同步协调的功能，而且在机器人施焊时，焊件变位机械可根据相应指令，带着焊件做协调运动，从而将待焊的空间曲线焊缝连续不断地置于水平或船形位置上，以利于焊接。由于在大多数焊接结构上都是空间直线焊缝和平面曲线焊缝，而且非同步协调运动的控制系统相对简单，所以焊件变位机械与机器人的运动配合，以非同步协调运动居多。

图 3 – 3 – 17   弧焊机器人与焊接翻转机的配合
1—弧焊机器人；2—控制柜；
3—框架式焊接翻转机；4—机器人移行导轨

图 3 – 3 – 18   弧焊机器人与抓举机器人的配合

这两种协调运动，对焊件变位机械的精度要求是不同的，非同步协调要求焊件变位机械的到位精度高；同步协调除要求到位精度高外，还要求高的轨迹精度和运动精度。这就是机器人用焊件变位机械与普通焊件变位机械的主要区别。

图 3 – 3 – 19   示教机器人的编程过程

图 3 – 3 – 20   示教机器人的
编程过程视频二维码

焊件变位机械的工作台，多是做回转和倾斜运动，焊件随工作台运动时，其焊缝上产生的弧线误差，不仅与回转运动和1倾斜运动的转角误差有关，而且与焊缝微段的回转半径和倾斜半径成正比。焊缝距回转、倾斜中心越远，在同一转角误差情况下产生的弧线误差就越大。通常，焊接机器人的定位精度多在 0.1 ~ 1mm 之间，与此相匹配，焊件变位机械的定位精度也应在此范围内。现以定位精度 1 mm 计，则对距离回转或倾斜中心 500 mm 的焊缝，变位机械工作台的转角误差须控制在0.36°以内；而对相距1000 mm的焊缝，则须控制在0.18°以内。因此，焊件越大其上的焊缝离回转或倾斜中心越远，要求焊件变位机械的转角精度就越高。这无疑增加了制造和控制大型焊件变位机械的难度。

2）焊件变位机械的结构及传动

焊接机器人用的焊件变位机械主要有回转台（图3－3－21）、翻转机、变位机三种。为了提高焊接机器人的利用率，常将焊件变位机械做成两个工位（图3－3－22）的，对一些小型焊件使用的变位机还做成多工位的，另外，也可将多个焊件变位机械布置在焊接机器人的作业区以内，组成多个工位（图3－3－22）。

图3－3－21 一轴一工位焊件变位机械

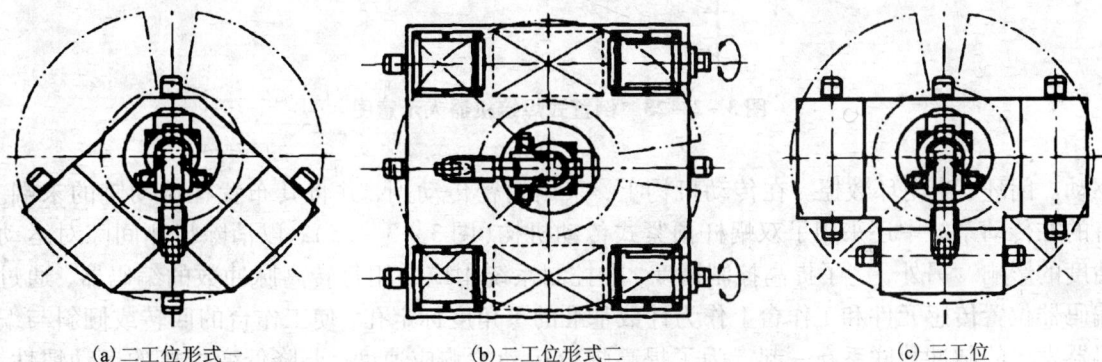

(a)二工位形式一   (b)二工位形式二   (c)三工位

图3－3－22 焊件变位机械的布置图

为了扩大焊接机器人的作业空间，可将机器人设计成倒置式的（图3－3－23），安装在门式和重型伸缩臂式焊接操作机上，用来焊接大型结构或进行多工位焊接。除此之外，还可将焊接机器人置于滑座上。沿道轨移行，这样也可扩大机器人的作业空间，并使焊件的装卸更为方便。图3－3－24是在弧焊机器人移行轨道的两侧，布置了两台翻转机，构成加工单元，用来焊接长形构件。

用于非同步协调运动的焊件变位机械，因是点位控制，所以其传动系统和普通变位机械的相仿，恒速运动的采用交流电动机驱动，变速运动的采用直流电动机驱动或交流电动机变频驱动。但是为了精确到位，常采用带制动器的电动机，同时在传动链末端（工作台）设有气动锥销强制定位机构。定位点可视要求按每隔30°、45°或90°分布一个。图3－3－25所示为控制气动锥销动作的回路图，汽缸2的头部安有锥销1，锥销的伸缩由电磁换向阀3控制，当工作台转到设定的角度后，工作台上的撞块与固定在机身上的行程开关接触（图中未画出）。行程开关发出电信号使电磁换向阀切换阀位，改变汽缸的进气方向，使汽缸反向动作。

用于同步协调运动的焊件变位机械，因为是轨迹控制，所以传动系统的运动精度和控制精度，是保证焊枪轨迹精度、速度精度和工作平稳性的关键。因此，多采用交流伺服电动机

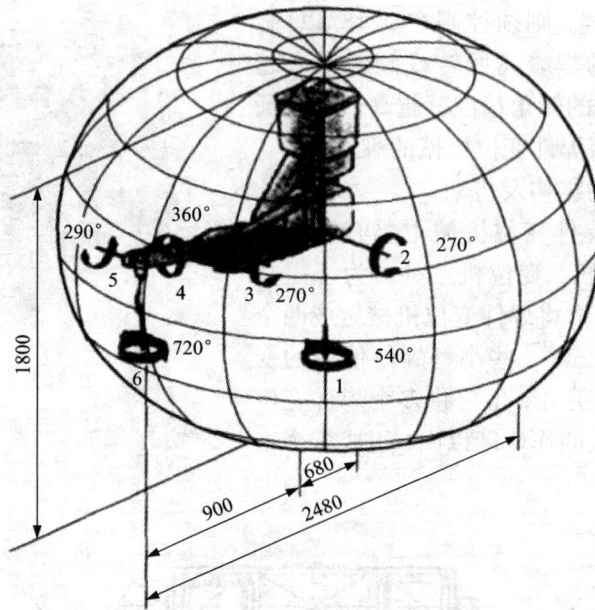

图 3 - 3 - 23   倒置式焊接机器人示意图

驱动。闭环、半闭环数控。在传动机构上，采用精密传动副，并将其布置在传动链的末端。有的在传动系统中还采用了双蜗杆预紧式传动机构(图 3 - 3 - 25)，以消除齿侧间隙对运动精度的影响。另外，为了提高控制精度，在控制系统中应采用每转高脉冲数的编码器，通过编码器位置传感元件和工作台上作为计数基准的零角度标定孔，使工作台的回转或倾斜与编码器发出的脉冲数联系在一起。为了提高焊枪运动的响应速度，要降低变位机的运动惯性，为此应尽量减小传动系统的飞轮矩。

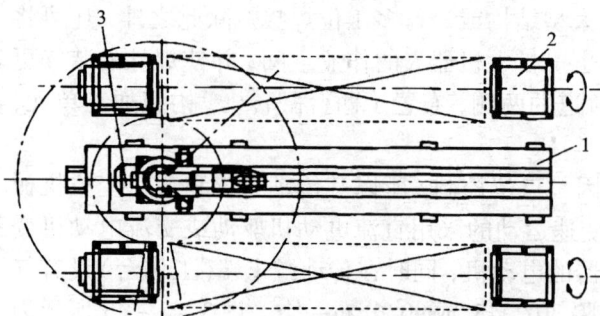

图 3 - 3 - 24   焊接长形构件的弧焊机器人加工单元

1—移行导轨；2—头尾架式焊接翻转机；3—弧焊机器人

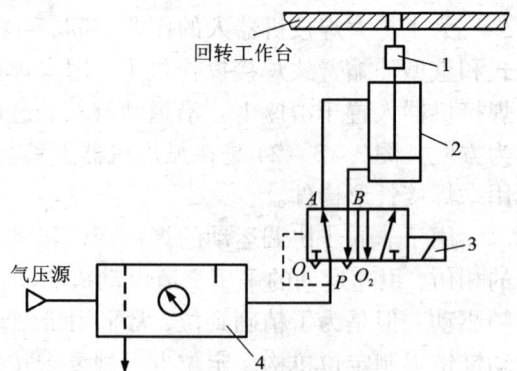

图 3 - 3 - 25   气动锥销回路图

1—锥销；2—汽缸；3—电磁换向阀；

4—三连体(空气水分滤气器、减压阀，油雾器)

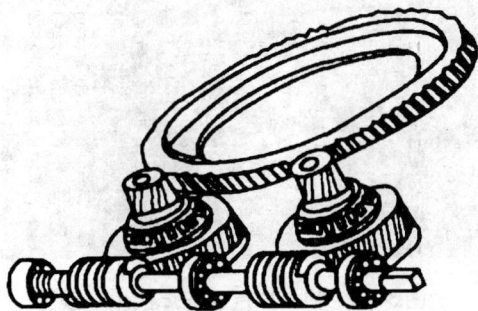

图 3 – 3 – 26　双蜗杆预紧式传动机构

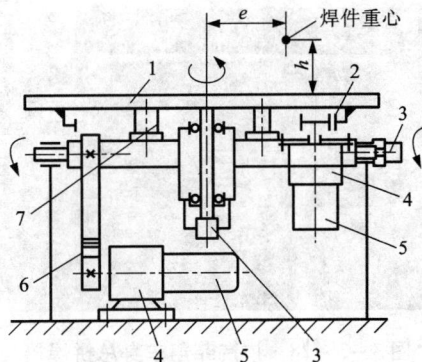

图 3 – 3 – 27　0.5 t 数控焊接变位机传动简图

1—工作台；2—内啮合齿轮副；3—编码器；

4—谐波减速器；5—交流伺服电动机；

6—外啮合齿轮副；7—导电装置

采用伺服驱动后，若选用输出转矩较大的伺服电动机，则可使传动链大大缩短，传动机构可进一步简化，有利于传动精度的提高。若采用闭环控制，则对传动机构制造精度的要求相对半闭环控制低，并会获得较高的控制精度，但控制系统相对复杂，造价也高。

图 3 – 3 – 27 所示为一弧焊机器人工作站的焊接变位机传动简图，由计算机通过工控机控制其运动，以保证与焊接机器人的协调动作。该机技术数据见表 3 – 3 – 6. 与德国产 CLOOS RO – MAT76 弧焊机器人进行联机调试。

表 3 – 3 – 6　数控焊接变位机技术数据

载重量		500 kg	谐波减速器	回转用	型号	XBI 立 – 100 – 80 – 1 – 6/6
允许焊件重心高 h[①]		400 mm			减速比	80
允许焊件偏心距 e[①]		160 mm			输出转矩	200 N · m
工作台直径		1000 mm			输出转速	38 r/min
工作台回转速度		0.05 ~ 1.6 r/min		倾斜用	型号	XBI 卧 – 100 – 80 – 1 – 6/6
工作台倾斜速度		0.02 ~ 0.7 r/min			减速比	100
工作台最大回转力矩		784 N · m			输出转矩	450 N · m
工作台最大扭转力矩		2572 N · m			输出转速	30 r/min
交流伺服电动机	回转用	型号	1FT5071 – OAC71 – 2 – ZZ:45G	内啮合齿轮副	模数	4 mm
		额定转矩	45 N · m		齿数	$Z_1 = 37, Z_2 = 178$
		额定转速	3000 r/min	外啮合齿轮副	模数	5 mm
	倾斜用	型号	1FT5074 – OAC71 – 2 – ZZ:45G		齿数	$Z_1 = 35, Z_2 = 196$
		额定转矩	14 N · m	编码器	型号	LFA – 501 – A – 20000
		额定转速	2000 r/min		每转输出脉冲数	20000
伺服电动机驱动器型号		611A		电源电压		DC 5 V

注：①见图 3 – 3 – 27。

图 3 - 3 - 28　广汽菲翔车身总拼焊接

图 3 - 3 - 29　广汽菲翔焊接生产线

3.3.9　汽车车门焊接工装夹具实例

3.3.9.1　汽车装焊夹具

汽车装焊夹具与一般的装焊夹具一样，其基本结构也是由定位件、夹紧件和夹具体等组成，定位夹紧的工作原理也是一样的。但由于汽车焊接结构件本身形状的特殊性，其装焊夹具具有如下特点。

(1)汽车装焊构件是一个外形复杂的空间曲面结构件，并且大多是由薄板冲压件构成（尤其是车身），其刚性小，易变形，装焊时要按其外形定位，因此定位元件的布置亦具有空间位置特点，定位元件一般是由几个零件所组成的定位器。

焊装夹具在车身生产中的作用是：通过夹具上的定位销（基准销）、S 面型块（基准面）、夹紧臂等组件的协调作用，将工件（冲压件或总成件）安装到工艺设定的位置上并夹紧，不让工件活动位移，保证车身焊接精度的一致性和稳定性。

夹紧臂　　工件　　　　定位销

图 3 - 3 - 30　汽车轮罩焊装夹具

(2)汽车构件的窗口、洞口和孔较多，因而常选用这些部位作为组合定位面。作为工艺基准面，将零件支承在正确的位置上，并支撑夹具夹紧机构的夹紧力。基准面型块采用高强螺栓安装在 L 板（或连接板）上，并用定位销定位，表面应经过调质处理，硬度在 HRC48 以上，一般会在基准面端部约 10 mm 宽的部位涂红色标记，基准面应与数模相符（用三坐标仪测量）。

（3）汽车生产批量大，分散装配程度高，为了保证互换性，要求保证同一构件的组合件、部件直至总成的装配定位基准的一致性，并与设计基准（空间坐标网格线）尽量重合。

图 3 - 3 - 31　汽车焊装工艺基准面

（4）由于汽车生产效率高，多采用快速夹紧器，如手动铰链 - 杠杆夹紧器、气动夹紧器和气动杠杆夹紧器等。

（5）汽车装焊夹具以专用夹具为主，随行夹具与机械化、自动化程度高的装焊生产线相匹配。夹具的基本构造：如图 3 - 3 - 28 所示，由台板、支座、L 板、基准销、基准面、夹紧机构（汽缸、夹紧臂、U 型限位块等）等组成。

图 3 - 3 - 32　汽车焊装夹紧机构

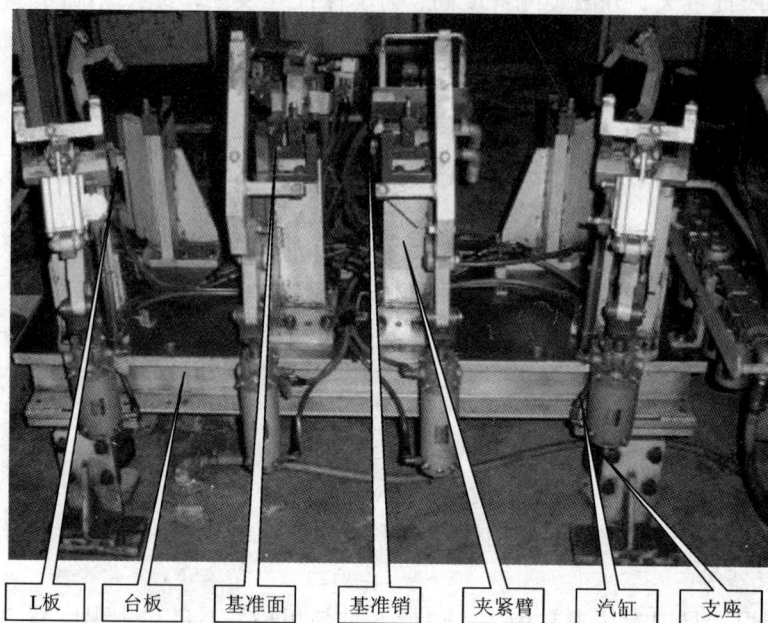

| L板 | 台板 | 基准面 | 基准销 | 夹紧臂 | 汽缸 | 支座 |

图3－3－33　汽车焊装夹具的构成

（6）汽车车身焊接一般采用电阻点焊、激光焊接和CO_2气体保护焊等。装焊夹具要与焊接方法相适应，保证焊接的可达性及夹具的开敞性。例如夹具的通用台板用于安装夹具组件，上表面加工有坐标刻度线，用于夹具基准状况的检测（如：三座标检测仪检测用）。台面应处于水平状态（工艺设计要求倾斜放置的除外），安装时用测量仪、水平仪或透明胶管灌水检查校水平。多台连线安装的夹具（特别是采用举升自动搬送的装置），同轴度和水平度、节距应符合设计要求。

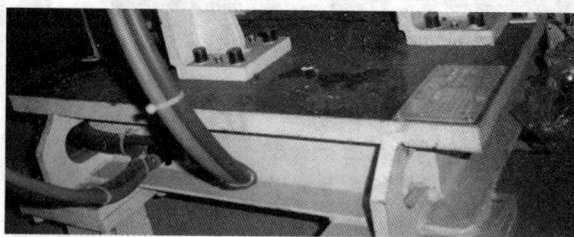

图3－3－34　汽车焊装夹具的通用台板

对于某些有外观要求的车身外覆盖件，其点焊表面不允许有凹陷，在产品结构设计时应考虑在固定点焊机上完成焊接，所要求的表面应能与下电极平面接触，或采用单面双点焊。甚至有的车型在车门、发动机罩和行李箱盖板的折边结构上，采用折边胶代替点焊工艺，以提高产品的外观质量和耐腐蚀性能。

折边胶工艺过程如图3－3－35所示，采用涂胶枪将折边胶沿外板的胶接面，以一定的间隔，准确、适量地涂敷，再将外板与内板胶接面叠合后由折边机冲压折边，以确保胶接件紧密贴合，最后加热固化，以确保达到结构强度。

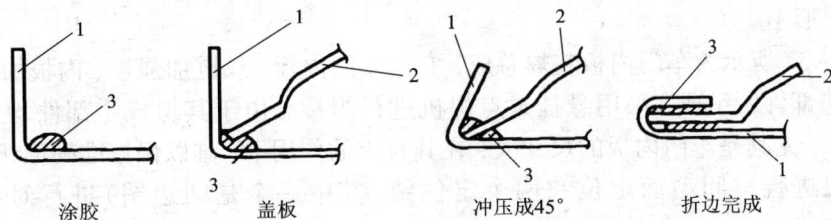

图 3 - 3 - 35　折边胶工艺过程
1—外板；2—内板；3—折边胶

　　汽车车身装焊现在常用的另一特殊工艺是点焊密封胶工艺。点焊密封胶施工过程如图 3 - 3 - 36 所示，在焊接前将点焊密封胶涂布在冲压件搭接处，它要求被密封冲压件的贴附性要好，点焊后间隙不得超过 0.3 mm。然后将两块板合拢，采用电阻点焊。点焊密封胶不需要单独加热固化，可以随工件一起在油漆烘干炉中固化。点焊密封胶既要满足点焊胶所必须的点焊性和耐磷化处理等要求，又要在油面条件下有较强的附着力、膨胀率和柔韧性。点焊密封胶几乎可以用于所有的车身焊缝处，既可起到密封缝隙的作用，又能防止焊缝锈蚀。

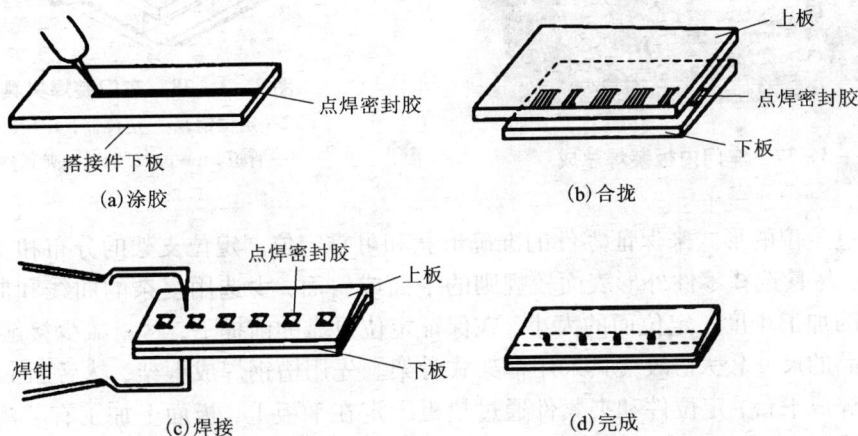

图 3 - 3 - 36　点焊密封胶施工过程

　　在两钢板之间涂敷点焊密封胶后，对焊接条件会有一些影响，在使用前，要对焊接参数，如电极压力、电流强度、焊接时间等进行适当地调整，以获得最佳效果，既不影响焊点强度，又不过多增加能耗。一般来说，涂点焊密封胶后，电极压力要增加 13% ~ 20%，电流强度降低 10% ~ 20%。

3.3.9.2　车门装焊夹具

　　车门主要由壳体(外板)、内饰盖板(内板)和附件三个部件组成，其结构形式可分为整体式和框架式两种，由于结构形式的不同，装焊夹具的结构形式也有所区别。现以整体式车门为例来说明汽车车门装焊夹具的特点。

　　整体式车门主要是玻璃窗框与车门外板一体冲压而成，其优点是由于窗框是整体，尺寸易保证,装焊零件数量少,结构开敞性好,便于采用高效率的电阻点焊方法焊接。但由于内、外板零件的尺寸较大,装焊夹具上的定位件设置较多,常采用型面定位的方式,以保证定位可靠、焊接变形小。

图3-3-37所示为车门内板装焊总成,它由车门内板、铰链加强板、内板加强板和车门窗框加强板等部件所组成,采用悬挂式点焊机进行焊接。由于其组成零部件均为薄板冲压件,刚性较小,尤其是车门内板的尺寸大,在其自重的作用下,难以保持准确形状,因此采用8个定位支架进行空间型面定位和两个定位销(其中一个是削边销)进行对孔定位,如图3-3-38所示。

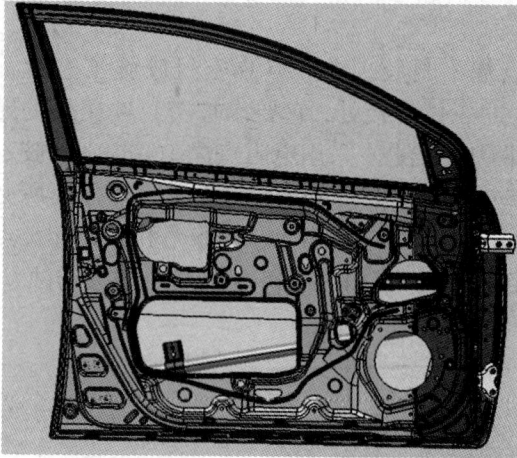

图3-3-37 车门内板装焊总成

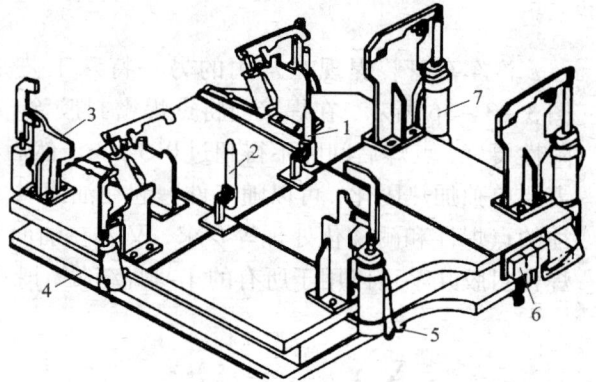

图3-3-38 车门装焊夹具
1,2—定位销;3—定位器;4—底扳;
5—管道;6—配气阀;7—夹紧器

这是用过定位的形式来保证零件的准确形状和可靠定位。定位支架的分布和支架上的定位面的形状,尽量选择零件外形表面较规则的平面或斜面,少选用复杂的曲线和曲面,以减小定位支架的加工难度。定位面的大小,在保证定位可靠的前提下,尽量减少接触面积。

由于产品的尺寸较大,故夹具采用框架式骨架。先用槽钢焊成框架,然后用12 mm厚的低碳钢板组焊成平台,定位件和夹紧件通过垫板固定在平板上,板面上加工有装配基准的低碳钢板组焊成平台,定位件和夹紧件通过垫板固定在平板上,板面上加工有装配基准线,便于夹具元件的安装与测量。

这类骨架也可以不用平板,而采用一些纵横梁拼焊骨架。定位件、夹紧件通过垫板安装在骨架的纵横梁上。定位元件的安装调整与检验是依靠合格的车门样件来进行的。为便于操作,骨架与夹具底座的连接采用转动式结构。这样在焊接过程中,可以根据焊接位置的变化要求旋转工作台面,而点焊机和操作者不需要随着焊接位置的变化来回移动,从而减轻工人的劳动强度,提高生产效率。夹紧器采用气动夹紧,用8个汽缸控制8套夹紧器,与定位支架相连接,依据装焊顺序的要求分别打开气阀逐次夹紧。

3.3.9.3 车身总成装焊夹具的定位

根据基准统一原则,汽车车身的装焊定位基准及其工装设计基准应与车身的设计基准保持一致,这对减少积累误差,保证车身的装焊质量是非常重要的。由于汽车车身是空间形体结构,因此,车身总成及其零部件的设计基准均以 x、y、z 轴坐标系间距为 200 mm 的网格线作基准线。三个坐标的零基准线是:左右方向为 x 轴,其零基准线为车身横向对称轴线;前后方向为 y 轴,其零基准线为两个前轮的中心连线;上下方向为 z 轴,其零基准线位于车架(或地板)的上平面。见图 3-3-39 汽车车身设计基准坐标系,车身的装焊夹具设计、制造、安装以及测量基准都必须与车身的设计基准保持一致,夹具上的全部定位元件的空间位置均以车身坐标线标注。

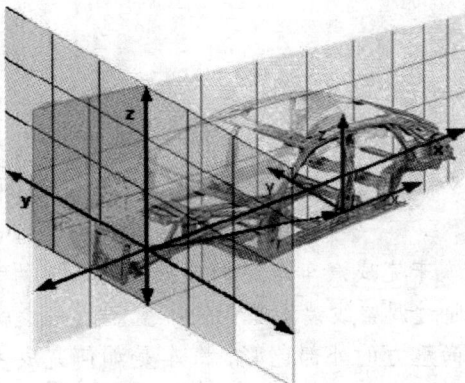

图 3-3-39　汽车车身设计基准坐标系

　　该车身总成装焊夹具的设计基准在 x、z 轴方向,与车身设计基准完全一致。但该车的车架在生产中 z 轴方向的定位基准是以车架前后钢板弹簧其中 4 个吊耳孔进行定位制造的。在车身装配过程中,车架作为基准件第一个进入夹具中装配,而该基准件的定位装配基准仍是这 4 个吊耳孔,这样车架部件的加工制造装配基准与车身总成的定位、安装基准相重合,但与车身在 z 轴方向的设计基准不一致,而会产生基准不重合误差。为此,在车架制造时须严格控制吊耳零件的加工精度和定位安装精度。

课后思考题

　　1. 焊接机器人工作站一般由哪几部分组成? 各自的作用是什么?

　　2. 焊接机器人用的焊件变位机械有哪几类? 各自的特点是什么?

　　3. 汽车装焊夹具的特点是什么?

　　4. 汽车装焊夹具的定位基准是什么?

项目四　企划三年回本的 20 万元补漆店创业项目

【观察与思考】

我们已经学会通过机器人来完成汽车车身的焊接工作，把两个侧围、顶盖、前机舱和后围焊接在一起，汽车的车身通过调整线装上了四门一盖。下一步就要把车身表面涂上漂亮的颜色，使我们的汽车具备时尚魅力的外部色彩，汽车是如何完成表面处理与防锈的呢？汽车的油漆是有哪几层构成的呢？如何对有划伤的车身进行修复的呢？做好油漆的质量应达到哪些标准、如何来检验呢？要完成以上工作又需要哪些设备来支持和实现呢？要搞清楚这些问题，下面就开始本项目的学习。

本项目安排了四个任务，首先我们学习依据标准模版完成 20 万元补漆店创业项目企划；再通过学习涂装的工艺设备，熟悉需要完成的工序流程，使用油漆涂层的检测设备检查工作成果；最后学习色彩基础和汽车涂装的颜色管理方式。

【任务引入】

带着问题观看微视频《周鸿祎谈创业商业计划书》，讨论并回答下列问题：

图 4 - 1 - 1　周鸿祎谈创业商业计划书

图 4 - 1 - 2　《周鸿祎谈创业
商业计划书》二维码

(1) 如何保证 20 万元补漆店能够三年回本？
　(2) 补漆店需要什么设备？
　(3) 补漆店如何进行选址？如何办理营业执照？
　(4) 创业计划书必须有哪些要点？

任务1　企划 20 万元补漆店创业项目

能力目标
- 能说明喷枪和常用工具的结构和工作原理
- 能说明喷枪和常用工具的调整、操作注意事项
- 能说明进行喷枪和常用工具的清洗和保养、故障排除
- 能通过 20 万元补漆店创业项目企划具备成本管理意识

知识目标
- 认知喷枪型号和常用工具的规格选型
- 认知创业项目的流程、选址等关键节点
- 认知汽车企业利润和回收资金周期的关系
- 认知企业盈亏平衡、月营收的关系

素养目标
- 工作中的合作意识、团队观念
- 独立思考、善于总结
- 按标准做事，遵章守纪

4.1.1　企划汽车补漆店创业项目书

1）输入条件
(1) 补漆店在组长家的附近选址。2016 年汽车行业都改为水性漆。
(2) 启动资金 20 万元低息贷款，3 年利息 5‰。
(3) 按照常用汽车修补涂料的特性，进行涂膜的检测项目和相关设备应用。
(4) 创业项目的注册流程、企业类型、环评等关键节点。
(5) 汽车企业利润和回收资金周期的关系。
(6) 企业盈亏平衡、月营收达到 3 年回本。
(7) 如何解决 20 万和喷漆设备种类繁多、价格昂贵的问题？
2）汽车补漆店创业项目企划书的要点
第一方面：汽车补漆店找到目前市场上空白点
　　要求在组长家的附近选址，为什么要选择这个地方，必须发现在小汽车维修市场里面的机会，一定在市场里面有一个什么问题没有被人解决或者别人解决得不好。汽车维修行业将在 2017 以后有一个井喷式发展的机会。重点强调目前组长家的附近那个市场里面存在着什么问题。
　　第二方面：我的汽车补漆店能够给出针对问题的解决方案

2016 年汽车行业都改为水性漆。小汽车维修市场里面是怎么解决这个问题，客户修车大部分去 4S 店，首先把自己假想成一个用户，为什么我要用你的小汽车维修，必须解决的具体问题、实在问题。发现了一个什么机会，要去解决这个问题，我会怎么做。

第三方面：我的汽车补漆店的目标用户

我的汽车补漆店的用户群，面对什么样的用户，维修的车型是 A 级车还是 B 级车，是普通老百姓都用还是只是外企白领才用得起。最开始找一个哪怕很小众的用户群精准定位，让人感觉你比较聚焦，你面对什么样的用户，车辆的价位 10 万以内。

第四方面：未来的市场有多大

我的汽车补漆店市场有多大，可以做一个预测和估计。在组长家的附近车辆的价位 10 万以内车辆有多少保有量，通过查询品牌 4S 店的客户数目，就能计算出来一个数量，准备进入一个多大的市场。

我的汽车补漆店有什么特别的核心竞争力？有什么与众不同的地方？所以，关键不在于所干事情的大小，而在于你能比别人干得好，与别人干得不一样。特色是哪些？营销手段、生意模式、推广模式等。

三年年内收回成本，必须有足够的客户数量。

第五方面：我的汽车补漆店竞争对手

在组长家的附近这个市场里面方圆 50 km 以内，像我这样的汽车补漆店有多少家？事先上网搜搜。把目前的竞争对手他们在做什么，他们做得怎么样，了解周边情况，才能知道市场的竞争压力有多大，而不是闷头的井中之蛙。

第六方面：我的汽车补漆店如何挣钱

只有借来的 20 万元，需要租门面、购买设备、招聘员工、购买油漆物料、申请营业执照。一定要保留一定的流动资金，做宣传、装修、临时性的花费。找到我的公司的价值增长点，与优势。

第七方面：我的汽车补漆店的 3 年计划

第一年投入 20 万元，每个月需要实现多少利润？

第二年，每个月需要实现多少利润，合计还有多少欠款？

第三年，每个月需要实现多少利润，能否回本？

第八方面：月盈利指标分解到每一周任务

必须知道自己是怎么挣钱的，我汽车补漆店的收入模式是什么样的。月盈利指标分解到每一周任务，每一周必须实现多少的营业收入，如果连续三个月没有实现目标，一定要查到原因，才能保证预算未来三年挣能够回本。

3）完成汽车补漆店创业项目企划书

参考附件《青年创业项目企划书》格式。

我们要选定合适的不同补漆设备必须学习的相关的知识，包括喷枪、刮涂工具、打磨工具、烘烤设备、空压设备、检验设备。还要学习汽车制造厂的油漆是如何进行喷涂，才能在这个基础上进行修补作业。

4.1.2　喷枪

4.1.2.1　喷枪的类型

喷枪的功能是利用压缩空气对进入喷枪的涂料进行雾化，形成雾射流，雾状化的涂料在喷流中被分裂成微小且均匀的液滴喷覆在车身表面，形成厚度均匀且有光泽的薄膜。

喷枪的类型和规格较多，适用于不同场合的喷涂，但其基本功能和原理是一致的。按涂料供给方式分：重力式（上壶式）喷枪；虹吸式（下壶式、吸上式、虹吸式）喷枪；压力式喷枪。

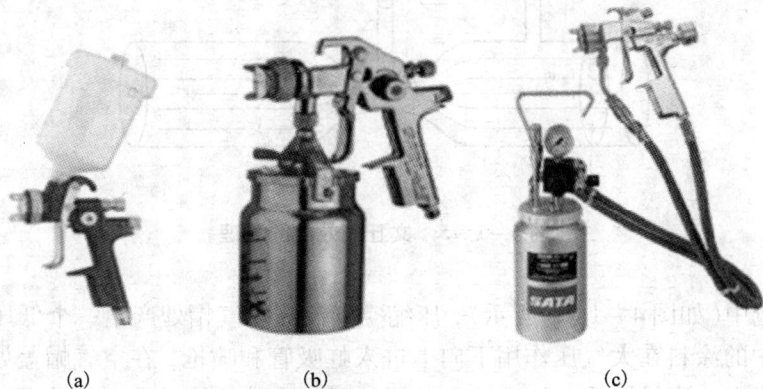

图4-1-3　（a）重力式（上壶式）喷枪；（b）虹吸式（下壶式）喷枪；（c）压力式喷枪

1）重力式喷枪

涂料罐位于喷枪的上方，涂料由于重力流向喷嘴。

这种喷枪的涂料杯位于喷枪的上方，它可以利用重力使涂料流入喷枪。这种涂料杯不需要液体吸管，因为涂料的出口正好位于涂料杯的底部。涂料杯顶部的通风口必须打开，考虑到其重量和平衡感，涂料杯的容量一般限制在600 mL左右。

重力式喷枪适用于小规模作业，如局部修补等。这种喷枪可用于比吸力式喷枪用料少的场合，但涂料的黏度可以大一些。

优点：涂料黏度不变，喷漆量不变；涂料罐的位置可使喷涂操作自由度大，施工容易。

缺点：涂料罐在喷嘴上方，影响喷枪的稳定性；涂料罐容量小（一般在500 mL左右），不适合喷涂较大面积。

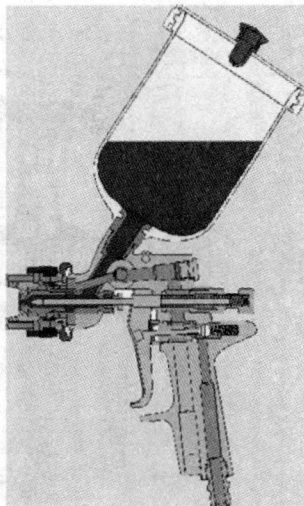

图4-1-4　重力式（上壶式）喷枪

2）虹吸式喷枪

压缩空气流在空气帽处产生真空，见图4-1-5，产生虹吸现象，称之为文丘理（Venturi）效应。文丘里效应的原理则是当风吹过阻挡物时，在阻挡物的背风面上方端口附近气压相对较低，从而产生吸附作用并导致空气的流动。文氏管的原理其实很简单，它就是把气流由粗变细，以加快气体流速，使气体在文氏管出口的后侧形成一个"真空"区。当这个真空区靠近工件时会对工件产生一定的吸附作用。

优点：喷涂稳定性好，便于向涂料罐中添加涂料或变换颜色。

缺点：喷涂水平表面困难；涂料黏度变化对喷漆量影响较大，涂料罐容量比重力式大（一般在1200 mL左右），因而操作人员易疲劳。

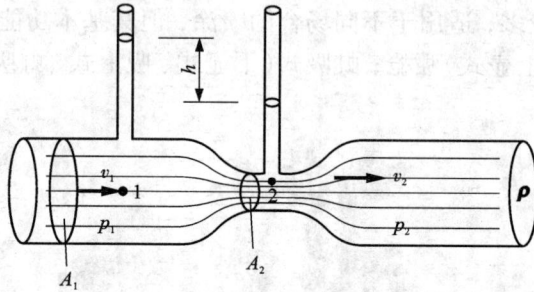

图4-1-5 文丘里效应的原理

在这种喷枪中（如图4-1-6所示），压缩空气流在空气帽处产生一个低压区，提供虹吸作用。涂料杯中的涂料在大气压作用下向上进入虹吸管和喷枪，在空气帽盖处得到雾化，并从流体喷嘴处喷出。涂料杯盖上的通风孔必须打开。这种喷枪的涂料杯容量一般为1L或更低，现只适用于中低黏度的涂料。

这种喷枪很容易识别，因为它的流体喷嘴会稍稍超过空气帽盖表面，如图4-1-6所示。

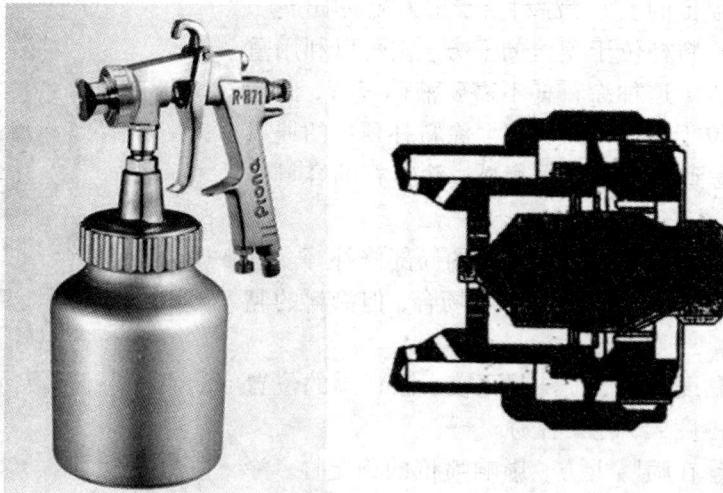

图4-1-6 虹吸式（下壶式）喷枪

3）压力式喷枪

喷枪上没有储液罐，涂料用软管与一个压力储料罐连接，压缩空气作用于储液罐上。

优点：涂料罐容积大，喷涂大型表面时不必停下来向涂料罐中添加油漆；也可使用高黏度涂料。

缺点:不适合小面积喷涂,变换颜色及清洗喷枪需要较多时间。

在这种喷枪中,流体喷嘴与空气帽端面齐平,如图 4-1-7 所示。涂料是在分开的涂料杯、储罐或泵中得到加压的。在压力的作用下,涂料经过流体喷嘴,在空气帽处得到雾化。

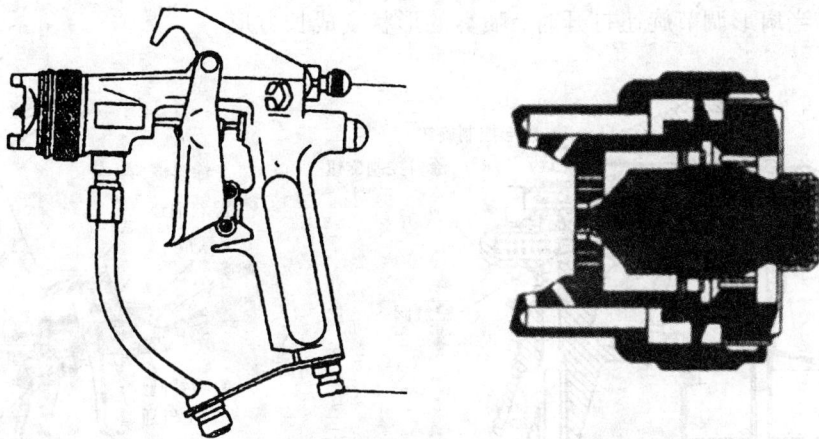

图 4-1-7　涂料源与喷枪分离的压力式喷枪

当涂料太重无法虹吸时,或喷涂作业需要迅速完成时,经常使用压力式喷枪。这种喷枪适用于大面积作业,一般汽车制造厂中的喷涂车间均采用这种喷涂系统。

当吸力式喷枪改用重力式喷枪后,流体喷嘴的尺寸要相应缩小。如果吸力式喷枪使用 1.8 mm 的喷嘴,则重力式喷枪应当采用 1.4 mm 或 1.6 mm 的喷嘴。[3]

表 4-1-1　各式喷枪的优缺点

类型	涂料进给方法	优点	缺点
重力式(上壶枪)	涂料罐安装在喷嘴上方,用重力及喷嘴尖的吸力供应涂料	涂料黏度不变,所以出漆量不会变化,涂料罐的位置可按喷漆件的形状变更角度,节省涂料	由于涂料罐安装在喷嘴上方,反过来就会影响喷枪的稳定性;涂料罐容量小,不适合喷射较大的表面,多用于修补
吸力式(下壶枪)	涂料罐安装在喷嘴下方,仅用吸力供应涂料	喷枪工作稳定,便于向涂料罐加涂料或变换颜色	喷涂水平表面困难,黏度变动导致出漆量变化,涂料罐比重力进给式大,因而涂装人员较易疲劳
压力式	用压缩空气罐或泵给涂料加压	喷涂大型表面时不必停下来向涂料罐加涂料,也可以使用高黏度涂料	不适合小面积喷漆,变换颜色及清洗喷枪需要较多时间

4.1.2.2 喷枪的结构

喷枪主要由空气帽、喷嘴、针阀、扳机、气阀、调节钮和手柄等组成,典型的吸上式空气喷枪的结构如图 4-1-8、图 4-1-9 所示。

空气帽引导压缩空气撞击涂料,使其雾化成有一定直径的漆雾。空气帽上有三种小孔分别为中央气孔(中央孔)、雾化气孔(辅助孔)、喷幅控制气孔(侧孔),如图 4-1-10 所示。

中央孔位于喷嘴末端,产生喷出涂料所需的负压。辅助孔一般在中心孔的两侧,可促进涂料的雾化,辅助孔喷出空气量的多少与涂料雾化好坏有很大关系,如图4-1-11所示。侧孔在空气帽向前的2个突起上,喷出的气流可控制喷雾的形状。当扇形调节旋钮关上时,喷雾的形状是圆形;当扇形调节旋钮打开时,喷雾的形状变成长方形。

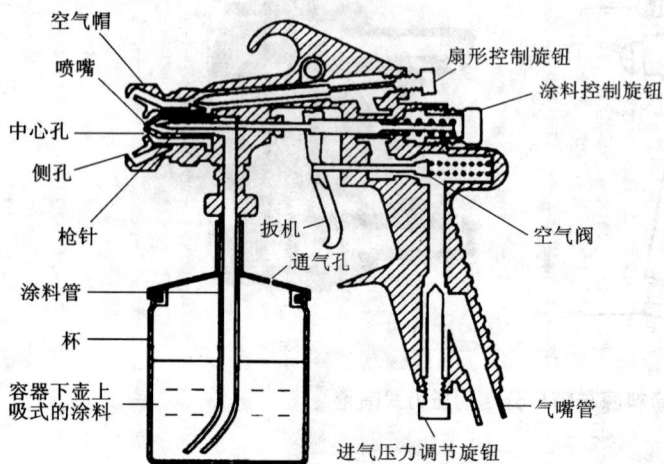

图4-1-8　上吸式空气喷枪的结构图

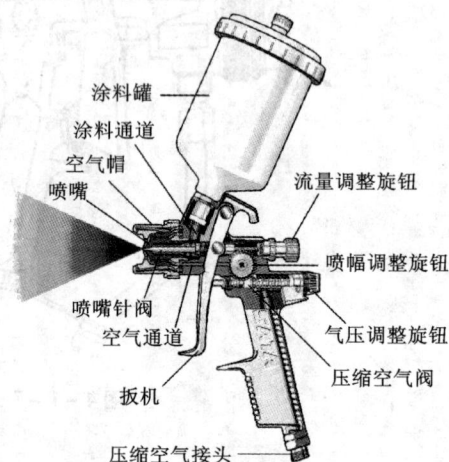

图4-1-9　式空气喷枪的结构图

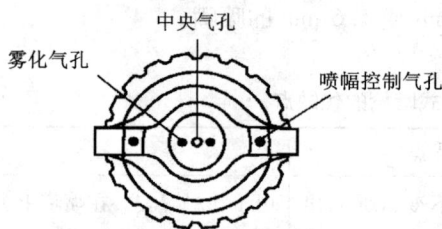

图4-1-10　空气帽上中央气孔、雾化气孔(辅助孔)、喷幅控制气孔(侧孔)

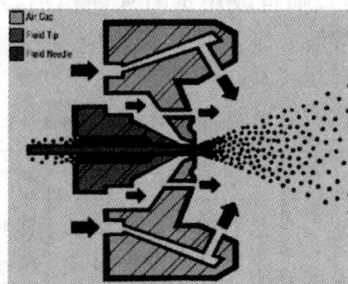

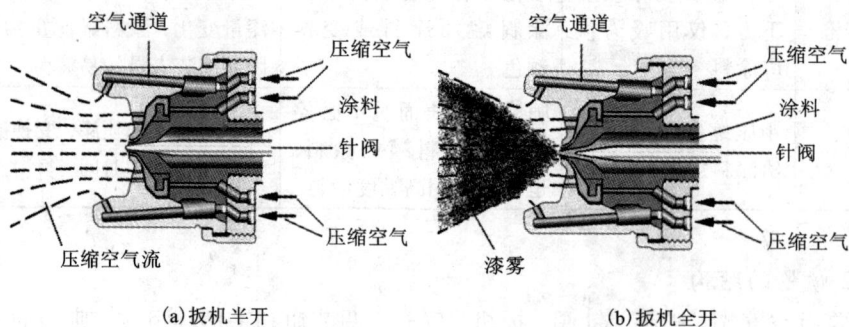

(a)扳机半开　　　　　　　　　(b)扳机全开

图4-1-11　空气帽上气孔与扳机配合雾化过程

雾化分为以下三个阶段进行：

第一阶段，涂料由于虹吸作用从喷嘴喷出后，被从环形口喷出的气流包围，气流产生的气旋使涂料分散。

第二阶段，涂料的液流与从雾化气孔喷出的气流相遇时，气流控制液流的运动，并进一步使其分散。

第三阶段，涂料受从空气帽喷幅控制孔喷出的气流作用，气流从相对的方向冲击涂料，使其成为扇形的液雾。

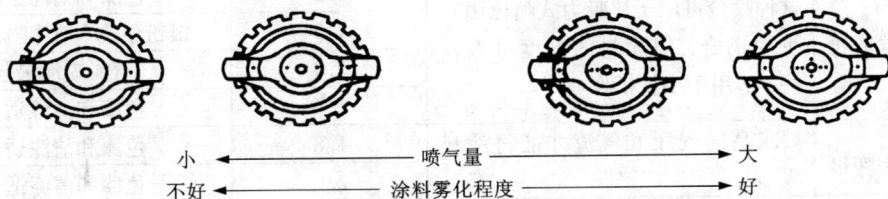

小 ←————————— 喷气量 —————————→ 大
不好 ←—————— 涂料雾化程度 ——————→ 好

图 4 - 1 - 12　辅助孔的大小与喷枪工作性能的关系

4.1.2.3　环保型喷枪

随着全球对空气质量及有害物质排放的关注，也引起了人们对绿色环保喷涂设备的重视。HVLP 喷枪是高流量低气压 High Volume Low Pressure 的英文缩写。耗气量约为 430 L/min；低气压是指喷涂时喷枪风帽处最大空气雾化压力低，仅为 0.07 MPa（进气压力为 0.2 MPa）。美国加利福尼亚州的环保管理条例规定：只有喷枪风帽处最大空气雾化压力低于 0.07 MPa 的喷枪才是 HVLP 喷枪。

环保型喷枪的另一重要指标是传递效率（又称有效使用率）。传递效率是指喷漆过程中材料表面实际获得的油漆量。HVLP 环保型喷枪的涂料传递效率高达 65% 以上。由此可见，后者的上漆率是传统喷枪的 2~3 倍，如图 4 - 1 - 13 所示。

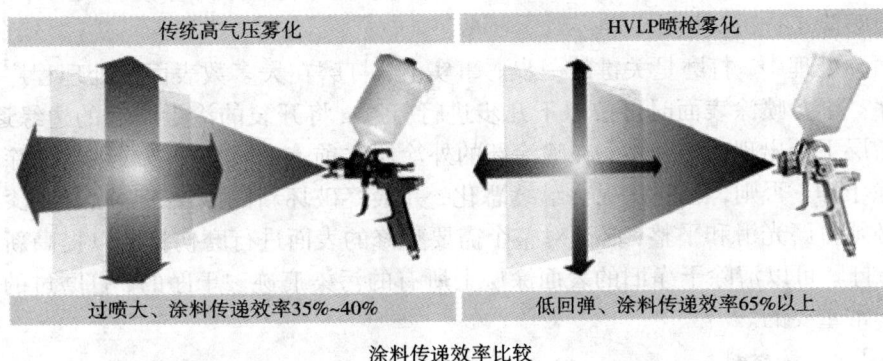

传统高气压雾化　　　　　　　HVLP喷枪雾化

过喷大、涂料传递效率35%~40%　　　低回弹、涂料传递效率65%以上

涂料传递效率比较

图 4 - 1 - 13　环保型喷枪与传统喷枪传递效率的比较

HVLP 绿色环保省漆喷枪雾化颗粒的前冲速度较低，距离在 13~17 cm 之间为宜。喷涂速度较传统高气压喷枪慢 5%~10%。德国 SATA 公司出品的 SATAjet 2000 HVLP 喷枪的雾化空气压力为 0.07 MPa（进气压力为 0.2 MPa），耗气量约为 430 L/min。

4.1.2.4 喷枪的选用

汽车制造厂大面积喷涂选用压力式喷枪；汽车修理厂整车喷涂或大面积喷涂多使用吸力式喷枪；整板喷涂或小面积喷涂多选用重力式喷枪；点修补时多选用小修补喷枪。根据喷涂涂料和要求的不同主要在于喷嘴口径的选择。各式喷枪口径的选用如表 4 - 1 - 2 所示[3]。

表 4 - 1 - 2　各式瞳枪口径的选用

喷枪类型	主要特点	喷嘴口径/mm	应用涂层
重力式面漆喷枪	这种喷枪可用于比吸力式喷枪用料少的场合，但涂料的黏度可大一些，适用于小规模作业	1.2	色漆和清漆适用
		1.3	银粉漆、珍珠漆喷涂最佳
		1.4	清漆喷涂最佳
		1.6	色漆和清漆适用
吸力式面漆喷枪	要求高的气压和气流才能将涂料吸出	1.8	色漆和清漆适用
		2.0	色漆和清漆适用
小修补喷枪	主要用于点修补、飞驳口，喷涂气压低，漆雾小	0.3	设计工作
		0.5	设计和喷涂
		0.8	纯色漆、底色漆、清漆
		1.0	纯色漆、底色漆、清漆
		1.1	水性漆
压力式喷枪	适用于大面积作业	0.8	面漆和清漆
		1.1	面漆和清漆

4.1.3 打磨材料

4.1.3.1 打磨

表面涂层的寿命及其外观效果在很大程度上取决于喷涂表面的状况如何。换句话说，正确的表面预处理是高质量喷涂工作的基础。不进行表面预处理，外涂层就没有牢靠的基础，最终会导致喷涂工作的失败。

在表面预处理中，打磨是关键的一步。事实上，打磨在大多数表面预处理程序中是一道标准的工序。准备喷涂表面时可按以下几步进行打磨：将开裂的涂层凸起的边缘逐步打平，以免在新涂层下会出现一道凸线；在喷涂新的外涂层之前，必须将开裂或剥落的涂层和小面积锈蚀清除干净，否则，这些状况会继续恶化，并最终破坏新的涂层；喷涂过底漆层和中涂层的部位必须打磨光滑和平整；必须对整个需要整修的表面进行磨伤打磨以提高新涂层的附着力，磨伤打磨可以清除干净旧的表面涂层上所有的污染痕迹。干净的、打磨过的表面对正确附着是非常重要的。

4.1.3.2 打磨材料

砂纸是汽车维修中经常使用的打磨材料，用于砂磨旧涂层、原子灰层、除锈及漆面处理。砂纸是用各种不同细度的磨料黏结于纸上，制成各种细度的砂纸。磨料黏结牢固程度是砂纸质量的一个重要指标，而操作人员选择合适的砂纸细度并正确使用才能产生最佳效果。

制造砂纸的磨料根据原料可分为氧化铝、金刚砂（碳化硅）和锆铝三种。根据磨料在底板上的疏密分布情况可分为密砂纸和疏砂纸两种。密砂纸上的磨料几乎完全黏满磨料面，用于湿磨；疏砂纸的磨料只占磨料面面积的 50% ~70%，疏砂纸用于打磨较软的材料（如原子灰、塑料等），磨料面不容易被软材料的微粒黏满而失去作用。

4.1.3.3　砂纸的规格

砂纸上磨粒的大小用阿拉伯数字表示。粗细不同的磨粒黏结在特制的纸板上，构成适应各种施工需要的粗细不同的砂纸。砂纸的规格见表 4 - 1 - 3。[3]

表 4 - 1 - 3　砂纸的规格

粗细度	氧化铝		金刚砂		锆铝		车身修理的用途
	规格代号	粒度（目）	规格代号	粒度（目）	规格代号	粒度（目）	
细	1000	800	1000	800			喷银底漆、珍珠漆前的中涂底漆打磨
	900	700	900	700			
	800	600	800	600			
	700	500	700	500			喷纯色涂层前的中涂底漆或旧涂层打磨
	600	400	60	400	600	400	
	500	320	500	320			
	400	260	400	260	400	260	
	360	240	360	240			喷中涂底漆前的原子灰层或旧涂层打磨
	320	220	320	220			
	300	200	300	200			
	280	180	280	180	280	180	
	260	170	260	170			
	240	160	240	160			原子灰层中等细度打磨
	220	150	220	150			
	200	140	200	140	240	160	
	180	120	180	120	180	120	原子灰层一般打磨
	150	100	150	100	150	100	
	120		120				平整旧涂层和原子灰层打磨
	100		100		100		
	80		80		80		
	60		60				用打磨机粗磨原子灰层
	50		50		60		
	40		40		40		用打磨机清除旧涂层和锈蚀
	36		36				
	24		24		24		
粗	16		16				

4.1.3.4　黏扣式砂纸

目前国内市场上黏扣式砂纸以进口为主，使用时需与电动或气动研磨机配套使用。根据作用分为干磨砂纸和漆面干研磨砂纸。形状有圆形和方形，圆形直径尺寸以 12.7 cm(5 in)和 15.24 cm(6 in)使用较多。

(1)黏扣式干磨砂纸。该干磨砂纸为魔术扣设计，快速黏扣式干磨托盘由高级母黏扣带制成，能紧扣研磨机的托盘，可重复使用，装卸方便灵活，省时省力。砂纸由特殊底材和磨料制成，研磨速度快而平整，用特殊树脂黏结，耐磨性、耐潮性良好。砂纸磨粒规格一般为 P80 ~ P500。

(2)黏扣式漆面干研磨砂纸。黏扣式漆面干研磨砂纸由高性能氧化铝磨料制成。使用时，一般汽车修理厂的圆形研磨机应配合 12.7 cm 和 15.24 cm 软托盘使用，具有易装卸、不易脱落、研磨速度快、耐磨性好的优点，用于清除漆面的粗粒、橘皮等。砂纸磨粒规格一般为 P600 ~ P1500。

4.1.4　打磨设备

打磨机广泛地应用于涂装工艺和钣金修复工艺中，它能有效地提高工作效率，降低操作人员的劳动强度及提高涂装质量。打磨工具的种类很多，根据驱动方式可分为气动与电动两种；根据打磨工具的运动方式又分为单作用打磨机、轨道式打磨机、偏心振动式打磨机、往复直线式打磨机。各种打磨机适用于不同的工作需要。以气动打磨机为例，把压缩空气的压力设定在 0.45 ~ 0.5 MPa 之间，能对涂层或金属表面进行打磨、研磨、抛光等。

(1)单作用打磨机

该打磨机为可携式，有粗磨和细磨的两种，一般在打磨机的旋转轴上直接安装研磨盘，转速为 2000 ~ 6000 r/min，研磨能力强，汽车修理厂大多用于粗打磨工作，如用于清除铁锈、旧涂层、较厚的原子灰层等，如图 4-1-14 所示。卸下研磨盘换上抛光盘也可用于涂膜抛光。该打磨机是做单向圆周运动，因此盘面中心和边缘会存在转速差，而造成研磨不均匀及产生圆形磨痕，所以在操作该打磨机时不能把它平放在打磨面上，而是利用旋转边缘约 3 cm 处作为打磨时的研磨面，操作时要轻微倾斜，以保持最佳的打磨效果。

(2)轨道式打磨机

轨道式打磨机的砂垫外形呈矩形，便于在工件表面上沿直线轨迹移动，在运动过程中整个砂垫以小圆圈振动(图 4-1-16)，各部分的运动均匀。可均匀地研磨物面，此类打磨机主要用于原子灰的打磨。该类打磨机可以根据工件表面情况采用各种尺寸的砂垫，以提高工作效率，轨迹直径亦可改变。

(3)双作用打磨机(偏心振动式)

打磨盘垫本身以小圆圈振动，同时又绕其自己的中心转动，因而兼有单运动及轨道式打磨机的运动特点，如图 4-4-17 所示，但切削力比轨道式打磨机强。在确定打磨机用于表面平整还是初步打磨时，要考虑轨道的直径，轨道直径大的打磨较粗糙，反之较细。

(4)往复直线式打磨机

砂垫作往复直线运动的，称为往复直线式打磨机，主要用于车身上特征线和凸筋部位的打磨。它是一种长板式打磨机，只是简单的前后运动。砂纸安装在底板上靠来回的直线运动研磨物面。

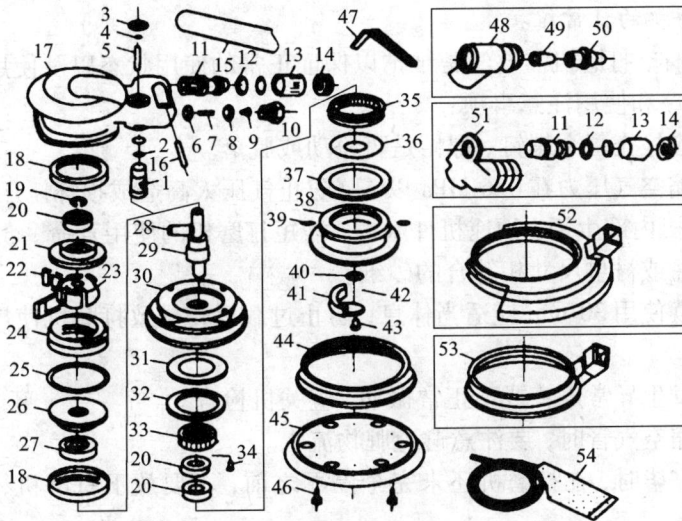

图 4 - 1 - 14　气动圆盘式打磨机零件分解图

1—风量开关；2、4、12、25—O 形环；3—扣环；5—开关轴；6—垫圈；7—顶针；8—进气活塞；9—锥形弹簧；
10—进气接头；11—排气接头；13—排气罩；14—固定螺帽；15—扳机；16—弹簧销；17—本体；18—橡皮衬套；
19—扣环；20—滚珠轴承；21—后盖；22—叶片；23—转子；24—汽缸；26—前盖；27—滚珠轴承；28—半圆键；
29—偏心轴；30—本体盖；31—防护板；32、37—防尘垫；33—正齿轮；34、39、43、46—螺钉；35—内齿轮；
36—垫圈；38—旋转座；40—衬套；41—配重块；42—固定销；44—护盖；45—沙盘座；47—六角扳手；
48—自吸调节器；49—消音套；50—排气头；51—吸尘调节器；52、53—双重吸尘护盖；54—集尘管与集尘袋

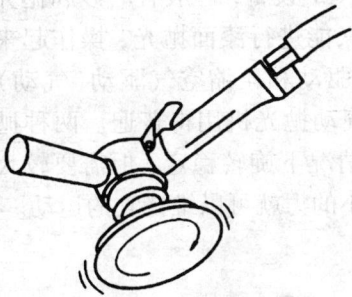

图 4 - 1 - 15　单作用打磨机

图 4 - 1 - 16　轨道式打磨机

图 4 - 1 - 17　双作用打磨机

4.1.4.1 打磨机的日常维护

和任何设备一样，打磨机需要经常维护以保证正常的使用状态以及使用寿命。以下是打磨机的日常维护程序和使用注意事项：

（1）操作之前应检查每个螺钉、螺帽是否松动或脱落。

（2）使用的压缩空气压力在 0.6 MPa 以下，防止气压太高造成损坏。压缩空气应无水分，防止水汽造成打磨机内部生锈，加速机件磨损，缩短打磨机的使用寿命。

（3）使用与磨盘或衬垫尺寸相符合的砂纸。

（4）打磨机连续使用 30 min 应适当休息，防止过载运转导致打磨机使用寿命缩短或直接造成损坏。

（5）操作时若发生异常声音或不正常振动，应关机检查。

（6）在连接压缩空气管时，要注意避免脏物流入。

（7）打磨工作完毕时，在打磨机还未完全停下之前，不要放下打磨机，以免接触其他物体造成无谓的损伤。

（8）打磨工作完毕后，应把砂纸取下，清除打磨机上的灰尘、污物，不能因贪图方便而用溶剂浸泡清洗。

（9）每天工作完毕后，应用专用工具把专用润滑油（或用标准自动变速器机油代替）由进气口（或按说明书进行）注入少许，并让打磨机低速运转一下。

4.1.5　抛光机

抛光机是利用抛光垫对已喷涂的外涂层进行光整加工的设备，一般有磨砂和抛光双效功能，安装砂轮可以打磨金属材料，换上研磨盘和抛光垫又能进行漆面抛光，操作起来非常平稳，不易损坏，转速一般可调整。按动力分类有电动机驱动和压缩空气驱动（气动）两种形式，如图 4-1-18 所示。目前电动机驱动的抛光机比气动抛光机用得普遍。两种抛光机的特点分别是：电动机驱动型转矩大，能保证在有负载的情况下旋转稳定，但需要较大的力来维持它的运动；气动型在有负载时速度下降，只需要较小的力就可以维持它的运动。

(a)电动抛光机　　　　　　　　　(b)气动水平式抛光机

图 4-1-18　电动机驱动和压缩空气驱动抛光机

4.1.6　空气压缩机及管路设备

所有的气动工具、喷枪、打磨机等都必须使用符合要求的压缩空气。空气压缩机是喷涂过程中的主要设备，这一节将主要介绍各种类型的空气压缩机和供气系统一些相关设备。空气压缩机是一种用来提高空气压力的设备，空气压缩机根据机械运动的方式基本有三种，即膜片式、活塞式、螺旋式（螺杆）。

4.1.6.1　膜片式空气压缩机

膜片式空气压缩机适用于小型喷枪或小型物件的专一定制喷涂工作，但不适合汽车修理所需消耗较大气量和较高气压的喷涂，所以在汽车修理厂使用较少。膜片式空气压缩机的内部，有一张永久性的膜片绷在极浅的压缩腔的孔口处。安装在电动机转轴上的偏心轮带动与膜片相连接的平板，推拉膜片，使膜片上下运动。当膜片被向下推时，空气被吸入膜片上方的小腔内，当膜片被向上推时，吸入压缩空气腔内的空气受到挤压，并

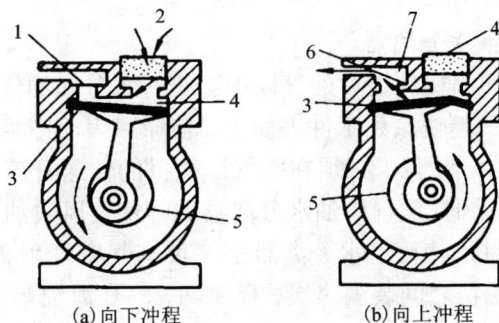

图 4 – 1 – 19　膜片式空气压缩机工作原理
1—进气阀打开/排气阀闭合；2—空气进入压缩腔；
3—膜片；4—进气阀；5—偏心轮；
6—压缩空气被迫进入空气管道；7—进气阀闭合/排气阀打开

被排进储气罐和供漆系统内。膜片式空气压缩机每一个工作循环只能压缩极少量的空气，压力范围在 $0.2 \sim 0.3$ MPa，但上下运动速度极快，每分钟能超过 500 个冲程。膜片式空气压缩机工作原理如图 4 – 1 – 19 所示。

4.1.6.2　空气压缩机的控制装置

空气压缩机的控制装置主要由自动卸载器（安全阀）、压力开关、过载保护器等组成。

1）自动卸载器

自动卸载器又称安全阀。当储气罐内压力达到最大值时，自动卸载器开启，罐内压缩空气排出，使压缩机空转；当压力降低到一定值时，在弹簧力的作用下，安全阀关闭，压缩机恢复正常工作状态。自动卸载器的最大压力和最小压力可以通过调节螺钉进行调整。新型空气压缩机多用电磁离合器控制储气压力，取消了自动卸载器。

2）压力开关

压力开关是利用空气压力控制电源开闭的开关。一般情况下，压力达到所需的最大值时，电源断开，电动机停止运转，压缩机不工作；压力低于最小值时，电源接通，电动机重新起动，带动压缩机工作。

电动机直接起动时，瞬间过载电流很大，一般都要采用起动器起动，为电动机提供过载保护。电动机的型号及电流特性不同，起动器也不同。因此，必须选用与电动机相匹配的起动装置。

3）过载保护器

在小型设备上，一般采用熔断器（保险丝）进行电路过载保护；在大型设备上，需要在起动装置上安装热继电器实施过载保护。按要求来说，所有的压缩机都应该使用过载保护装置。

4）空气调压器

空气调压器（图 4 – 1 – 20）的作用是调节空气压缩机中出来的空气压力。设定好以后，压缩空气的压力就不会发生大的波动了。装有空气过滤器的管道上都必须使用调压器。

各种空气调压器的供气量和压力是不相同的；有的有压力表，有的没有压力表；灵敏度和精度也存在差异。调压器有两个接口，分别用于主输气管道气体的输入和调节后气体的输出。

5）油水分离器

经压缩机压缩后的气体中会带有水分和油气，若直接用于喷涂作业，这些水分和油气会随飞漆一起喷涂到工件表面上，使涂膜表面产生水泡和麻点，影响喷涂质量。为了保证压缩空气无尘、干燥，必须在空气压缩机的输送管道上安装油水分离器。油水分离器的类型一般有两种：圆柱形气筒油水分离器和叶片旋风式油水分离器，如图4-1-21所示。

圆柱形气筒油水分离器是一种有气密性顶盖的圆柱形气筒，气筒内放置几层薄薄的毛毡，在毛毡之间装满焦炭、金属网、PVC海绵等空气滤清器。当压缩空气通过时能去除细微的粉尘；水、气、油在筒内膨胀所导致的降温使水分、油气成为水滴、油滴。筒的底部有一个排放开关，水滴、油滴由此排出。此种油水分离器一般安装在排量较大的空气压缩机上。

叶片旋风式油水分离器利用叶片旋转产生离心力将油、水从压缩空气中分离出来，从而确保纯净而干燥的空气输送到喷枪。叶片旋风式油水分离器和微孔过滤器结合使用，效果会更好。

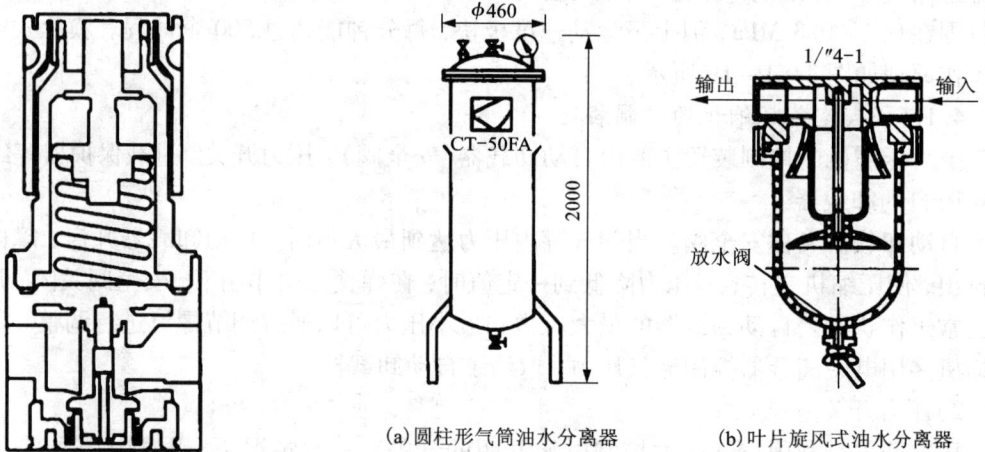

图4-1-20 空气调压器的结构图

(a)圆柱形气筒油水分离器　(b)叶片旋风式油水分离器

图4-1-21 油水分离器

6）空气干燥装置

由于空气中含有一定量的水蒸气，压缩空气的同时水蒸气也被压缩了，如果外界条件变化或空气膨胀，那么就可能形成水滴或雾，从而影响到喷漆的质量。因此，我们需要使用空气干燥装置来除去空气中的水蒸气。

空气干燥装置主要有两类：冷却型干燥器和吸收型干燥器。在冷却型干燥器中，空气的温度被降到露点以下，于是水蒸气便凝结成水滴，随后被排放出去。在吸收型干燥器中，水蒸气被介质（如：硅胶）吸收。硅胶吸足水后需要更换，但在比较昂贵的干燥器中，硅胶是可以再生的。还有一种叫旋风式过滤器，这种过滤器可以安装在喷枪的空气进口处，不需要时可以随时卸掉。它可以去除压缩空气中的大部分脏物，但由于它是密闭的，无法将液体排出，故必须定期更换。

空气干燥器多用冷冻型，它能更进一步净化压缩空气，由于经压缩机压缩的空气，通过排气阀的温度高达 100 ~ 150℃，气体降温后，混合在压缩空气中的油和水变成水滴和油滴就比较容易滤去。前面所叙述的空气过滤器要安装在距空气压缩机 8 ~ 10 m 处，也是基于这个原理。压缩空气净化系统如图 4 - 1 - 22 所示。

虽然质量好的空气过滤器能过滤掉大部分的水气、油气及微粒，但难免会有少量的无法滤去，这样会给高装饰涂层的喷涂造成涂膜质量问题，如涂膜表面产生缩孔、针孔及小凸点。而冷冻型空气干燥器组成的净化系统，能有效地阻止水汽、油气及微粒通过。通过净化系统的一系列的流程，能消除压缩空气中 0.1 μm 颗粒，水滴净化率可达 100%，油污净化率可达 99.99%。

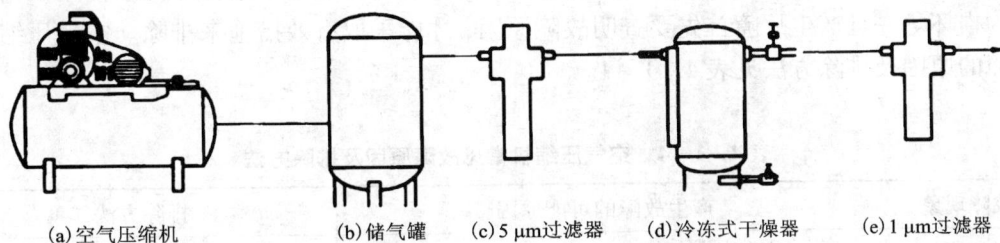

(a)空气压缩机　　(b)储气罐　(c)5 μm过滤器　(d)冷冻式干燥器　　(e)1 μm过滤器

图 4 - 1 - 22　压缩空气净化系统

7) 保养方案

为了供气系统能有效地工作，延长系统部件的使用寿命，要按规定的保养方案进行日常的维护保养。一般而言供气系统的保养分为日保养、周保养和月保养几种。

(1) 日保养。

放掉储气罐、油水分离器内的冷凝水，特别是在空气湿度比较大时，每天要多放几次；检查曲轴箱的润滑油面，确认是否在油尺标线之间，但注意不要过高，以避免机油消耗过多；清洗或吹干净空气压缩机上的灰尘。

(2) 周保养。

拉开安全阀上的拉环，使其打开。如果该阀工作正常，排气方法为：若安全阀装在储气罐或单向阀上，则在罐内存有高压气时排气；若安全阀装在压缩机内置冷却器上，则在压缩机工作时排气，然后用手指将拉出来的杆推回去。当安全阀不能正常工作时，应立即维修或更换。接着，清洗空气滤清器的毛毡或海绵等过滤件，用防爆溶剂清洗干净后，晾干重新装好。如果滤清器太脏，就会降低压缩机的效率，增加机油的消耗。最后，清洗或吹掉汽缸、汽缸头、内冷器、后冷器及其他容易集灰尘或脏东西的压缩机附属设备部件上的小颗粒。干净的压缩机工作时的温度较低，而且使用寿命也较长。

(3) 月保养。

①添加或更换曲轴箱内的机油。在干净的工作环境下，机油应每 500 h 或每六个月换一次(满足两个条件之一就应更换)。如果工作环境不够干净，就应增加更换的频率。

②调节压力开关的关机/开机设定压力。

③检查每次关掉电动机时泄放阀或进、排气压力比值 CPR 是否正常。

④上紧带轮以防打滑。如果 V 带发松，电动机转轮在工作时就会发热；当 V 带上得过紧

时，就会使电动机负载过重，从而导致电动机和压缩机轴承过早磨损。

⑤检查并调整松动的电动机转轴和压缩机飞轮。注意进行操作时必须取下 V 带防护罩的前半部分。

⑥上紧压缩机上所有的阀芯或汽缸盖，确保每个汽缸不会松动，以免损坏汽缸或活塞。

⑦检查压缩机附件和供气管道系统有无空气泄漏。

⑧关闭储气罐排气阀，检查泵气时间是否正常。

⑨检查是否有异常的噪声出现。

⑩检查并纠正机油泄漏的现象。

8）空气压缩机常见故障及其排除

空气压缩机工作时产生机械运动，自然会产生磨损老化及由于维护不周或使用不当引起的人为损坏。一旦产生故障首先要查明故障原因，才能采取有效措施来排除。空气压缩机常见故障的原因及排除方法见表 4-1-4。

表 4-1-4 空气压缩机常见故障原因及排除方法

故障现象	产生故障的可能原因	排除方法
工作声音不正常	1. 组合阀未压紧； 2. 阀片及阀片弹簧坏； 3. 组合阀的螺钉未拧紧，掉进汽缸中与活塞碰撞； 4. 活塞在上止点时，活塞与组合闲下面的间隙太小，活塞与缸盖发生顶碰； 5. 连杆小头磨损太大，工作时产生冲击； 6. 活塞环过分磨损. 工作时在活塞槽内上下冲击； 7. 连杆轴瓦松，工作时产生冲击	1. 拧紧组合阀螺母； 2. 更换损坏零件； 3. 检查排除； 4. 调整活塞与组合阀的间隙； 5. 更换连杆小头； 6. 更换活塞环； 7. 更换轴瓦
排气温度过高	1. 排气阀漏气或阀片小弹簧损坏； 2. 排气阀严重积炭； 3. 风扇转向不对； 4. 冷却水量不足，永套、中间冷却器内积垢堵塞	1. 修理与更换小弹簧； 2. 清洗； 3. 检查电动机线路，更换接反线头； 4. 清除积垢，增加冷却水
排气量不足	1. 滤清器堵塞； 2. 汽缸活塞或活塞环磨损、间隙过大； 3. 组合阀漏气； 4. 阀片弹簧坏或卡住； 5. 排气管路漏气； 6. 活塞在上止点时，活塞与组合阀下面的间隙过大	1. 清洗或更换； 2. 检查更换活塞； 3. 修理或更换； 4. 检查更换阀片弹簧； 5. 拧紧管接头； 6. 调整垫片
润滑油温度过高	1. 油量过少； 2. 活塞环咬住，汽缸发生硬磨； 3. 连杆轴承咬住	1. 检查加油； 2. 更换活塞环； 3. 检查更换轴承
功率消耗增大	1. 活塞、活塞环与汽缸咬住； 2. 连杆衬套、轴承、曲轴轴承烧坏； 3. 吸、排气道不畅，阻力增大产生能量损耗	1. 更换配件； 2. 更换配件； 3. 疏通吸、排气道

4.1.7　烘干设备

按干燥设备的外形结构,烘干设备分为室式、箱式和通过式三种。修理厂常用的喷烤漆房就属于室式烘干设备;箱式烘干设备适用于小批量、间歇式生产;通过式烘干设备主要用于汽车生产厂大批量、机器化生产。

按生产操作方式,烘干设备分为连续式和周期式两种。前者适合于批量生产,后者适合于大批量流水作业。

按加热和传热方式,烘干设备分为对流式和辐射式。对流式是指用蒸汽、电热和炉火加热空气,使热空气在房内对流加热;辐射式是指将热能转变为各种波长的电磁波,对物体加热,利用红外线作辐射源的称为红外线辐射干燥设备。在汽车修补领域,对流干燥和红外线辐射干燥设备使用比较普遍,在本节中将做简单介绍。

对流烘干室的类型按生产组织形式分为间歇式烘干室和连续式烘干室两种。间歇式烘干室一般为单室,适用于小批量生产或间断性生产;连续式生产烘干室一般为通道式,适用于大批量生产,一般与其他工序组成涂装流水线,主要在汽车制造厂应用。

温度控制系统,其作用是调节烘干室内温度的高低和使室内温度均匀。对流烘干室温度控制有循环热空气量调节和循环热空气温度调节两种方法。

4.1.7.1　常见的红外辐射加热装置

红外线辐射使涂料吸收能量产生热量,溶剂由内向外挥发,热能损耗小。涂层干燥内外一致、透彻,有利于提高涂层质量。远红外线比近红外线更适合用于涂料的干燥。远红外线辐射干燥速度快,干燥时间是热空气对流干燥的 1/10,近红外线辐射干燥的 1/2。

红外线辐射无气流的流动,减少了尘埃沾上漆面的可能性。设备投资费用低,高效、节能、无污染。但对形状复杂的物件,辐射距离会产生远近,导致同一物体不同部位干燥速度产生差异。

1)远红外线辐射加热器

远红外线辐射加热器虽有各种型号,但一般都由金属板(管)、碳化硅板、陶瓷三部分组成;加热器形状一般分为管状、平板状及灯泡状三种。图 4 - 1 - 23 所示为远红外线烤灯。辐射器一般包含热源和远红外辐射层两个基本部分。热源的作用是给辐射层提供热能,使之辐射远红外线。辐射层的作用是在加热后,从其表面辐射出与其温度相对应的红外辐射能量,它由有效辐射远红外线的材料所组成。

由于汽车修理行业的特殊性,要求干燥加热装置具有移动性、可变性,因此可移动的远红外加热装置常用于各个部位原子灰、底漆、面漆的局部强制干燥,以提高工作效率。

这种远红外线加热器的性能特点主要有如下几个方面:

(1)独立开关控制;

(2)整个发射管可作 360°旋转;

(3)发射管支架由气压撑杆支撑,上下自如;

(4)电子计时器可分别控制预热、全热过程,自动转换;

(5)可烘烤汽车车身任何部位,如车顶、前后盖。

红外灯也可设计成方阵加热装置,用于局部修补加热。由灯射出的放射红外线能展开成扇形,离灯 20 ~ 30 cm 的距离内,中心与外部的温度分布基本均匀。用多个组合可互补热能,以获得均匀的温度。

2)连续式通道烘干室

连续式通道烘干室是广泛地应用于大批量生产的一种烘干设备,目前连续式通道烘干室大多采用远红外干燥或红外线干燥。在每个阶段的若干节烘干室内,配置数量不等的远红外线辐射装置。烘干室内设有排风装置,以排除烘干时蒸发的溶剂蒸气。由于在通道烘干室内,涂有涂层的工件是连续或间歇地移动的,移动装置可采用架空式单线或双线输送带、板式小车输送带、杆式输送带等各种不同的形式进行传送。

3)短波红外线烤漆房

短波红外线烤漆房,使用红外线的辐射原理加热,具有环保、高效、节能的特点。烘干室内短波红外线装置每边上下各一排,每排四个红外线装置,每个装置有 2 根红外线灯管的管状热源向涂层辐射热量,每个红外线灯管的功率通常为 1.2 kW。这样,室内共装有 16 个红外线装置,32 根红外线灯管,总功率可达到 38.4 kW,辐射距离 ≥500 mm,可用于对整车涂层进行烘烤。独立式开关系统也可对原子灰底漆、面漆进行局部烘烤。短波红外线烤漆房如图 4 - 1 - 24 所示。

该烤漆房升温快,在同样温度下比对流烘干效率提高 70%,能极大提高涂膜的干燥速度,并具有涂膜干燥彻底、内外一致的优点,可提高涂膜质量。由于室内没有空气流动,因此干净无尘,减少了涂膜沾尘的概率。

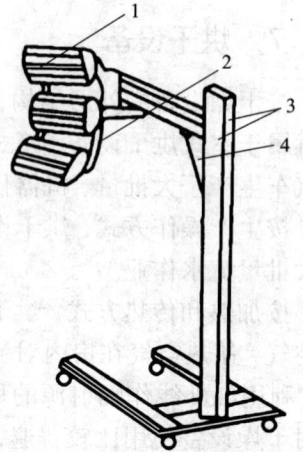

图 4 - 1 - 23 远红外线烤灯
1—发射管;2—支架;
3—开关;4—气压撑管

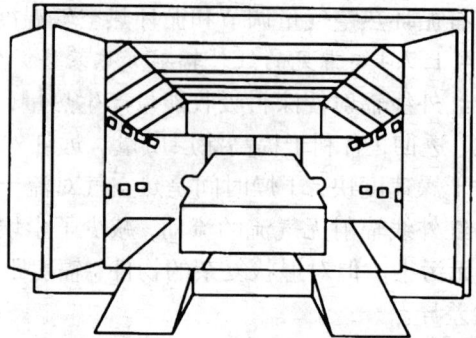

图 4 - 1 - 24 短波红外线烤漆房

任务 2　按照涂装工艺流程认知涂装的工艺设备

能力目标

- 能说明涂装工艺流程的组成、涂层的功效
- 能说明涂装的工艺设备的不同作用
- 能通过阴极电泳大量应用说明涂装技术发展
- 能说明机器人在涂装车间的应用优势及关键参数

知识目标

- 认知涂装工艺流程和工艺设备的支持关系
- 认知涂装工艺的三要素和它们之间的关系
- 认知阴极电泳、静电喷漆的优势和工作原理
- 认知汽车涂装设备操作中安全生产和劳动保护的措施

素养目标

- 工作中的安全意识、自我保护观念
- 独立思考、善于总结
- 按标准做事，遵章守纪

4.2.1　汽车涂装的定义

现代 90% 以上的汽车外表面是涂漆面，涂层质量的优劣将直接影响人们对汽车总体质量的评价；但无论汽车涂层质量如何，在使用过程中，由于气候的变化，各种原因引起的接触、刮擦，甚至碰撞等诸多原因都会导致涂膜的劣化、损伤。汽车涂装的作用巨大。

涂装是指将涂料涂覆于经过处理的物面（基底表面）上，干燥成膜的工艺。已经固化了的涂料膜称为涂膜（俗称"漆膜"），由两层以上涂膜组成的复合层称为涂层。汽车的外表面涂装是典型的多涂层涂装。

4.2.1.1　汽车涂装的功能

汽车经过涂装后，不仅可使车身具有优良的外观，而且还可使车身耐腐蚀，从而提高汽车的商品价值和使用价值。总的来说，汽车涂装主要具有保护、装饰、特殊标识、特定目的等作用（图 4-2-1）。

保护　　装饰　　特殊标识　　特定目的

图 4-2-1　涂装的作用

1）保护作用

汽车运行环境复杂，经常会受到水分、微生物、紫外线和其他酸碱气体、液体等的侵蚀，

有时会被磨、刮、蹭而造成损伤，如果在它的表面涂上涂料，就能保护汽车免受损坏，延长使用寿命。这是因为，车身表面经涂装后，使零件的基本材料与大气环境隔绝，起到一种"屏蔽"作用而防止锈蚀；有些涂料对金属还能起到缓蚀作用，比如磷化底漆可以借助涂料内部的化学组分与金属反应，使金属表面钝化，这种钝化膜加强了涂膜的防腐蚀效果。

（2）装饰作用

现代汽车不但是实用的交通运输工具，而且更像是一种艺术品，车身颜色应与车内颜色相匹配，与环境颜色相协调，与人们的爱好以及时代感相适应，绚丽的色彩与优美的线型融为一体构成了汽车的造型艺术，协调的色彩烘托了汽车的造型，使汽车具有更佳的艺术美。尤其在当今追求个性的时代，汽车涂装的装饰作用更为突出。

（3）特殊标识作用

涂装的标识作用是由涂料的颜色体现的。在汽车上涂装不同的颜色和图案可区别不同用途的汽车，例如，消防车涂成大红色；邮政车涂成橄榄绿色，字及车号为白色；救护车为白色并做红十字标记；工程车涂成黄色与黑色相间的条纹，字及车号用黑色等。另外，颜色在指示、警告、禁令、指路等标志中的含义作用也非常明显。

图4-2-2 野战后勤车

4）达到某种特定的目的

应用涂料的特殊性能，使汽车具有特殊功用来完成特种作业或适应特定的使用条件。例如，化学物品运输车辆要在车体表面或货箱、罐仓内部涂覆耐酸碱、耐油、耐热、绝缘等涂料以防止化学品的腐蚀、渗漏等；军用汽车采用保护色达到隐蔽的作用（图4-2-2）。其他类似的涂装还有：涂在船底的防污漆，漆中的毒剂缓慢渗出，可杀死寄生在船底上的海洋生物，从而延长船舶的使用寿命，并保证其航行速度；为使导弹、航天器等在飞行过程中不至于被大气摩擦产生高温烧毁，在其表面涂覆一种既耐高温又耐摩擦的涂料；此外还有用于消音等方面的涂料，不胜枚举的各种特殊要求，必须有各种各样的涂料去适应。

4.2.2 涂装的三要素

为使涂层满足底材、被涂物要求的技术条件和使用环境所需要的功能，保证涂装质量，获得最佳的涂层和最大限度的经济效益，必须精心设计涂装工艺，掌握涂装各要素。无论是汽车制造涂装还是汽车修补涂装工作，其关键是涂装材料、涂装工艺和涂装管理这三个要素（图4-2-3）。

4.2.2.1 涂装材料

涂装材料的质量和作业配套性是获得优质涂层的基本保障。

汽车修补涂料和汽车制造涂料是不同的。因此，在选用涂料时要根据实际情况，从涂膜性能、作业性能和经济效益等方面综合衡量，吸取他人经验或通过试验来确定。如果忽视涂膜的性能单纯考虑涂料的价格，有时会明显地影响涂膜质量，缩短涂层的使用寿命，从而造成更大的经济损失。如果涂料选用不当，即使精心施工所得涂层也不可能获得良好的效果，如内用涂料用作面漆，就会早期失光、变色和粉化；在硝基旧漆层上喷涂双组分面漆会出现咬底、开裂等现象。又如，含铁颜料的涂料涂在黑色金属表面是好的防锈涂料，而涂在铝制品表面上反而会加速铝的腐蚀。

图 4 - 2 - 3　涂装的三要素

4.2.2.2　涂装工艺

涂装工艺是充分发挥涂装材料的性能，获得优质涂层，降低生产成本的必要条件。涂装工艺包括涂装技术的合理性和先进性，涂装设备的先进性和可靠性，涂装环境条件和工作人员的技能、素质等。

如果涂装工艺与设备选择配套不当，即使采用优质涂料，要获得优质涂膜也是困难的。若设备生产效率低则势必造成涂装工程的成本增高，使经济效益下降。涂装的环境直接影响到涂膜的质量，高级装饰性的汽车车身涂装必须在除尘、通风、照明良好的环境下操作。涂装操作人员的技能熟练程度和责任心是影响涂装质量的人为因素，加强操作人员的培训，提高人员的素质是非常必要的。

4.2.2.3　涂装管理

涂装管理是确保所制定的工艺的实施，确保涂装质量的稳定，达到涂装目的和最佳经济效益的重要条件。涂装管理包括：工艺管理、设备管理、工艺纪律管理、质量管理、现场环境管理、人员管理等。

4.2.3　汽车涂装作业的安全生产

涂料施工操作中安全生产和劳动保护是防止发生火灾、防止发生伤亡事故、防止职业病、保护企业财产、保障职工身体健康的重要措施，由于涂料及稀释剂都是易燃品，都易挥发并且具有一定毒性，涂料施工过程中还会产生大量的飞漆和粉尘，若不严格遵守安全操作规程和安全施工方法，极易发生生产事故。事故造成的伤害是十分严重的，轻者损害健康，重者则可能引起残疾，甚至死亡。其结果不仅仅伤害受害者本人，还会伤害受害者家庭，乃至整个社会。涂料施工人员应该学习相关的安全技术规程，了解和掌握安全施工方法，在施工中严格执行劳动保护法规和条例。

4.2.3.1　一般安全措施

（1）手工清除铁锈、旧涂膜、焊渣及打磨时应该戴护目镜、棉纱手套、防尘口罩，穿工作服和带钢头的防滑皮鞋，用溶剂型清洁剂清洗工件。用脱漆水脱漆和喷涂时应该戴护目镜、橡胶手套、双筒活性炭口罩，穿抗静电工作服和带钢头的防滑皮鞋。如果喷涂的是含异氰酸酯化剂的双组分涂料，必须戴供气式面罩。

（2）施工环境有良好的通风条件，尤其是室内施工时，喷漆房内充足的空气交换量不仅有利于涂层干燥，还能及时排出有害漆雾和挥发性气体。如果是干打磨，要安装吸尘装置。

(3)在进行登高作业时，要注意凳子是否牢固，严禁穿拖鞋操作和登高，超过一定高度必须系安全带。

(4)使用电动工具操作时，应该检查工具是否接地，电线要用胶管保护，而且在潮湿地操作时必须穿胶皮鞋、戴橡胶手套。

(5)施工场地的照明设备必须有防爆装置，涂料仓库照明开关应安装在库房外面。

(6)电气设备(空气压缩机、电气工具、照明设备)发生故障时，应立即切断电源，并且立即报告。由专业人员进行检修修理电气设备时，要切断电源，所有能够接通电源的配电柜或开关箱都要上锁，并且挂上禁止开启的警告标牌。

(7)操作人员要熟悉所使用的设备(空气压缩机、通用设备及其他设备)，定期检查有关设备和装置(如贮气筒、安全阀等)。

(8)使用空气压缩机的安全阀时，要随时注意压力计的指针不超过极限红线。

(9)施工场地的易燃品、棉纱等要随时清除，并且严禁烟火。涂料库房要隔绝火源，要配备消防器材，要有严禁烟火的标志。

(10)施工完毕后，盖紧涂料桶盖，收拾工具，清理涂料和棉纱，防护用品放存专用柜中。

4.2.3.2 防火、防爆措施

由于涂料绝大多数是易挥发、易燃烧的物料，涂料本身遇明火会发生火灾，而施工时挥发的溶剂蒸气与空气混合达到一定的浓度时，一旦遇到明火即会发生爆炸，造成重大损失。为了消除隐患、安全生产，施工时应该做好以下安全防火防爆工作：

(1)由于涂料在施工中有大量溶剂挥发，并且相当一部分溶剂是一级易燃品，其闪点低，极易燃烧，因此施工场地应该配备防火设备，涂料桶盖要盖紧，防止溶剂蒸发而使空气中的溶剂浓度超过规定的界限。

(2)施工完毕要清理易燃材料，盖紧涂料桶盖，并且把材料入库。

(3)清理所用过的浸有涂料、溶剂的棉纱、碎布等易燃物，并集中在放存金属桶内，用清水浸没，防止材料因过热而自燃。

(4)施工场地严禁明火操作和点火、吸烟，附近不得有明火，消除火灾隐患。

(5)施工现场的电气设备必须有防爆装置，专业人员必须经常检查电气设备，消除隐患，必须使用防爆插座，禁止使用闸刀开关。

(6)施工现场必须放置足够数量的灭火器、黄沙及其他防火器材。

(7)施工场地不准堆放易燃品，出入口及其通道上严禁堆放任何货物，易燃品应放入危险品仓库。

4.2.3.3 防毒措施

涂装施工中所使用的涂料和溶剂大部分都是有毒有害物质，吸入喷涂时产生的漆雾或涂膜在干燥过程中挥发出来的溶剂气体，会危害人体健康，空气中的溶剂超过一定浓度时，对人体中枢神经系统有严重的刺激和破坏作用，会引起抽筋、失晕、昏迷等症状，因此对空气中各种有机溶剂最高浓度允许值都有明确的规定(表4-2-6)。为了防止发生中毒事故，施工中应该注意以下几点：

(1)施工场地应该有良好的通风或者安装排风设备，使空气流通，加速溶剂气体散发。降低溶剂在空气中的浓度；要有吸尘装置，以便及时抽走磨料粉尘。

表 4－2－1　有机溶剂在空气中所允许的最高浓度　　　　　　　　　　（mg/m³）

有机溶剂	最高允许浓度	有机溶剂	最高允许浓度
苯	50	乙醇	1500
甲苯	100	丙醇	200
二甲苯	100	丁醇	200
丙酮	400	戊醇	100
松香水	300	醋酸甲酯	100
松节油	300	醋酸乙酯	200
二氯乙烷	50	醋酸丙酯	200
三氯乙烷	50	醋酸丁酯	200
氯苯	50	醋酸戊酯	100
甲醇	50		

（2）施工时如果感到头痛、眩晕、心悸、恶心，应该立即停止工作，到室外空气新鲜的地方休息，严重的应该及时治疗。

（3）长期接触漆雾和有机溶剂气体的人，有可能发生慢性中毒，所以涂装施工人员要定期检查身体，发现有中毒迹象，应该调离原工作岗位。

（4）涂料及有机溶剂可以通过肺部吸入人体，因此在喷涂时要戴供气式面罩或活性炭口罩。喷涂含有异氰酸酯固化剂的涂料，或者空气中的氧气含量低于 19.5% 时必须戴供气式面罩。供气式面罩根据气源的种类分为两类：自带气源的和车间压缩气源的。自带气源的是带一台小型无油润滑型气泵，该气泵可为一套或两套供气式面罩提供空气。气泵进气口必须安装在空气清新干净的地方，可以将气泵安装在车间的外墙上，远离车间操作产生的粉尘和废气。如果不得不使用车间的压缩气源，必须配备空气过滤器，过滤掉空气中的油、水、颗粒和异味。空气供应系统中还必须配备气压调节阀和自动控制装置，当面罩内空气温度过高时会自动报警或者直接关闭压缩机，因为温度过高会导致供给空气中的一氧化碳含量过高。

（5）有机溶剂蒸气可以通过皮肤渗入人体，因此在喷涂完毕后，要用肥皂洗脸和手，条件许可时喷涂完毕后应该淋浴。为了保护皮肤，施工前可于暴露在外的皮肤上涂抹防护油膏，施工后洗干净，再涂抹其他润肤霜以保护皮肤。

（6）有些含铅质颜料的涂料（如红丹）毒性很大，不可以喷涂，只宜刷涂。一些含有毒重金属如铬、镉的底漆，打磨时一定要注意防尘。

（7）施工时如溶剂溅入眼睛内，应立即用清水冲洗，然后送医院治疗。

（8）喷涂完毕后要多喝开水，以湿润气管，增强排毒能力。平时多喝牛奶，可有利于排毒。

4.2.3.4　涂料的存放和保管

涂料绝大多数都是易燃、有毒的物质，并有一定的保存期。存放时应该考虑到上述三方面的因素，采取一定的措施，做到安全、防毒、保证涂料质量，防止存放超过保存期而造成损失。涂料在存放和保管中应该注意以下几点：

（1）存放涂料的库房必须专用，不得与其他物品（特别是易燃材料）存放在一起。库房要干燥、隔热，避免阳光直射。库房要有通风口，防止库房密封使得库房内有机溶剂的浓度过高而发生危险。库房内的照明应该使用防爆灯，开关应该安装在库房外面，以防止开或关时产生电火花而引起火灾。

（2）库房必须远离火源，库房门口应该有"严禁烟火"的醒目标志。火柴、打火机、BP机、移动电话机等不得带进库房。库房外应该放置灭火器、黄沙及其他灭火材料。

（3）库房室温不得超过28℃，夏季高温时应有降温措施，取料时避开中午高温，在早、晚温度较低时取料。

（4）库房内存放不同性质的涂料时，应该分堆或者分层存放，以免由于牌号不明而混淆不清，造成错放而发生事故。

（5）库房内不许调配涂料，涂料桶不得有缝隙，使用过的涂料桶盖必须盖紧，不准存放敞口的涂料桶。

（6）库房内不准存放使用过的棉纱、纸屑。涂料空桶不可以存放在库房内，应该集中存放在通风好、无易燃物品的地方，并定期处理。

（7）库房进料应该登记涂料出厂日期、进库日期和规定的保质期，做到先进先出，防止存放过期而造成涂料变质（如干化、结皮、沉淀等）。

（8）对于用量小或容易变质凝结的涂料，不宜大量进货，防止造成积压。

4.2.4　汽车涂装的工艺流程

汽车涂装工艺经历了100多年的发展历程，其作业方式由最初作坊式的简单刷涂到简单喷涂再到适应于大量流水生产的现代化工业涂装；其作业内容也由最初的仅在需保护的工件表面刷上一层油漆到在工件表面先刷防锈漆再喷面漆发展到现在的"漆前处理—电泳—中涂—面漆"等（图4-2-4）。

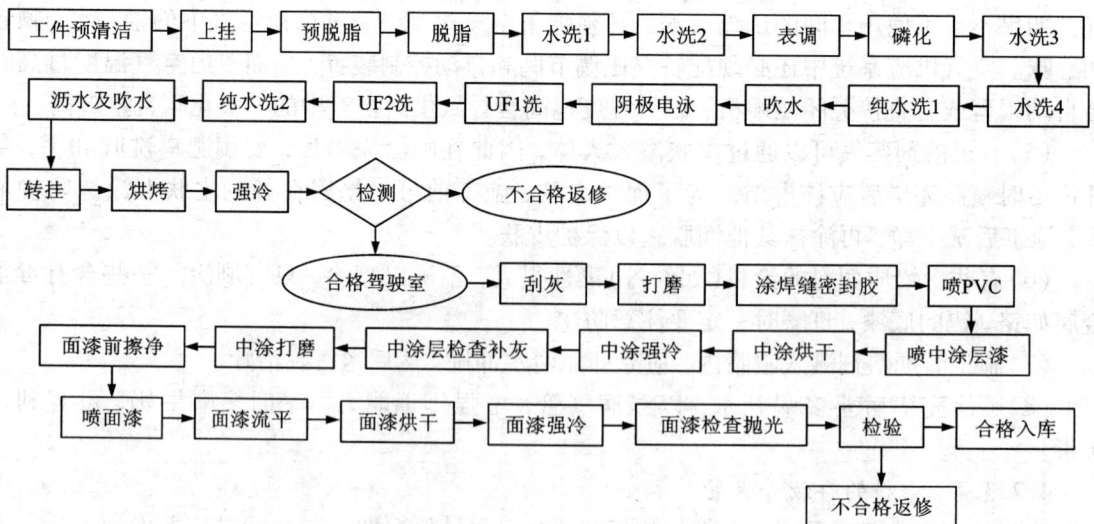

图4-2-4　涂装的工艺流程

　　涂装涂层至少包括电泳底漆、中涂、色漆和清漆等四层(图 4 - 2 - 5)。对于有密封要求的焊缝部位,在电泳底漆与中涂之间还要加涂 PVC。为了适应用户对汽车外观质量越来越高及多样化的要求,汽车车身涂装的漆前处理、底漆阴极电泳工艺已实现全自动化,中涂与面涂工艺实现了静电自动喷涂、计算机智能化控制。汽车车身涂层质地(外观装饰性、耐腐蚀性、抗擦伤性等)得到了显著提高,车身保用期达到和超过了汽车的整体使用寿命。

　　面漆包括色漆层和清漆层二个层级,色漆层的主要作用是装饰,使车身美观好看;清漆层处于涂装的最外层,其主要作用是:防紫外线、防水的渗透、耐气候的蚕食、保色、耐酸雨、抗划伤等。

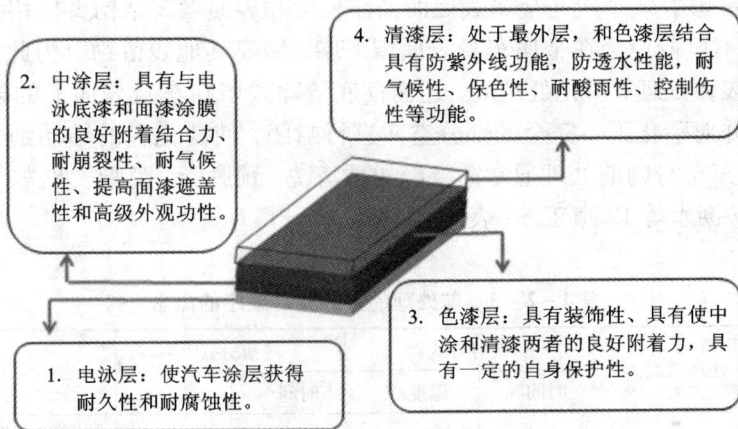

图 4 - 2 - 5　涂装的构成

4.2.5　汽车涂装的漆前处理的设备

　　早期生产的汽车,尽管新车出厂时外观非常漂亮,但不久就会起泡、油漆表面冒出星罗棋布的锈蚀斑点,通常每隔 2 ~ 3 年需要重新做一次油漆。其原因是漆膜的附着能力不够、防腐蚀能力差。

　　为有效提高涂层寿命,其有效的方法是磷化。利用磷酸的离解(平衡)反应在洁净的金属表面析出不溶性的磷酸金属盐膜(简称磷化膜)。在涂装业界把涂装前的工序称为前处理、表面处理、脱脂处理、磷化处理、钝化处理等多种不同含义的用语。其中表面处理具有最广的含义,它包含电镀、涂装、转化膜、防锈和热处理等专业。脱脂—磷化处理是涂装前处理的几个工序的名称,最确切的称呼为涂装前处理(俗称漆前处理),简称为前处理,所用设备称前处理设备,或前处理装置。

　　涂装的前处理是按涂装要求对需涂装的底材表面进行调整或处理。按被涂物和前处理的方式可分成各种前处理方式(表 4 - 2 - 2)。

表4-2-2　前处理的方式一览表

项目	前处理的种类(方式)
被涂物材质	钢铁(钢板、铸锻件)、有色金属、塑料、木材
处理方式	喷射、浸渍、半浸半喷①、刷、洗、浸—喷结合②
被涂物输送方式	连续式(悬链式、摆杆式、旋转输送机)、间歇式、间歇—连续式、板式(或网式)输避机

注:①指被涂物上半部喷淋,下半部浸渍处理;②指有的工序采用浸渍处理方式,有的工序采用喷淋方式。

磷化膜是否能够有效生成与金属表面的洁净程度和表面微观结构直接相关。车身冲压与焊装工艺过程中不可避免会在金属车身表面留下脂、锈或其他残留物。为此,在磷化前需彻底除脂、除锈和表调处理;磷化处理后,还需彻底清除残留在车身表面上的磷化液及磷化膜表面的疏松层,并对磷化膜不完全的部分空穴进行封闭,使磷化膜的结晶细化,提高其致密性(即钝化)。汽车车身的前处理通常需要经历预清洗、预脱脂、脱脂、水洗、表调、磷化、水洗、纯水洗、翻转沥水等12道工序(表4-2-3)。

表4-2-3　前处理的方式和各工序的概念

工序名称	处理功能	喷射方式		浸渍方式①		备注
		时间/s	温度/℃	时间/s	温度/℃	
1. 热水预清洗(或手工预清洗)	除去车身上的附着物,车身加热	60	60~70	60(喷)	60~70	使用70~80℃的热水,如果白车身较清洁,本工序可省略,可由工序2或4补水
2. 预脱脂	除去车身外板油污,车身加热	60	45~50	60(喷)	45~50	可使用脱脂液和由第1水洗(NO.1)水补给
3. 脱脂	除去油污	120	50~60	120	45~50	使用由硅酸钠、磷酸钠、表面活性剂等可配制清洗液,除去整个车身的油污
4. 水洗No1	除去脱脂清洗剂冷却车身	20~30	室温(偏低较好)	20~30(喷)	室温(偏低较好)	自来水,由水洗No2通过溢流或预洗法补给
5. 水洗No 2	除去脱脂清洗剂,冷却车身	20~30	室温(偏低较好)	(浸入即出)	室温(偏低较好)	连续补给自来水(出口喷),保持车体温度40℃以下
6. 表面调整	调整微碱性,活化形成膜核	60	室温(低于RT)	60(出槽喷)	室温(低于RT)	使用钛酸盐、磷酸钠等表调剂,调整钢板表面呈微碱性
7. 磷化	生成磷化膜	120	50~60	120(80 s)(出槽喷)	45~50	使用"三元"锌盐磷化液加促进剂,由化学反应在金属表面上生成磷酸盐结晶膜
8. 水洗No 3	除去磷化液	20~30	室温	20~30(喷)	室温	自来水,由水洗No.4通过溢流或预洗补给,特别是要除去磷化渣

续表4－2－3

工序名称	处理功能	喷射方式		浸渍方式①		备注
		时间/s	温度/℃	时间/s	温度/℃	
9. 水洗№4	除去磷化液	20～30	室温	20～30（浸入即出）	室温	自来水，或由工序11纯水水洗通过溢流或预洗法补给
10. 钝化②	封闭磷化膜提高耐蚀性	30	室温	30	室温	
11. 纯水洗	除去杂质离子	10～20	室温	浸入即出	室温	补给纯水
12. 新鲜纯水洗		10～20	室温	10～20	室温	洗后车身的滴水电导率不大于30 μs/cm

注：①浸渍方式，并不是各工序都是浸，而是关键工序（如工序3、5、7、9、11）采用浸渍处理，其他工序采用喷射处理。②基于钝化工序的"Cr"公害，在日本汽车工业中，磷化后不进行钝化处理而是强调磷化膜的P比（磷化二锌铁的含量）。欧美汽车厂家坚持要钝化，现发展采用无铬钝化剂。

4.2.5.1　除油清洗（脱脂）工序

前5道工序是除油清洗（脱脂）工序。用热水和热碱液喷、浸结合的方法清洗车身。通过脱脂剂中的碱性物质对油污皂化及表面活性剂的浸润、分散、乳化及增溶作用达到脱脂的目的。借助压力喷射和搅拌等机械作用可以达到良好的脱脂清洗效果。

在汽车涂装线上开发采用浸渍（dip）—喷淋（spray）结合方式的前处理工艺（即主要工序采用浸渍方式，在同一工序中汽车车身下部浸、上部喷的半浸半喷方式）如图4－2－6所示，为消除车身顶盖内表面在一般浸渍处理时产生的"气包"，使被涂物的被处理面积达到100%和提高前处理的质量及降低成本采用杜尔公司的Rodip－3、艾森曼公司的多功能穿梭机运输车身和日本开发的倒挂升降运输机（见图4－2－7）所示。

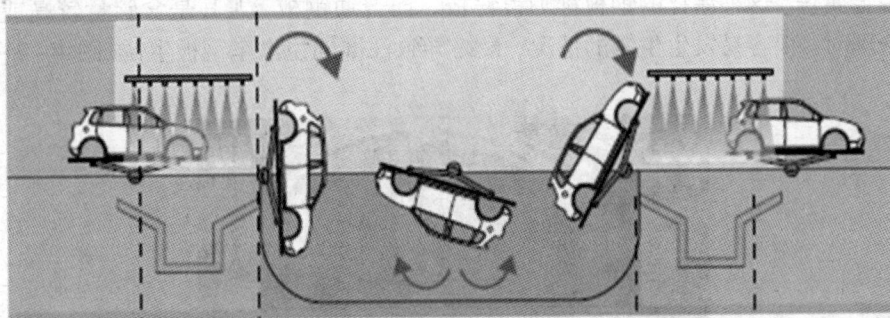

图4－2－6　浸渍（dip）—喷淋（spray）结合方式的前处理工艺

如被涂物外形简单，无空腔内表面，喷淋无死角场合宜选用喷淋方式；又如像汽车车身的结构复杂，内表面和空腔表面在喷淋处理时难处理完全（约只能处理80%左右表面积），只能选用喷—浸结合或旋转浸渍处理方式，尤其后一种处理方式较先进，彻底解决了漆前处理和电泳涂装过程中存在的问题。其优点是处理槽容积小，处理面积达100%，运行成本低，车身外表面积渣少，材料利用率有所提高，清洗用水量减少等。

当产量小、生产节拍不小于30 min/台（或挂）、输送链速度不大于2.0 m/min（或通过沥

图 4 - 2 - 7　前处理和电泳涂装用 Rodip - 3 输送机

水过渡段时间大于 1.0 min)的前处理场合宜选用步进间歇式浸—喷结合式前处理工艺。

如采用自行葫芦输送机、行车或 Rodip - 4E 输送机、多功能穿梭机运送被涂物,喷、浸作业都在槽中进行,工序之间不设沥水段,在槽上沥水。在产量大的场合宜选用连续式前处理设备(喷淋方式、浸—喷结合方式或旋转浸渍方式综合判断任选之)。

4.2.5.2　除锈工序

除锈较为有效的方法是酸洗。对于现代汽车制造业而言,由于普遍采用了拉动式生产方式,焊装好的白车身无需中间停留便进入到涂装工艺,锈蚀通常来不及产生,因此在现代化的汽车制造公司,车身涂装工艺中已很少见到除锈工序。当然,若车身冲压件及焊装好的车身有较长时间的储存、中转,车身表面锈蚀可能在所难免,在这种情况下,则应增设除锈工序。

江淮同悦轿车是因为使用了普通的钢板来代替防腐性更强的镀锌钢板,所以才发生了一系列钢板生锈影响安全的问题。镀锌钢板是为防止钢板表面遭受腐蚀延长其使用寿命,在钢板表面涂以一层金属锌,这种涂锌的钢板称为镀锌板。而普通钢板,尤其是含碳量较高或者在未作完善防锈处理时,很容易发生生锈的情况,最终导致江淮同悦汽车钢板生锈(图 4 - 2 - 8)。

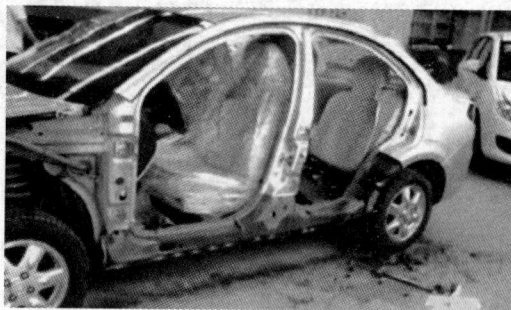

图 4 - 2 - 8　锈透的下裙板

4.2.5.3　表面调整工序

表面调整是磷化前必须进行的一道重要工序,其作用是改变金属表面的微观状态,促使磷化形成晶粒细致密实的磷化膜(图 4 - 2 - 9)。尤其是经酸洗或高温强碱清洗过的金属表面。

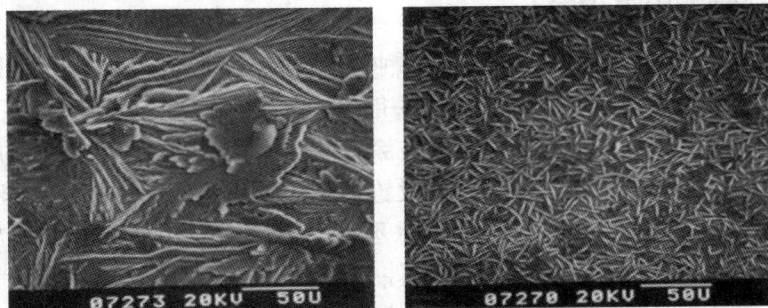

图 4 - 2 - 9　表面调整晶粒细致密实的磷化膜对比

4.2.5.4　磷化工序

磷化工艺过程(图 4 - 2 - 10)是一种化学与电化学反应形成磷酸盐化学转化膜的过程，所形成的磷酸盐转化膜称之为磷化膜。磷化的目的主要是：给基体金属提供保护，在一定程度上防止金属被腐蚀；用于涂漆前打底，提高漆膜层的附着力与防腐蚀能力。

图 4 - 2 - 10　磷化工艺的翻转设备

4.2.5.5　水洗工序

水洗的目的是清除残留在车身表面上的磷化液。水洗效果与水洗次数、水洗方式、水的洁净度、水质(自来水、纯水、去离子水)、沥水时间等工艺参数有关。多次水洗是提高清洗效果的关键因素。

4.2.5.6　钝化工序

利用化学或电化学的方法，在金属表面形成一层化学转换膜，使活性金属表面处于钝化状态，称为钝化。

钝化处理能进一步改善电泳涂层与磷化膜黏附能力和提高磷化膜的耐腐蚀性。

钝化剂中的六价铬系剧毒物质，有些国家基础上已取消了钝化工序。但欧美的汽车公司仍坚持在磷化后要进行钝化处理，为了减小污染，无铬钝化剂已开始用于欧美的汽车制造公司。结合我国的国情，对于普通钢板，若采用低锌磷化液进行磷化可不进行钝化处理；若采用高锌磷化液或镀锌钢板磷化后应进行钝化处理，以提高磷化膜与电泳涂装的附着力和涂层的耐蚀性。

4.2.6　汽车涂装的电泳设备

电泳涂装(electro – deposition, ED)是一种特殊的涂膜形成方法, 分为阳极电泳涂装(AED)和阴极电泳涂装(CED), 仅适用于与一般涂料不同的电泳涂装专用的(水溶性或水乳液)涂料(简称电泳涂料)。将具有导电性的被涂工件浸渍在装满用水稀释过的低浓度电泳涂料槽中, 被涂工件作为一个电极, 在槽中另设置一个与之相对应的电极。两极间通上一定时间的直流电后, 在工件表面析出一层均匀的水不溶性涂膜, 这种涂装方法称为电泳涂装法。电泳涂装法分为阳极和阴极电泳。若被涂工件为阳极、电泳涂料是带负电荷的阴离子型涂料, 则称为阳极电泳; 若被涂工件为阴极, 电泳涂料是带正电荷的阳离子型涂料, 则称为阴极电泳(图 4 – 2 – 11)。

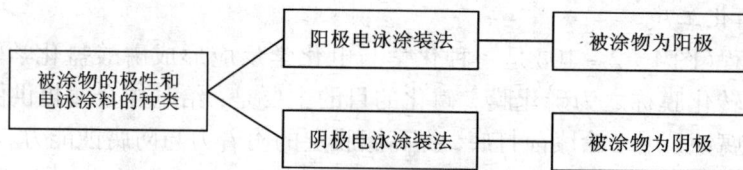

图 4 – 2 – 11　电泳涂装种类

电泳涂装过程伴随电泳、电沉积、电解、电渗四种化学物理作用而形成涂膜(图 4 – 2 – 12、图 4 – 2 – 13), 其原理如下:

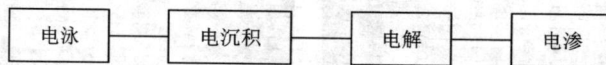

图 4 – 2 – 12　电泳涂装四个阶段

图 4 – 2 – 13　电泳涂装内部结构

(1)电泳。胶体溶液中的阳极和阴极接通电源后, 胶体粒子在电场的作用下, 带正(或负)电荷的胶体粒子向阴极(或阳极)一方泳动的现象称为电泳。胶体溶液中的物质不是分子和离子形态, 而是分散在液体中的溶质, 该物质较大 $(10^{-7} \sim 10^{-9} \text{ m})$ 程度, 不会沉淀而呈分散状态。

（2）电沉积凝集。固体从液体中析出的现象称为凝集（凝聚、沉积），一般是冷却或浓缩溶液时产生，而电泳涂装中是借助于电。在阴极电泳涂装时，带正电荷的粒子在阴极上凝聚，带负电荷的粒子（离子）在阳极上聚集，当带正电荷的胶体粒子（树脂和颜料）到达阴极（被涂物）表面区（高碱性的界面层），得到电子，并与氢氧根离子反应变成水不溶性物质，沉积在阴极（被涂物）上。

（3）电解。在具有离子导电性的溶液中，阳极和阴极接通直流电，阴离子吸住阳极，阳离子吸住阴极，并产生化学反应。在阳极产生金属溶解、电解氧化，产生氧气、氯气等。阳极是能产生氧化反应的电极。在阴极金属析出，并将 H^+ 电解还原为氢气。

（4）电渗。在用半透膜间隔的浓度不同的溶液的两端（阴极和阳极）通电后，低浓度的溶液向高浓度侧移行的现象称为电渗。刚沉积到被涂物表面上的涂膜是半渗透膜，在电场的持续作用下，涂膜内部所含的水分从涂膜中渗析

图 4 - 2 - 14　客车整车电泳涂装

出来移向槽液，使涂膜脱水，这就是电渗。电渗使亲水涂膜变成憎水涂膜，脱水使涂膜致密化。电渗性好的电泳涂料泳涂后的湿漆可以用手摸也不黏手，可以用水冲洗掉附着在湿漆膜上的槽液。

4.2.6.1　电泳涂装主要特征

（1）电泳涂料可在水中完全溶解和乳化，且电泳液的浓度很低，和水差不多。能浸透到车身内外表面的每一个部分，包括袋状结构部及缝隙中，所以可以对车身实现无遗漏的全方位保护。

（2）电泳液具有良好的导电性，涂料粒子具有很高的活性，但随着涂膜厚度的增加，沉积到车身上湿涂膜的导电性逐渐减小，电阻逐渐增大。当涂膜电阻达到一定数值时，电沉积停止，涂膜不再增厚。由此可见，电泳涂装具有良好的泳透性，涂膜厚度均匀。

（3）槽液的固体含量小，黏度小，被车身带出槽外涂料少，且回收利用，电泳液的利用率高。

（4）由于电泳涂膜均匀、致密，因此涂膜的附着能力和防锈能力都很强。

涂膜的附着力强，防锈力高（20 μm 厚的阳极电泳涂膜的耐盐雾腐蚀性 300 h 以上，阴极电泳涂膜耐盐雾腐蚀性 1000 h 以上）。

（5）电泳液的浓度很低，用喷灯点火都烧不起来，因此不可能发生爆炸与火灾，整个工艺过程均十分安全。

4.2.6.2　电泳后清洗工序

电泳后清洗是一道十分重要的工序，其目的和作用是：回收电泳液，提高电泳涂料的利用率（在封闭清洗场合涂料利用率可达 95% 以上）；提高和改善涂膜表面质量；减小打磨工作量，从而提高涂层的耐腐蚀性。

4.2.6.3　电泳后烘干工序

阴极电泳涂料属于热固化性涂料，必须在规定的较高温度下固化，这就是烘干（图 4 - 2 - 15）。

阴极电泳涂膜在热固化过程中（当涂膜温度达 110℃ 以上时）有热分解产物，产生较多的油烟，在较高温度下较长时间烘干，能使涂膜变薄 2~3 μm，膜的平整度明显提高。烘干条件（温度和时间）对阴极电泳涂膜的固化十分重要，低于规定温度和烘干时间则不能固化，严重影响涂膜质量和性能。烘干不彻底，会严重影响涂膜的力学性能、附着力、耐腐蚀性、抗石击性和耐崩裂性。烘干温度过高、时间过长，轻者会影响中涂或面漆与电泳底漆层的附着力；重者涂膜会变脆，乃至脱落。

图 4-2-15　烘干工艺

正确评估电泳涂膜的干燥程度，对确保车身涂装质量十分重要。可通过观察涂膜的色泽变化判断涂膜的干燥程度。如车身涂膜出烘干室时不冒烟、不黏手，即表明涂膜已基本干透。电泳涂层完全干透需在约 190℃ 的烘干炉中烘烤 30~40 min。

4.2.6.6　PVC 涂装与防振隔声材料装涂工艺

PVC 是聚氯乙烯的缩写，PVC 在汽车涂装工中的应用有两种不同的形态：一是 PVC 密封胶，主要用于焊缝的密封；二是 PVC 防石击涂料，喷涂到汽车车身的底部，可以防止汽车行驶时车轮甩起的沙石对汽车底部的损害。使得车身密封性和寿命均有质的改变。密封胶的涂装，对于轿车生产企业已基本实现了全自动机械手作业。

车身密封胶的涂装工艺过程是：先将喷枪喷嘴沿车体板的搭接缝，距涂布面 20 mm 左右喷涂，利用足够的压力将 PVC 胶充分压入缝隙，密封胶膜厚 3~5 mm（图 4-2-16）。

图 4-2-16　PVC 涂装工艺

4.2.7　汽车涂装的中涂设备

尽管中涂、色漆、清漆是三种不同类型的涂料，且分设在汽车涂装工艺的不同阶段，但其所采用的涂装设备及工艺方法较为相近。

中间涂层简称中涂层，其主要作用是改善被涂车身表面和底漆的平整度，为面漆层创造良好的基底，提高面漆涂层的鲜映性、丰满度和抗石击性，以达到良好的外观装饰效果。为此，中涂工艺应包括表 4-2-4 所示的工艺内容。

表 4 - 2 - 4　中涂工艺内容表

序号	工序名称	作用与功能
1	底漆打磨	消除表面缺陷、形成良好的喷涂基面、增强涂层附着力
2	擦净	去掉车身表面杂质、确保车身表面清洁、保证中涂层质量
3	喷涂	形成良好、鲜映性好、丰满度高的漆膜
4	晾干(流平)	在自然流平的过程中,挥发多余的溶剂、形成平整的漆膜
5	烘干	使漆膜完全固化,避免后续工序对车身外观的不良影响
6	强冷	降低车身温度,便于后续工序的连续进行

4.2.7.1　涂装生产线底漆打磨设备

底漆打磨是消除底漆表面缺陷、提高底漆表面平整度最有效的方法。中涂打磨有人工打磨和机械手自动打磨不同的作业方式。近些年,为了改善汽车涂装操作工的工作环境,减少可能对工作人员健康带来影响工位的用工人数,采用机械手自动打磨装线越来越普遍(图 4 - 2 - 17)。

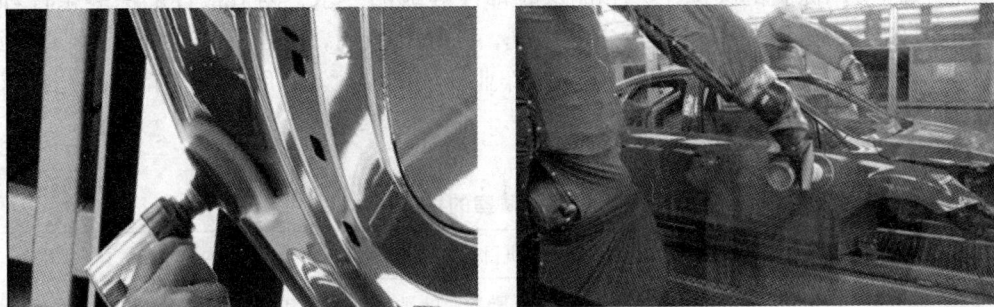

图 4 - 2 - 17　底漆打磨工艺

4.2.7.2　涂装生产线底漆擦净处理设备

保证涂装前车身表面洁净是获得高质量涂装质量重要且最基本的保证,为此需对车身进行擦净处理。其方法是采用吹、擦相结合的方式,除去车身表面上的灰尘、水渍,力争做到车身表面的洁净度达到 100%(图 4 - 2 - 18)。擦净处理由人工和机械自动两种作业方式。机械自动擦净的质量好效率高。

4.2.7.3　涂装生产线喷漆室设备

喷漆室(spray booth)是指装备有涂装机具的、进行涂装作业的房间。喷漆室是专供喷涂液态涂料的、结构及装备最复杂的涂装室,是涂装车间必备的关键设备。与各种喷涂方法(空气喷涂、无气高压喷涂、静电喷涂等)适应干差万别的被涂物的变化,使得喷漆室的形态多种多样。涂装室中除喷漆室、喷粉室外,其他涂装室的结构、装置较简单,目的和功能仅为防尘和换气(排掉溶剂蒸气)。

喷漆室的最基本任务是抽风排掉喷涂过程所产生的漆雾、涂料尘埃、溶剂等。

漆雾是喷涂过的涂料微粒子,它尚未干燥还保持有黏着性;而涂料尘埃是喷涂过的涂料粒子,随着溶剂蒸发而呈粉状并失去黏着性,且浮游在喷漆室内,再附着就成为涂装不良的

图 4 - 2 - 18 底漆擦净处理工艺

原因之一。

喷漆室应具备以下两方面的功能(其代表性的目的和功能如表 4 - 2 - 5 所示)

(1)能及时迅速地排除喷涂过程中产生的漆雾和溶剂蒸气,防止其污染工作环境和被涂面,确保安全生产,并能最大限度地捕集漆雾,不使其排到室外,使排风机和排风管不积漆。

(2)能按照所用涂料的喷涂工艺和涂层装饰性等级的要求,创造最佳的涂装条件和工作环境,如能供给调温、调湿和净化无尘的空气,良好的照明,使喷涂作业不受外界环境(温度、湿度等气候条件)的影响,一年四季喷涂作业区内的温度、湿度始终保持在工艺要求的范围内,以确保喷涂质量恒定。

表 4 - 2 - 5 喷漆室的目的和功能

项目	内容	项目	内容
目的	1.确保涂装场所的安全; 2.防止垃圾的附着; 3.涂料和漆雾不污染周围环境; 4.及时排掉积存的溶剂蒸气	功能	1.排气:换气和排掉漆雾; 2.除尘:从排出的空气中除去涂料分(粉尘) 3.供风:供给洁净的空气; 4.照明:照亮被涂物表面

按喷涂室的用途分类,分为底漆喷漆室、中涂喷漆室和向漆喷漆室、补漆喷漆室、喷涂车底涂料(PVC)室、保护蜡喷漆室、静电自动涂装喷漆室和静电粉末喷漆室等。由于用途的不同,喷漆室的功能配置上有较大差别。还有喷烘两用室,它仅适用于单件、小批量(喷涂和烘干一道漆的生产节拍为 2 h 的涂装作业),如汽车服务站修补涂装用。

在喷涂有机溶剂型涂料的场合,按防止有机溶剂中毒的法规,作业者对作业场合的风速应控制,随喷漆室的形式不同,规定了最低风速(图 4 - 2 - 19)。

4.2.7.4 涂装生产线机器人静电喷涂设备

与手工空气喷涂工艺相比,旋杯式自动静电涂装(图 4 - 2 - 20)的涂着效率高(涂料利用率高)、雾化细、涂膜装饰性好且质量稳定、节能降耗,对环保有利;其生产效率高,可以使喷漆工序实现自动化(可以使喷漆工脱离有害的作业环境),因而得到广泛的应用,尤其在装饰性要求高的工业涂装领域,确保了静电喷涂工艺自身的重要地位,已成为汽车车身涂装的中涂、面漆喷涂工序自动化的主要手段。

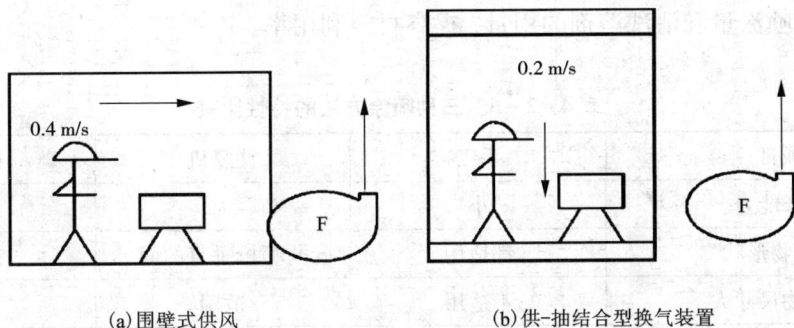

(a)围壁式供风　　　　　　　　　(b)供-抽结合型换气装置

图 4 – 2 – 19　控制风速的方式

图 4 – 2 – 20　机器人完成面漆喷涂

　　静电喷涂是在喷枪和被涂装工件上施加直流高压电,使喷枪带负电,电喷涂的电压一般在 $(6\sim10)\times10^4$ V 之间,被涂装工件带正电,在喷枪和被涂工件之间形成一个高压静电场。当电场达到一定强度(E_0)时,枪针尖端的电子便有足够的动能冲击枪口附近的空气,使空气分子电离产生新的电子和离子,因此静电喷涂是在 $E_0\sim E_{max}$ 之间的电场强度下,枪口针尖端的电子碰撞从枪口喷出的涂料,使涂料液滴带负电荷,在负电荷同性相斥的作用下,涂料液滴被进一步雾化。带负电荷的飞漆受电场力作用沉积于正极工件表面。

　　年产 20 万～30 万辆轿车车身的中涂喷涂线和年产 12 万～15 万辆的面漆喷涂线装置的自动静电喷涂站(ESTA),原需配备 9 支高速旋杯静电喷枪,现只需要用 3～4 台喷涂机器人(即 3～4 支高速旋杯式静电喷枪),就能承担 9 个杯式往复式喷涂机的喷涂任务。由此,带来投资减少、运转成本降低(除电力增大 2.7 倍外,压缩空气和清洗溶剂消耗量、维修工作量仅为 9 杯往复式喷涂机 ESTA 的 35% 左右),并大幅度提高了喷杯的有效利用率和喷涂作业的柔性。

　　1)喷涂机器人的主要优点

　　(1)柔性大。

　　①工作范围大,升级可能性大;

　　②可以实现内表面及外表面的喷涂;

　　③可实现多品种车型的混线生产,如轿车、旅行车、皮卡车等车身混线生产。

　　(2)提高喷涂质量和材料使用率。

①仿形喷涂轨迹精确，提高涂膜的均匀性等外观喷涂质量；

②降低过喷涂量和清洗溶剂的用量，提高材料利用率。

表 4 – 2 – 6　三种喷涂方法的特性比较

项目	手工	往复机	机器人
生产能力	小	大	中
被涂物形状	都适用	与喷枪垂直的面	都适用
被涂物尺寸大	不适用	适用	中
被涂物尺寸小	适用	不适用	适用
被涂物种类变化	适用	适用	需示教
涂膜的偏差	有	有	无
补漆的必要性	有	有	无
不良率	中	大	小
涂料使用量(产生废弃物)	小	大	小
设备投资	小	中	大
维护费用	小	中	大
总的涂装成本	大	中	小

2) 喷涂机器人的选用和配置

对于选用涂胶或喷漆机器人的规格，需考虑以下几个因素：

(1) 机器人的工作轨迹范围。在选择机器人时，需保证机器人的工作轨迹范围必须能够完全覆盖所需施工的工件的相关表面或内腔。如图 4 – 2 – 21 所示，为喷漆机器人与运动的车身(安装在输送小车上)的断向示意图，可以看出此喷漆室机器人的配置可满足车身表面的喷漆需求。

间歇式输送方式，机器人是对静止的上件施工。除工件断面上，还需保证在工件俯视面上机器人的工作范围能够完全覆盖所需施工的工件相关表面。

如图 4 – 2 – 21 所示，左右两台机器人各覆盖左右半个车身，当机器人的工作轨迹范围在输送运动方向上无法满足时，则需要增加机器人的外部导轨，来扩展其工作轨迹范围。

(2) 机器人的重复精度。对于涂胶机器人而言，一般重复精度达到 0.5 mm 即可。而对于喷漆机器人，重复精度的要求可低一些。目前各大公司的喷涂机器人均可达到该指标。

(3) 机器人的运动速度及加速度。机器人的最大运动速度或最大加速度越大，则意味着机器人在空行程时所需的时间越短，则在一定节拍内机器人的绝对施工时间越长，可提高机器人的使用率。所以机器人的最大运动速度及加速度也是一项重要的技术指标。但需要注意的问题是，在喷涂过程中(涂胶或喷漆)，喷涂工具的运动速度与喷涂工具的特性及材料等因素直接相关，需要根据工艺要求设定。此外，由于机器人的技术指标与其价格直接相关，因而根据工艺要求选择性价比高的机器人。

(4) 机器人手臂可承受的最大载荷。对于不同的喷涂场合，喷涂(涂胶或喷漆)过程中配

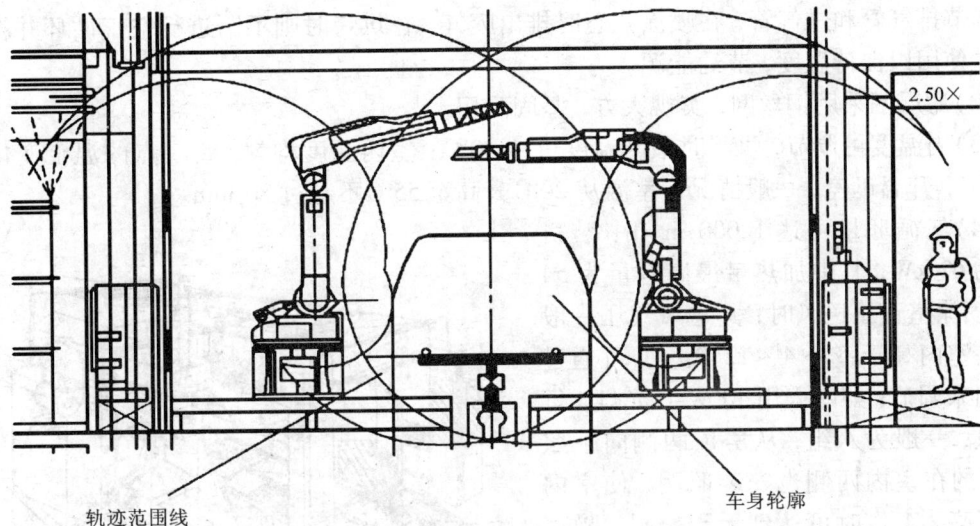

图 4 - 2 - 21 机器人工作轨迹范围断面示意图

置的喷具不同，则要求机器人手臂的最大承载载荷也不同。

4.2.7.6 涂装生产线烘干设备

中涂烘干在专门的高洁净度密封烘炉内进行，如图 4 - 2 - 22 所示。烘干温度 140 ~ 150℃、烘干时间约 30 min。

中涂烘干可对原子灰及底、面漆进行强制干燥，加快工作节奏，提高了工作效率和涂层质量。根据能源来分有燃油型和电热型；根据干燥方式有热空气对流干燥型和远红外线辐射干燥型等。目前国内燃油式热空气对流干燥的低温烤漆房在汽车修理行业中使用较普遍。

采用高性能钢组合式房体，无接缝式无机过滤棉，配合进风过滤系统及正风压，确保进入烤房内空气彻底净化。全自动循环进风活门使烘烤时的热空气能在烤房内

图 4 - 2 - 22 PVC 涂装工艺

经净化后循环使用，配合房体的夹心式隔热棉提供极佳的保温效果。烤漆房内的照明设备采用无灯影式日光照明灯管，其发出光的光谱与太阳光线相似，为漆工师傅对颜色的辨别提供了良好的光源。应用计算机技术全自动操作控制台，经设制程序后，能自动控制风压、温度、时间。在结构上采用了正压原理，室内风压高于室外 4 ~ 12 Pa，使灰尘不能进入室内，再加上进入室内的空气经多次过滤，因而空气净化度较高。在烘烤过程中空气循环加热，每次大约补充 10% 的新鲜空气，这样热量利用充分，节约电能。废气经滤网、活性炭吸收过滤后排放于室外，排放浓度符合环保标准要求。

1）中涂烘干烤漆房的特点

（1）空气流动好，新鲜空气不断进入，废气及时排出室外。根据喷涂状态和烘烤状态的

需要调节排气管和进气管，在喷涂状态时排出废气，在烘烤时则不断进行空气循环并将热空气反复使用以保持温度，节约能源。

（2）滤层网采用钢丝网，美观大方，坚固耐用。

（3）内温度可调节，烘干时最高温度可达80℃；室内温度均匀，每一点的温度变化范围为±2℃；升温迅速，一般情况下室温从20℃升高至55℃不超过20 min。

（4）气循环量可达12000 m³/h，装机容量为62 kW，其中加热量最高容量为54 kW。喷涂室正压送风时，其送风气压一般保持在室内高于室外4～12 Pa，并可通过调风门来调节；照明采用40 W日光灯，每组四只，一般为八组，从房顶两侧向下照射，有的在室内两侧也安装照明，使室内光线明亮，工作时可达到无影效果，噪声不大于80 dB。图4－2－23所示为烤漆房剖视图。

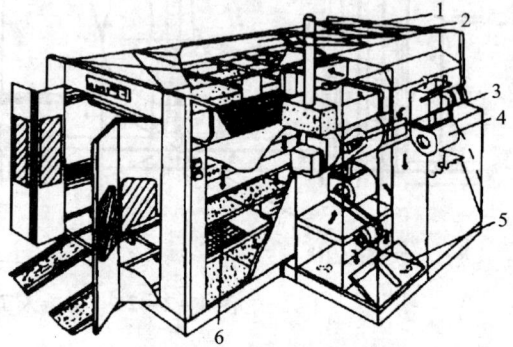

图4－2－23　烤漆房剖视图
1—顶部过滤棉；2—日光灯；3—燃烤器；
4—排风机；5—二次过滤网；6—排气地沟

前使用的烤漆房一般采用气流下行式，即空气从天花板进入，经过车顶向下从车身两侧的排气地沟排出。经三级（粗、中、细）过滤后，干净、干燥、适温的空气在流过车身时不会留下任何灰尘，并将飞扬的飞漆一起下吸，可防止飞漆污染新涂的物面。气流下行式减少了喷涂操作人员吸人的飞漆和溶剂蒸气的可能，有利于喷漆师傅的身体健康。

喷涂烤漆房喷与烤在同一室内进行，但是喷涂时与烘烤时空气流速是有差别的，喷涂时空气流速最好控制在0.3～0.6 m/s；对涂膜进行加温烘烤时空气流速应在0.05 m/s左右。在对汽车涂膜进行加温烘烤时，烘烤温度要适当控制，汽车修补涂装温度调节一般以被烘烤物体表面温度达到60℃为宜，若温度过高，达到85℃以上会造成仪表、塑料件变形等，达到90℃以上则可能引起燃油起火、爆炸等。

2）空气滤清系统

喷漆房最重要的系统是空气滤清系统，它不仅关系到喷涂质量，还关系到喷漆师傅的身体健康及环境保护，因此烤漆房的空气滤清系统的维护非常重要。目前喷漆房常用的空气过滤系统按去除飞漆和尘埃的方式主要分为湿式过滤系统和干式过滤系统：

（1）湿式空气过滤系统能滤清喷涂时产生的飞雾，并不受涂料黏度和干燥速度的影响，工作容量大，能减少更换过滤网、棉的费用和不便，并符合环保要求，广泛应用于气流下行式喷漆房。在湿式空气过滤中主要有喷淋式、水旋式、水帘式、无泵式等，其中水帘式处理效果最好。喷漆房的废气经过水帘式清洗，将与空气混合在一起的飞漆用水从空气中冲洗掉而得到净化，同时倒流板按与空气相反方向转动，利用离心力的作用收集小液滴，使空气干净、干燥。

（2）干式空气过滤系统主要使用纸、棉、玻璃纤维、聚酯纤维等，对空气进行过滤，其工作原理类似于筛网，当空气通过这些过滤材料时，将其中的飞漆、尘埃及其他污物分离掉，有些过滤材料能黏住小纤维或捕捉飞漆，如玻璃棉过滤材料具有黏住飞漆的特性。目前大部分汽车修理厂和汽车制造厂都使用装有这种过滤系统的喷漆室，这种过滤系统主要用于低流量的喷涂作业，其造价比采用湿式过滤系统的喷漆室要低，但由于需要定期更换过滤介质，其运行成本比较高。通过粗滤、中滤、细滤三级过滤的有效措施，去除飞漆率可达到99.8%，并能全部滤去人眼在涂膜表面所能见到的最小尘埃（10 μm 粒径），有效地防止了在涂膜表面产生粗粒的缺陷。使用时要经常检查过滤材料的过滤状况，定期清洗或更换过滤材料。

　　3）烤漆房日常维护时应遵循的主要原则

　　（1）喷涂烤漆房内不准进行任何原子灰打磨及其他打磨工作，也不准进行钣金作业或各种抛光作业。

　　（2）必须经常检查过滤系统，按规定时限更换各级过滤网或过滤棉。定期检查排风系统、加热系统、电器系统、控制系统以确保安全、正常运行。照明设备损坏应及时修复。

　　（3）喷涂工作结束后，把烤房内的喷涂工具、喷涂材料清理出烤房后，才能加温烘烤。

　　（4）烤漆房内工作结束后，车辆驶离后应清除一切杂物，如遮盖纸、残留废弃物等，并擦净地板、墙壁及烤漆房内的其他设备。压缩空气输送软管要盘好，放在专用的工具箱内。

　　（5）每天的日常清扫外，还要定期对烤漆房进行彻底清扫。

　　（6）更换因高温而老化的门封条，防止因破裂而产生的灰尘吸入和热量流失。

　　4.2.7.7　涂装生产线色漆和清漆喷涂设备

　　色漆又称面漆，所谓色漆工艺，是指获得所要求的设定颜色及十分漂亮、色彩鲜艳饱满、无外观质量缺陷的全过程。色漆工艺与前述中涂工艺很相像，某些具体操作细节略有差异。

　　色漆和清漆加在一起统称为面漆。面漆修饰的目的在于消除操作人员、喷涂设备、涂料、操作方法、作业环境等原因所导致的颗粒、脏污、流痕等涂装缺陷，使车身外观达到所要求的视觉效果。修饰的工艺方法主要有打磨、抛光、修补等三种。

图 4 - 2 - 24　色漆和清漆喷涂

　　1）喷漆机器人离线编程技术

　　随着喷漆机器人的应用越来越广泛，各生产厂家也开发和完善了喷漆机器人的离线编程软件，这样可最大限度地减少喷漆机器人的在线调试时间。

　　操作者使用一台个人电脑，将需喷涂车型的 CAD 数据输入电脑后，以绘图方式选择工件的喷涂区域，并从中挑选合适的喷涂方案，再利用喷涂过程的参数和专用术语，生成机器人的喷涂路径，所生成的路径及相关参数可以下载至机器人控制系统中，从而大大提高编程效率。对于在生产过程中需优化喷涂路径或参数的情况，该离线编程软件允许操作员在不停产

情况下离线编程，因此提高了机器人系统的正常运行时间。如 ABB 公司的 ShopFloor Editor
软件包，Fanuc 公司的 PaintPRO 软件包和 Dürr 公司的 3D – Onlite 软件包，以及 Robcad 软件
图 4 – 2 – 25 – 4 – 2 – 28，表 4 – 2 – 7。

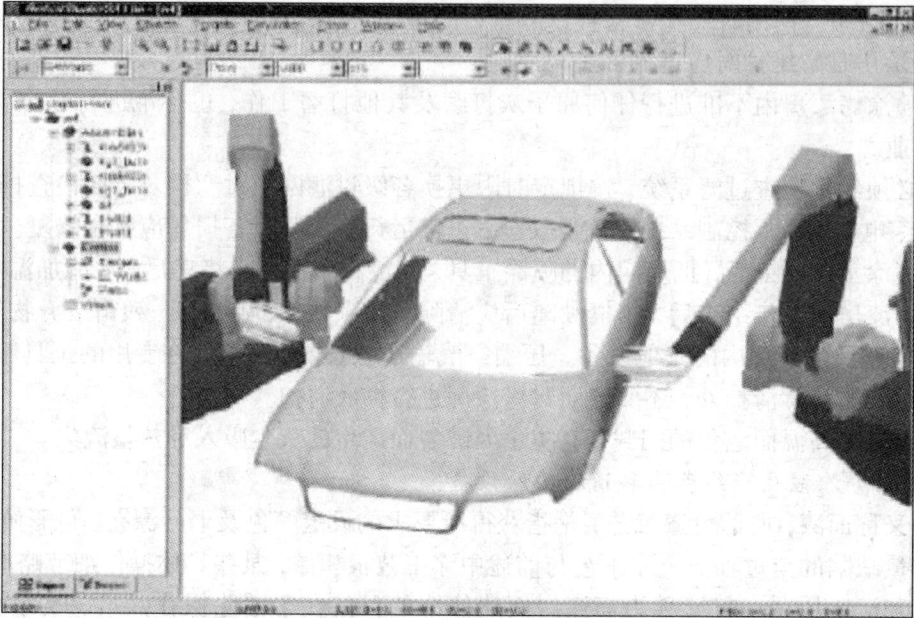

图 4 – 2 – 25　喷漆机器人离线编程 1

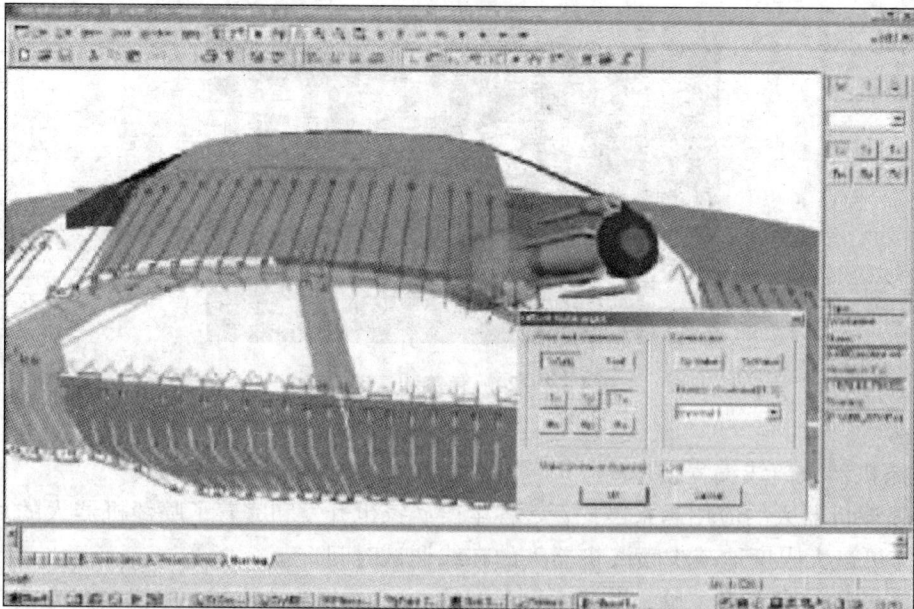

图 4 – 2 – 26　喷漆机器人离线编程 2

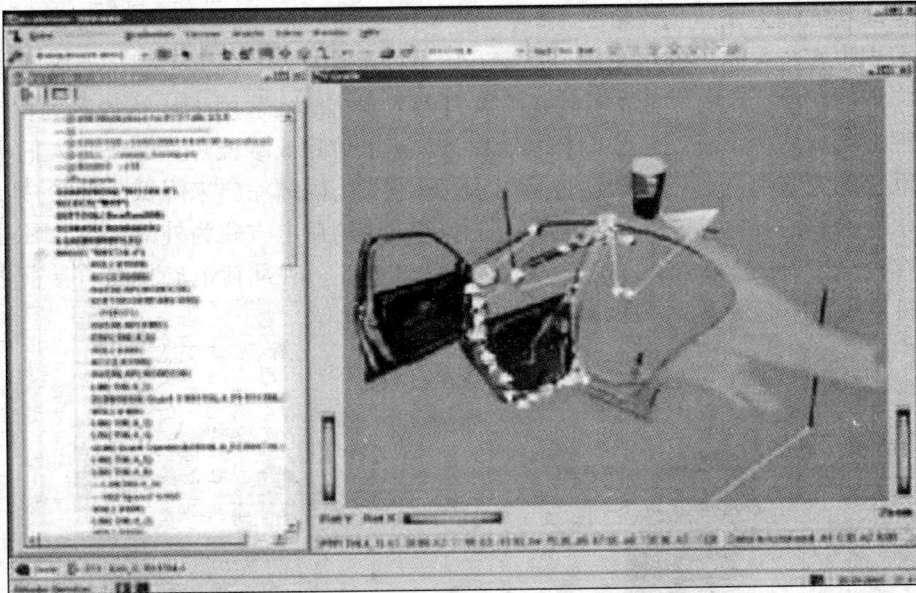

图 4 – 2 – 27　喷漆机器人离线编程 3

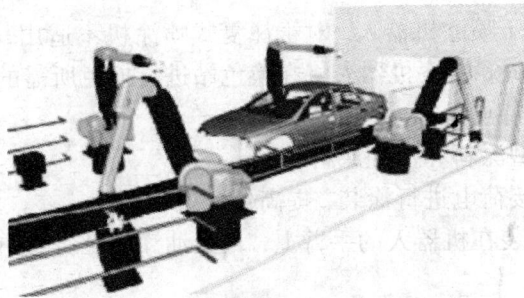

图 4 – 2 – 28　EM – Paint 操作界面

表 4 – 2 – 7 各喷涂机器人厂家的喷涂底色漆的参数对比

厂家名称	新工艺喷涂参数的调整趋势	底色漆涂膜分配比例	
		第一道底色漆	第二道底色漆
ABB	整形空气量高，静电高压值相对降低	约 50%	约 50%
Dürr	旋杯高转速，整形空气量高	约 70%	约 30%
FANUC	高流量旋涡式整形空气	约 60%	约 40%

　　但目前采用新工艺所面临的问题是：为满足色差匹配的要求，需针对每种颜色来调整旋杯喷涂第二道底色漆时所对应的工艺参数（如旋杯转速、高压和整形空气量等），有时甚至需要适当调整涂料的配方来达到质量要求。

　　目前国内也有越来越多的汽车制造厂家开始采用水性涂料，各大公司针对喷漆机器人应用越来越广泛的状况，开发了可以安装在喷漆机器人身上、既适用于传统的溶剂型涂料、又适用于水性涂料的旋杯系统。新型旋杯系统保护环境、消除或减轻污染已成为人们非常重视的课题。欧美的大多数汽车厂家已通过采用水性涂料、高固体涂料来降低 VOC 的排放。

　　因为水性涂料的导电性，所以传统的水性涂料喷涂的荷电方式为外部荷电，图 4－2－29 所示为直接荷电旋杯，图 2－2－30 所示为外部荷电旋杯。外部荷电旋杯与直接荷电旋杯相比，其涂料传输效率有所下降，且其外部电极易被污染。

图 4－2－29　直接荷电旋杯

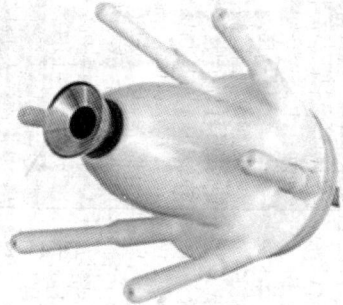

图 4－2－30　外部荷电旋杯

　　这两种旋杯均只适用于喷漆机器人，对于往复式喷涂机不适用，因为此系统的换色机构安装在室体壁处。在换色时，喷漆机器人将在换色站进行换色所需的相关操作。

　　两种旋杯装置共有的特点是：

　　（1）同时适用于溶剂型涂料和水性涂料；

　　（2）水性涂料可以直接荷电进行涂装，提高传输效率。

　　换色阀等元器件不安装在机器人的手臂上，且无油漆管路连接在机器人的手臂上，所以机器人运动更加流畅。

4.2.7.8　涂装生产线喷蜡设备

　　基于轻量化的考虑，汽车车身设计了大量的空腔结构，由于车身内腔内部在电泳底漆涂装过程中离电极较远，电场较弱，形成的电泳底漆层较薄，且由于空腔内部是看不见的部分，并不要求具有良好的装饰性，因此在后续的涂装工艺过程中，空腔内部不再进行中涂和面漆涂装。因此，车身空腔内部表面的防腐蚀能力很难达到要求。为了提高其防腐性能，需在那些电泳底漆层相对较薄、且又不再进行中涂和面漆涂装的部位喷一层防锈蜡，形成憎水层。为了便于实现防锈蜡的喷涂，在车身空腔结构部位设计有很多喷蜡工艺孔。

　　车身喷蜡早已是车身涂装中的标准化工艺，早期均采用人工喷涂操作（图 4－2－31）。随着工艺技术的进步，机械手自动喷蜡设备（图 4－2－32）已在轿车制造产业得到了广泛的应用。

图 4 – 2 – 31　人工车身喷蜡

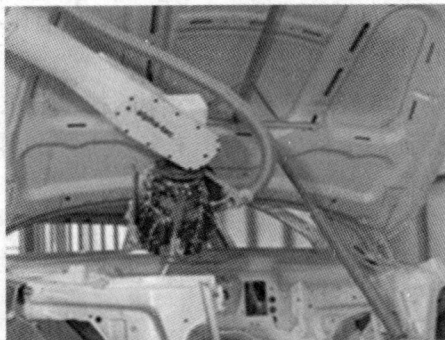

图 4 – 2 – 32　机器人车身喷蜡

任务3　检测油漆工作质量方法和设备

能力目标
- 能说明检查油漆工作质量的标准的适用范围
- 能说明油漆工作质量检查方法和合格标准
- 能通过使用涂层的检测设备，具备涂装检验工的能力

知识目标
- 认知评价汽车油漆工作质量的标准依据
- 认知汽车企业标准的成本差异，基于产品的价格定位
- 认知汽车的不同产品的涂层标准，取决于零部件性能

素养目标
- 工作中的质量意识、成本观念
- 独立思考、善于总结
- 按标准做事，遵章守纪

4.3.1　涂装检验的依据企业标准

企业标准是对企业范围内需要协调、统一的技术要求，管理要求和工作要求所制定的标准。企业标准由企业制定，由企业法人代表或法人代表授权的主管领导批准、发布。企业标准一般以"Q"标准的开头。

以北汽福田车辆股份有限公司的企业标准：Q/FT B033—2001《塑料件涂漆技术条件》为例进行讲解(图 4 – 3 – 1)。

4.3.2　企业标准的重点、关键部分

4.3.2.1　时效性

与国家标准相同，封面上有发布日期和实施日期。还有分发有效性的章，通常是一年有

效的，只有在有效期内的企业标准，才能使用。在这个例子中，2002 年 4 月 11 日该标准已经失效，不可以再在北汽福田车辆股份有限公司使用了，只能用于教学使用。

4.3.2.2 范围

本标准规定了塑料件涂漆的技术要求、试验方法、检验规则、标志、包装、运输、贮存及质量保证。本标准适用于本公司生产的各类汽车、农用运输车所装用的、要求进行涂漆的塑料零部件。

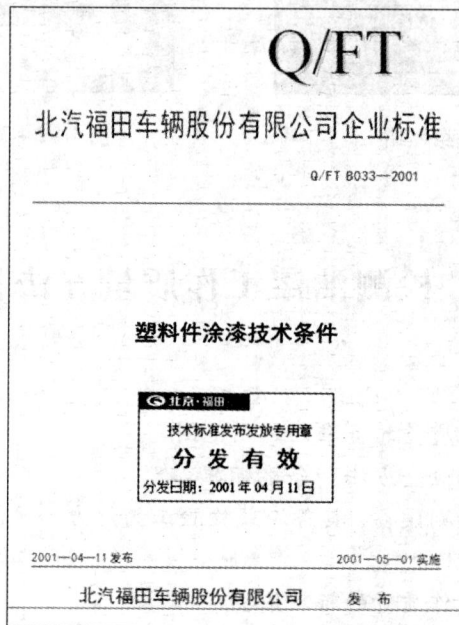

图 4 – 3 – 1 北汽福田车辆股份有限公司的企业标准

4.3.2.3 技术要求

漆膜表面质量塑料件喷漆烘干后，其表面质量应符合表 4 – 3 – 1 要求。

表 4 – 3 – 1 涂漆表面质量

分类	性能要求
皮卡、客车、高档载货汽车	光滑平整，光色均匀，光亮如镜，光泽应符合表 3 规定。不允许有针孔、斑点、流痕、颗粒、裂纹、刮伤、杂漆。不允许有"橘皮"，不允许有漏漆。同一零件的颜色、光泽应均匀一致，并符合色板
农用运输车、经济型汽车	光色均匀，光泽应符合表 3 规定。允许有轻微的"桔皮"，但不应有流痕、刮伤、斑点，不允许出现漏漆。同一零件的颜色、光泽应均匀一致，并符合色板
其他汽车	光滑平整，光色均匀，光泽应符合表 3 规定。外观表面不允许有针孔、斑点、流痕、颗粒。允许有极轻微的"桔皮"，但面积不得大于 15 mm × 15 mm，不允许出现漏漆。同一零件的颜色、光泽应均匀一致，并符合色板

1）漆膜厚度

塑料件漆膜厚度应符合表 4 - 3 - 2 要求。

表 4 - 3 - 2　漆膜厚度　μm

车型	漆膜厚度							
	底漆		中间层		面漆		漆膜总厚度	
	车外塑料件	车内塑料件	车外塑料件	车内塑料件	车外塑料件	车内塑料件	车外塑料件	车内塑料件
皮卡、客车、高档载货汽车	≥15	≥10	≥20	≥15	≥50	≥40	≤90	≤70
农用运输车、经济型汽车	≥5	≥5	≥10	——	≥30	≥25	≤50	≤35
其他汽车	≥10	≥5	≥15	≥10	≥40	≥35	≤70	≤55

2）漆膜表面光泽度

漆膜表面光泽应符合表 4 - 3 - 3 的规定。

表 4 - 3 - 3　漆膜表面光泽

车型	漆膜表面光泽
皮卡、客车、高档载货汽车	≥90
农用运输车、经济型汽车	≥80
其他汽车	≥85

3）漆膜机械强度

漆膜的机械强度应符合表 4 - 3 - 4 的规定。

表 4 - 3 - 4　漆膜机械强度

项目 车型	机械强度		
	冲击强度/(kg·cm^{-1})	硬度	附着力
皮卡、客车、高档载货汽车	≥35	≥0.6	0 级
农用运输车、经济型汽车	≥25	≥0.5	2 级
其他汽车	≥30	≥0.6	1 级

4）耐碱性能

经耐碱试验后，漆膜表面应无起泡、剥离现象，允许颜色轻微变化，但不失光泽。

5）耐酸性能

经耐酸试验后，漆膜表面应无起泡、剥离、发黏现象，允许轻微变色，但不失光泽。

6）耐水性能

经耐水试验后，漆膜表面应无起泡、剥离现象，光泽没有明显下降，但允许表面粗糙。用胶布黏接试验时，其残留面积应不小于95%。

7）耐腐蚀性能

经耐腐蚀试验后，漆膜应无裂纹、起泡、剥离现象，颜色和光泽应无变化。

8）耐汽油性能

经耐汽油试验后，漆膜应无起泡、剥离现象，但允许极轻微的软化。颜色和光泽允许轻微变化。

9）耐机油性能

经耐机油试验后，漆膜应无变化。

10）耐候性能

经耐候试验后，漆膜应无裂纹、起泡、剥离现象，颜色允许有极轻微变化，光泽应不小于75%。当用胶布做黏接试验时，漆膜残留面积率应不小于70%。

11）耐磨损性能

经耐磨损试验后，应不漏基体材料，漆膜表面应无明显可见砂纹。

4.3.3　涂膜检测设备

涂膜质量的检测是取得优异汽车涂装效果的重要保证。做好涂料、涂膜的质量检验工作不仅是给汽车涂层提供满意的外观装饰效果、优异的防腐性和耐久性，同时也是对企业负责、推动企业发展的有力保证。本节主要借助涂料、涂膜的检验方法介绍一些相关的检测设备。

涂料产品的组成可以通过化学分析的手段获得，而涂料的性能则是通过对物理性能和干膜特性的测试而得到，有时是在施工现场测试的。不同用途的涂料测试的侧重点是不同的，例如汽车修补涂料的测试往往是喷涂在金属底材上进行的，而装饰乳胶漆则常在黑白纸板上测试，然后在水泥墙面施工测试。对汽车修补涂料来说，最重要的性能指标有：附着力、硬度、耐候性、光泽度、颜色、黏度等。

4.3.3.1　黏度计

涂料的稀稠用涂料黏度的高低(大小)来表示，它是表现涂料流动性的参数，黏度越高表示涂料越不容易流动。黏度是涂料非常重要的指标之一，因为它会影响涂料的施工性能、流平性能及储存稳定性能。

流体的黏度变化范围非常大，对于不同黏度范围的涂料可以用不同的方法测试。常用黏度杯如涂-4杯、BS4、Ford4或Din4等来测试涂料的黏度。黏度杯是一种规定体积的量杯，杯底有一个小孔供流体流出。在特定的温度下测试涂料完全流出黏度杯所用的时间来表示黏度，因此单位是"秒(s)"。温度对黏度的影响非常大，因此产品测试标准一定要强调测试温度。如果在汽车修补喷涂时不严格按照厂家要求调配，也不使用仪器测试黏度而只凭经验，则由于温度的变化导致黏度变化而出现错误的可能性较大，因此施工时一定要严格按照操作程序并使用仪器测试。

汽车修补涂料一般适宜用涂-4杯来测量，涂-4黏度计用于测定黏度在10～150 s之间的各种涂料产品，涂-4黏度计的黏度测定值近似于美国福特4号杯的黏度测定值。涂-4

黏度计有金属和塑料两种。上部为圆筒形,下部为圆锥形,其底部有不锈钢制的可以更换的漏嘴,圆筒上沿有杯形凹槽,可做多余涂料溢出用。黏度计容量为 100 mL,如图 4-3-2 所示。

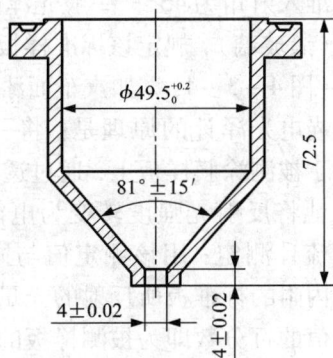

图 4-3-2　涂-4 黏度计

涂-4 黏度计的具体操作步骤如下:(1)将黏度计装置于带有两个调节水平螺钉的支架上;(2)每次测定前过滤涂料样品。将涂料试样搅拌均匀,温度调整至 25℃ ±1℃,然后静置 2 min 以上,使涂料中的空气逸出。试验前必须将黏度计用溶剂仔细擦拭干净,然后置于空气中干燥;(3)将黏度计调整至水平位置,在黏度计漏嘴下面放置容量为 150 mL 的容器。用手指堵住漏嘴孔,将涂料试样倒满黏度计。松开手指,使涂料漏出,并同时开动秒表,当涂料漏丝中断时,停止秒表。涂料从黏度计流出的全部时间(s)即为涂料的黏度。

(4)用同样方法再测试一次,两次测定值之差不应大于平均值的 3% 即为最终测试结果。

4.3.3.2　细度板

细度指涂料中颜料被研磨分散的程度,常用单位微米(μm)来表示。一般来说,研磨的程度越细,涂料的遮盖力越好,光泽度也越高。但研磨需要耗费能量、时间及合适的设备,因此对于不同使用要求的涂料的细度有不同的要求,如汽车修补面漆一般要求细度为小于 20 μm,而中涂底漆的细度要求为 20~25μm 等。

细度一般是用细度板测试的(图 4-3-3)。细度板上有一条深度由浅到深的凹槽,并在槽边有标明凹槽深浅的数值。当湿涂料完全覆盖在凹槽上时,可以用目测的方式非常明

图 4-3-3　细度板

显地看到从某一位置开始,表面有明显的颗粒分布,该点所处位置的数值则为涂料的细度。

湿涂料可能出现的一个质量问题是颜料絮凝或返粗,即被分散的颜料又聚集在一起,最明显的现象就是细度变大。因此,一般在涂料生产的中期、末期以及储存稳定性测试的时期均要对涂料进行细度测试。

4.3.3.3　光泽度计

所谓涂膜光泽度是指涂膜表面把投射其上的光线朝一个方向反射出去的能力,它是汽车涂装中非常重要的性能指标。一般在新车的车体修补或整喷时,我们希望涂膜的光泽度越高越好;对保险杠及旧车体的修补常常会要求降低光泽度。对光泽度的测试可以是目测,也可以通过设备测试。

一般检测光泽度的设备是将一束光照射在涂膜表面,通过测试光反射率来定义光泽度。若光的反射率越高则光泽度越高,光的反射率越低则光泽度越低。用仪器测试光泽度是通过让光线以不同的角度照射到涂膜表面读出反射值来表示,如 20°,45°,60° 等。我国规定采用

的标准入射角为45°。一般光泽度的大小均是相对的比较值，即光泽计附有一块高光泽标准样板（黑玻璃），规定该标准样板的光泽为100%，与被测定涂膜的样板进行比较，用百分比表示（图4-3-4）。如汽车面漆国标要求光泽度在60°时光线反射值要达到90%以上。

光电光泽计的原理是：将一定角度的光投射于被测涂膜样板上，通过透镜反射，并用光电池将反射光强度转变为电能，再通过精密检流计测定；用该测定值与同样条件下光泽计内附的标准板所反射的光量值进行比较，其比值的百分数即为被测样板的光泽度。

进行光泽度检测时，需要同时测量不同的几点（不少于三个点）以进行综合评定。每测定五块标准板后，应进行一次校对。标准板宜用专用镜头纸或柔软绒布擦拭，以避免损伤镜面。

图4-3-4　光泽度计

4.3.3.4　硬度检测

涂膜硬度是指涂膜彻底干燥后具有的坚实性，即涂膜表面对作用于其上的另一个硬度较大的物体所表现的阻力。这个阻力可以通过一定重量的负荷作用在比较小的接触面积上，测定涂膜抵抗变形的能力来表现出来。它是表现涂膜机械强度的重要指标之一。测试涂膜硬度的方法很多，下面简单介绍几种。

（1）在做汽车修补涂装时，喷漆师傅往往喜欢用手指或指甲压涂膜而对涂膜的硬度做一个大致的比较，这种方法非常方便及实用，但缺点是试验结果缺乏一致性及可比性。

（2）铅笔硬度法是一种较常用的测试方法，即在干透的涂膜上用笔头在一定角度下（通常为45°左右）用力慢慢移动，当笔头在涂膜上产生划痕或将涂膜划破（不同测试标准对测试结果的要求不同）时，所使用的铅笔的硬度即为涂膜的硬度。（铅笔的硬度等级从最硬的12H到HB再到最软的12B，但最常用的铅笔硬度范围通常是6H~HB~6B共13支。）这种方法也非常普及，但还是存在一定的局限性：

图4-3-5　铅笔硬度计

①测试时一定要确保涂膜完全干燥，尤其是双组分的涂膜干燥时间较长。国标规定的测试时间是涂膜干燥一周后，若涂膜未干燥是非常容易在涂膜划出痕迹或划破涂膜的。

②不同的测试标准要求用的铅笔不同，而不同品牌同一级别硬度的铅笔的实际硬度可能不同，如丰田机械标准常用三菱标准铅笔测试硬度，其同一硬度级别的铅笔实际硬度就比中华铅笔（国标测试标准铅笔）的高。

③不同的测试标准对结果的要求不同。如有的要求是在涂膜上出现划痕为测试结果，有的则是划破涂膜为测试结果。因此，在讨论铅笔硬度时，也应该非常客观地看待测试标准以及测试条件。

（3）单摆法也是测量硬度的方法，其原理是用一个特制的小球在涂膜上做摆动，涂膜在球的作用下逐渐形成一个凹坑，当凹坑足够深时会限制球的摆动，而通过球摆动停止的时间就可以测量涂膜的硬度。越硬的涂膜形成凹坑的时间越长，越软的涂膜越容易形成凹坑，因此，测试的时间越长则表示涂膜越硬，反之，则越软。

（4）还有一种方法叫做硬压法，其原理是将一类似钻石的硬物放置于涂膜表面，施加一定的压力并延续一定的标准时间，然后测试印痕的深度来衡量涂膜的硬度，越硬的涂膜印痕越浅，越软的涂膜印痕越深。

4.3.3.5　附着力检测

涂膜的附着力是指涂膜与被涂物面之间的结合力，用它表示涂膜与被涂物之间的结合牢固程度。目前，测定涂膜的附着力常采用两种方法，即综合测定法和剥落测定法。综合测定法包括栅格法、交叉划痕法和画圆法；剥落测定法包括扭开法和拉开法。根据

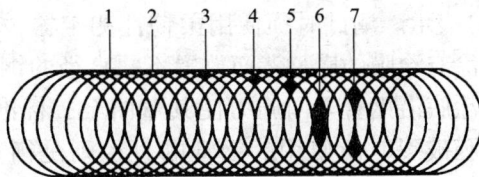

图 4-3-6　划痕圆滚线

GB 1720—1979 规定，广大企业普遍使用综合测定法中的画圆法来测定涂膜的附着力，所得的结果也被广泛认同。

1）画圆法

画圆法即用附着力测定仪在喷涂样板上，按圆滚线画出一圈一圈的划痕，然后查看划痕范围的涂膜完整程度来进行评定。

测定方法：待喷涂样板彻底干燥后，在恒温、恒湿条件下测定。测量时首先调整划针的回转半径，直至与标准回转半径 5.25 mm 的圆滚线相同为止。将样板放在试验台上并固定，在荷重盘上添加砝码，使转针的尖接触到涂膜并能划至金属层。按顺时针方向均匀摇转摇柄，转速以 80 ~ 100 r/min 为宜，圆滚线划痕标准图长为（7.5 ±0.5）cm。取出样板，用毛刷清除漆屑，以四倍放大镜观察划痕并做出评定。

评定的方法：以样板上划痕的上侧为检查的目标，依次标出 7 个部位，相应地将其附着能力分为 7 个等级，按顺序检查涂膜的完好程度。例如部位 1 涂膜完好，附着力评为一级；部位 2，3，4，5，…均有不同程度的脱落，依次评为 2，3，4，5，…等级，部位 7 脱落最多，评为 7 级，如图 4-3-7 所示。测试的结果以至少两块测试样板的结果一致为准。这种方法用来做不同涂料或不同底材的附着力比较测试较为常用。

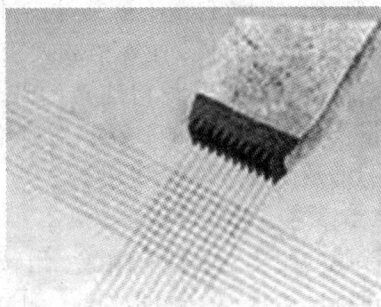

图 4-3-7　百格刀

2）划格法

在没有测试仪器的情况下，可以使用一种比较简便易行的方法，进行附着力测试。划格法是在单位面积的涂膜上用刀将涂膜划格等分成若干份，然后用胶带（不同的测试标准对胶带的要求不同）完全黏住被划格的涂膜，用力拉胶带，这时有些小格中的涂膜可能会黏附在胶带上而剥离，而仍然附着的小格占所有小格数目的百分比则表示该涂膜的附着力。百分比越高则表示附着力越好。不同的测试标准对划格的数目及尺寸有不同的要求，如有的标准要

求划横竖各 11 条线，即 100 格，有的要求横竖各 6 条线，即 25 格；有的标准要求每条线的间隔为 1 mm，有的标准则要求间隔 2 mm。汽车修补涂装的要求一般是间隔 2 mm，100 格，国际测试标准的要求也是如此。

4.3.3.6　柔韧性检测

涂膜的柔韧性又称为弹性或弯曲性（图 4 - 3 - 8），是指涂于一定规格金属板上的涂膜能够经受的最大弯曲程度（最小弯曲直径），即涂膜经过一定程度的弯曲后而不发生破坏的性能，用弯曲直径（mm）表示。测试时须使用柔韧性测定器，其原理是将涂有涂膜的底材背面放置不同直径的钢管，然后对涂膜沿钢管方向施力使其弯曲至一标准程度，当涂膜破裂时所使用的钢管的直径则是衡量涂膜柔韧性的结果，结果的数值越小表示涂膜柔韧性越大，反之则越小。当对涂装系统包括底漆和面漆的系统进行测试时，可能每一层涂膜会出现不同的结果。

图 4 - 3 - 8　柔韧性检测

4.3.3.7　耐冲击性检测

涂膜的耐冲击强度是指涂膜能承受外来冲击而不损坏的程度。根据 GB 1732—1979 涂膜的耐冲击测定法规定（图 4 - 3 - 9），以钢锤的重力与其落于涂膜样板上而不引起破坏的最大高度的乘积 N·cm 来表示，并同时指明钢锤的直径。

测试方法：按国标规定，待测试样板涂膜彻底干燥后在恒温、恒湿条件下进行。涂膜向上，将样板放置在试验器下部的铁砧上。样板承受冲击的部分距边缘不少于 15 mm。钢锤控制在一定的高度（通常为涂料产品标准规定的高度），按压控制按钮，钢锤自由下落并冲击冲头，冲头冲击涂膜样板。提起钢锤，取出样板，用 4 倍放大镜观察涂膜有无裂纹、皱纹和剥落等破坏现象。值得注意的是，不同的测试标准，钢锤的质量及直径是不同的，因此在讨论试验结果时一定要注意测试标准及测试条件。

图 4 - 3 - 9　耐冲击性检测

4.3.3.8　耐化学品性检测

涂膜的耐化学品性有耐酸、耐碱、耐溶剂以及耐特定条件下的化学品，若是耐酸碱性常在测试标准中规定酸碱的浓度。测试的方法有的是浸泡，有的是液滴，有的是擦拭，因此试验结果也不同。一般浸泡和液滴的试验结果用耐化学品的时间来表示，擦拭的试验结果则是用耐擦拭的次数来表示的。因此在讨论涂膜的耐化学品性时一定要注意测试标准和方法。

4.3.3.9　耐候性检测

涂膜的耐候性是汽车修补涂料非常重要的性能，因为汽车大部分时间是暴露在大气、阳光、风和雨中，涂膜的耐候性将直接影响汽车的使用寿命。这里简单介绍盐雾试验、耐湿热试验、暴晒试验、紫外光照射试验及气候模拟试验等涂膜耐候性测试项目。

4.3.3.9.1　盐雾试验（耐蚀性试验）

　　盐雾试验是评价底漆及涂装系统耐腐蚀的重要指标。盐雾试验是在盐雾箱中进行的,盐雾箱是一个密封的箱子,内置喷雾器中会不断喷出一定浓度的盐水(即氯化钠溶液),盐雾箱内的温度可以调节(图 4 - 3 - 10)。测试时常设定盐雾箱的温度并不断地对试板喷盐水,将试板和标准板一起放置于盐雾箱中进行对比试验,或将试板表面呈一定形状划破(通常为十字),露出裸金属,金属表面腐蚀到一定程度时所经受的时间即为测试结果。不同测试标准对盐水的标准浓度要求不同,而且对涂膜表面划破的情况以及最终被腐蚀的程度都不一样,因此一定要注意测试标准。

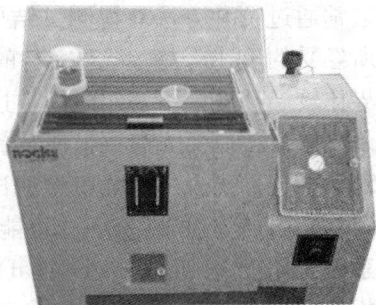

图 4 - 3 - 10　耐盐雾试验

　　2)耐湿热试验

　　涂膜的老化性若在自然条件下测试一般需要较长的时间,如一年、两年,所以常常采用加速老化试验。耐湿热性是加速老化试验中的一种,即在比较极端的正常条件下测试涂膜的耐腐蚀性能。该试验的基本过程是将试板放置于底部装水的柜子中,而柜中的温度比较高,而且被控制在一定的温度范围内,这样导致试板上大量聚集水分,试板在这种条件下持续规定时间,若试板上未出现明显的起泡或锈蚀则通过测试(图 4 - 3 - 11)。

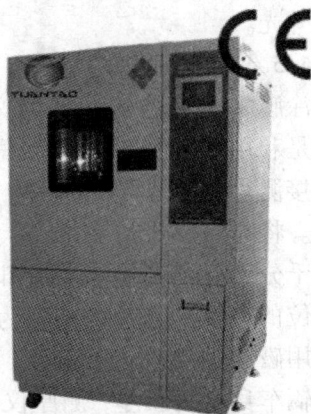

图 4 - 3 - 11　耐湿热试验

　　3)暴晒试验

　　暴晒试验是检验涂膜在天然环境中的耐候性。一般是把试板呈 45°朝南放置一定的时间,如一两年等。比较有代表性的测试暴晒场有美国的佛罗里达(florida)和澳大利亚的 Allunga 等。测试时常常遮蔽试板的一部分,在测试完成后,对比被遮蔽和未被遮蔽部分涂料的颜色、光泽及其他性能以衡量涂膜的耐候性。我国标准要求汽车修补涂料耐候性的测试暴晒场是在广州,历时 24 个月。

　　4)模拟气候试验

　　若每一个被研制出的配方都经过自然条件检测对于涂料供应商是不可行的,因此常常通过模拟气候试验检测涂料性能后,再决定是否在生产中使用该配方或继续改进配方。模拟气候试验一般是在人工老化测试仪中进行的,自然条件无法控制,但人工老化测试仪则可以严格控制各种气候条件,如光线、温度和湿度等。测试时试板被固定在老化仪中,其中有一个(图 4 - 3 - 12)慢速旋转的滚筒,内置弧光灯来模拟晴朗天空的阳光并不断给试板加热;另外还有向试板不断喷水的装置,水既

图 4 - 3 - 12　模拟气候试验

可以模拟雨不停地喷洒，又可以冷却试板。这种冷热及干湿交替的环境可以导致涂膜被破坏。通常通过两种方法获得测试结果，一种是和标准板的平行比较；另一种是取得涂膜被损伤前所经受的上述冷热、干湿交替的次数或经历的时间。一般在人工老化仪内 250 h 相当于自然界比较温和气候下一年时间。这类人工老化仪非常昂贵，因此人工老化测试仪有时可以用紫外光照射或氙弧光灯照射所替代。

5）紫外光照射及氙弧光灯照射试验

紫外光照射仪（图 4 - 3 - 13）能提供高强度的紫外光环境，一般 1000 h（41 d）的紫外光照射相当于在美国佛罗里达暴晒一年的紫外光吸收量。氙弧光灯的前身是碳弧光灯，由于氙光更接近自然光，特别是其光线经过过滤，可以削弱一些多余的紫外光并吸收多余的红外光。

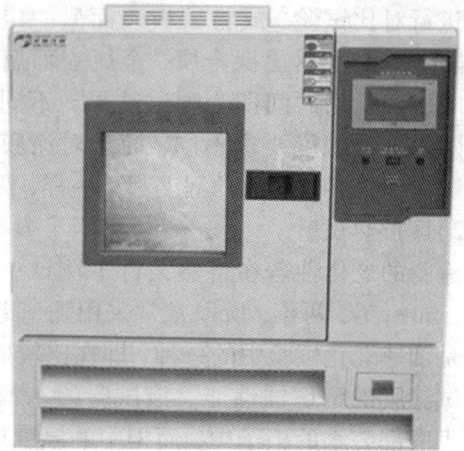

图 4 - 3 - 13　模拟紫外线试验

4.3.3.10 涂膜厚度检测

涂膜的厚度检测目前常采用两种方法，一种是利用千分尺来进行测量，这种方法不能直接测得被涂车辆的膜厚，只能测量喷涂样板。将喷涂样板遮盖后进行喷涂，待干燥后用千分尺分别测量未喷涂部位的厚度与喷涂部位的厚度，两者之差即为膜厚。另一种是采用磁性测厚仪进行测定，常用于测量被涂车辆车身上的膜厚，测厚仪如图 4 - 3 - 14 所示。用磁性测厚仪测量膜厚也有缺点，它只能测量钢铁等导磁金属表面的涂膜厚度，对不导磁物体则无法测量。

若汽车车身表面经过多次修复或涂有很厚的原子灰层，会影响导磁，从而导致不能测量，使用磁性测厚仪测量时首先要进行归零处理：取出探头，插入仪器的插座上，选用一块与被测物底材相同的材料，擦洗干净，把探

图 4 - 3 - 14　漆膜测厚仪

头放在底板上按下电钮，再按下磁芯。当磁芯跳开时如指针不在"0"位，则需调整调零电位器使其归零，调零后即可以进行测量。取距样板边缘不小于 1 cm 的被涂物面上的几个点进行测量，将探头放在被测涂膜上按下电钮，再按下磁芯，使之与被测涂膜完全吸合，此时屏幕上就会显示出涂膜的厚度值。取测量各点厚度的算术平均值作为被测涂膜的平均厚度值。

同一测试项目常有不同的测试标准，表 4 - 3 - 5 中列举了常见测试项目的国标测试标准和其他国际测试标准供大家参考，比较测试结果不能只看数值，而应结合测试标准及测试条件全面地比较。

表 4-3-5 常见测试项目的国标测试标准及其他国际测试标准

测试项目	国际测试标准	国际测试标准
涂料的状态	GB 3186	
黏度	GB 6753.4	BS 3900 A6
细度	GB 7653.1	BS 3900 C6, ISO 1524
铅笔硬度	GB 6739	BS AU148
划格附着力	GB 9286	BS 3900 E6, ASTM D335Y, JIS KS4008.5.2
抗冲击性	GB/T 1732	ASTM D2794, BS 3900 E3, JIS K5400B8.3.1
弯曲柔韧性	GB 6742/GB 11185	ASTM 0522 B. BS 3900 E1, ISO 1519, DIN 53152
耐湿热性	GB 1740	ASTM D2247, JIS D54009.2, BS 3900 F9, ISO 6270
盐雾实验	GB 1765	ASTM B117, DIN 50021
耐汽油	GB/T 1734, GB 9274	ASTM D2792, JIS K5400 8.24
氙灯	GB 1865	ASTM G86
QUV	GB 1865	ASTM G53

任务 4　汽车涂装的颜色管理方式

能力目标
- 能说明认识色彩的构成，色调、明度、彩度
- 能说明孟塞尔颜色体系的组成和表示方法
- 能通过颜色标准传递说明汽车涂装颜色管理的方式

知识目标
- 认知颜色的形成和投射光的关系
- 认知计算机调色和人工调色的差异
- 认知汽车企业色卡的标准位置

素养目标
- 工作中的合作意识、团队观念
- 独立思考、善于总结
- 按标准做事，遵章守纪

【任务引入】

带着问题观看微课视频《应用色轮做设计》，讨论并回答下列问题：

(1) 什么叫颜色？颜色的三属性是指什么？各有什么含义？

(2) 什么是三原色？什么是三间色？

(3) 如何协调颜色的方案的色调？形成统一的效果？

（4）汽车的颜色定义是怎样确定的？并怎样进行管理的？

图4-4-1　《应用色轮做设计》微课

图4-4-2　《应用色轮做设计》二维码

4.4.1　调色的基础知识

4.4.1.1　颜色的定义[3]

颜色是根据色调、明度和彩度来描述的物体的某个特征。物体对光线有选择性地吸收、反射、透射而产生颜色。

当物体吸收了太阳光中所有的可见光，便呈现黑色；如果它反射了所有波长的可见光，便呈现白色；如果能全部透射太阳光，它就是无色透明体；如果只反射（透射）一部分波长的可见光，其余波长的可见光被吸收，物体则呈现反射（透射）光的颜色。

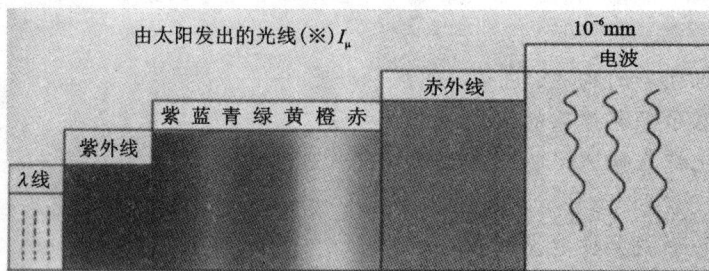

图4-4-3　太阳光光线的分布

4.4.1.2　颜色的性质

人们描述一个矩形的容器可以用它的长度、宽度和高度，描述一个圆柱体的容器可以用它的直径和高度。颜色也可以通过数个属性定量地进行描述。色调、明度、彩度，也称为颜色的三个空间或颜色三属性，如图4-4-4所示。

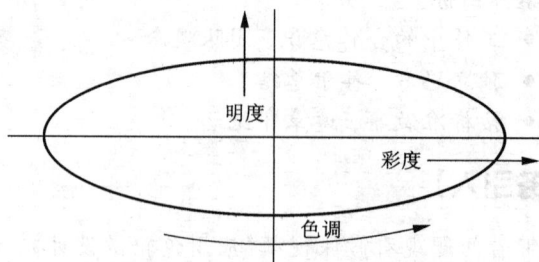

图4-4-4　颜色的三属性

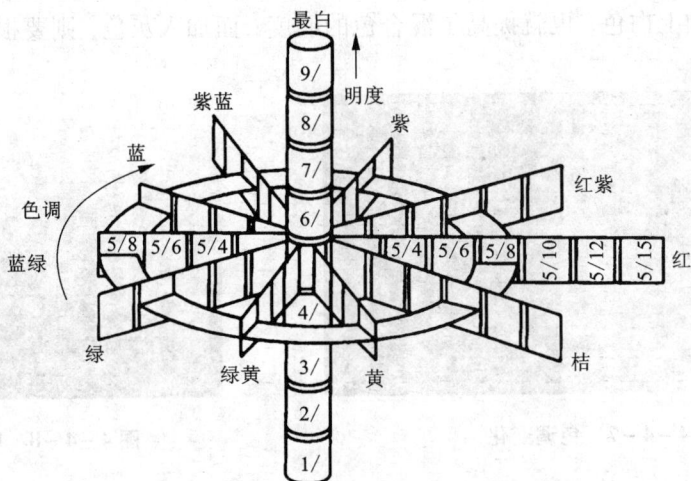

图 4-4-5　颜色的三属性坐标

1) 色调

色调(也叫色相或颜色名称)是颜色之间的区别,是一定波长单色光的颜色相貌。色调是色彩的第一种性质(属性),色彩系统中最基本的色调是红色、黄色和蓝色,它们也称为"三原色",如图 4-4-6 所示。

橙色、绿色、紫色又是红、黄、蓝三原色按 1:1 的比例两两调配出来的,为"三间色",这六种颜色又统称为颜色的六种基本色调。我们把这些色调排列成一个圆环,沿着圆环的周边每向前一步,色调都会产生变化,如图 4-4-3 所示。若从色光的角度来看,色调又随波长变化而变化,紫红、红、橘红等都是表明红色类中间各个特定色调,这三种红之间的差别就属于色调差别,同样的色调可能较深或较浅。

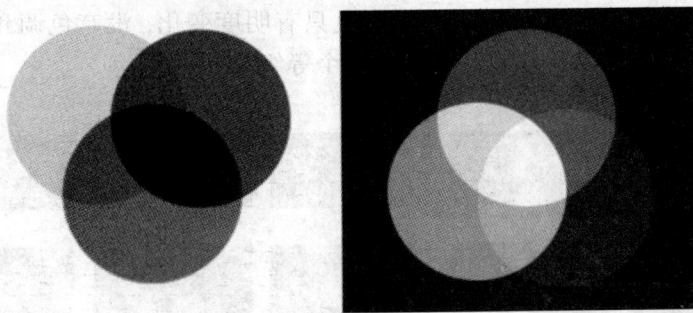

图 4-4-6　三原色、三间色

2) 明度

明度是人们看到颜色所引起视觉上明暗(深浅)程度的感觉,也叫亮度、深浅度、光度或黑白度。明度随光辐射强度的变化而变化,是色彩的第二个最容易分辨出的属性。明度是一种计量单位,它表明某种色彩呈现出的深浅或明暗程度。同一色调可以有不同的明度,例如红色就有深红、浅红之分。不同色调也有不同的明度,如在太阳光谱中,紫色明度最低,红色和绿色明度中等,黄色明度最高,人们感到黄色最亮就是这个道理。明度可标在刻度尺上，从黑至白依次排列，如图4-4-8所示。愈近白色，明度愈高；愈近黑色，明度愈低。因此无论哪个颜色加上白色，也就提高了混合色的明度；而加入灰色，则要根据灰色深浅而定。

图4-4-7 色调变化

图4-4-8 明度变化

3）彩度

彩度是表示颜色偏离具有相同明度的灰色的程度，是颜色在心理上的纯度感觉。彩度还有纯度、鲜艳度或饱和度之称。彩度是色彩的第三个性质，是一种不易觉察并经常受到曲解的性质。除非我们比较同一色调和明度的两种颜色，我们才会意识到它的表现形式。做这种比较时，我们通常会使用"鲜艳"或"黯淡"、"鲜亮"或"浑浊"这样一些词语来进行描述。在图表的中央，颜色看上去很黯淡，沿着图表的中央每向外一步，彩度的值就会相应增加，而颜色看上去也更加鲜亮，如图4-4-9所示。当某一颜色浓淡达到饱和，而又无白色、灰色或黑色渗入其中时，即称正色。若有黑、灰渗入，即为过饱和色；若有白色渗入，即为未饱和色。

每个色调都有不同的彩度变化，标准色的彩度最高（其中红色最高，绿色低一些，其他居中）；黑、白、灰的彩度最低，被定为零，称之为消色或无彩色。除此之外其他颜色称之为有彩色，有彩色有色调、明度和彩度变化；无彩色只有明度变化，没有色调和彩度。无彩色从白到黑的黑白层次为明度等级，从0~10共11个等级。

图4-4-9 彩度高—低的变化

4.4.1.3 孟塞尔颜色定位系统

随着工业的发展，特别是棉纺织产品的印染加工，人们需要有一个统一的颜色系统，进行颜色交流。1915年，美国实用艺术家和教育学家孟塞尔（Munsell）所创立的颜色定位系统，在孟塞尔颜色系统中，色调被分成五个主色调，即红（赤）、黄、绿、蓝（青）和紫。在相邻的两个颜色之间又定义了五个次色调，即红—黄（橙）、黄—绿、绿—蓝、蓝—紫，最后是红—

紫。因为红—紫相当于第一个主色调红色与最后一个主色调紫色的混合，所以习惯上我们就把所有的色调组成了一个环，如图 4 - 4 - 10 所示。

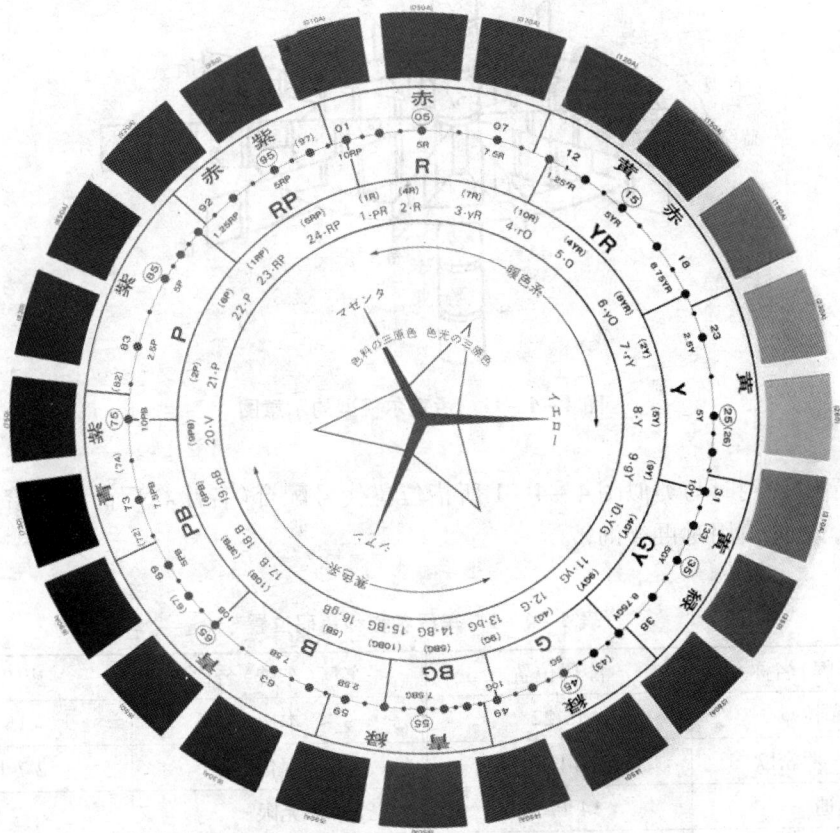

图 4 - 4 - 10 孟塞尔模型的色环图

在图 4 - 4 - 10 所示的孟塞尔模型的色环中，我们看到所有颜色分为 10 个色调，每个色调用 0 ~ 10 刻度表示，5 是标准色，如 5R、5G 分别代表标准红色调和标准绿色调。

根据颜料产生颜色的原理，当色环上某个颜色和其中心对称的颜色发生混合时，将表现出灰黑的色调，例如红加上绿变黑。我们利用这个色环，还能同时表现出颜色的彩度，即饱和度。颜色离中心越远、越纯净，彩度越高；颜色靠中心越近、越灰，彩度越低。彩度也有刻度，是 0，2，4，6，8，…，当彩度是 0 时，就是颜色系统的中轴，即色调是 N，是中性颜色，是没有色彩的白、灰或黑色，见图 4 - 4 - 11。

利用孟塞尔颜色系统可以定量地测量颜色，如 5 R4/14 代表亮度是 4、彩度是 14 的正红色，在孟塞尔颜色系统的图册中可以找到这个颜色的色卡，所以在世界各地的人就可以用颜色的三个属性的数据进行颜色交流了。

4.4.1.4 色号的查询

大多数汽车的颜色信息（即原厂色号）附在车身某个或几个特定部位上（即色号牌上）。查看汽车厂出厂的编码板，记下编码板上所示汽车制造厂商的油漆编码（VIN），对调色非常有帮助。不同的厂商油漆编码的位置是不同的。表 4 - 4 - 1 列出了部分国外汽车制造厂商油

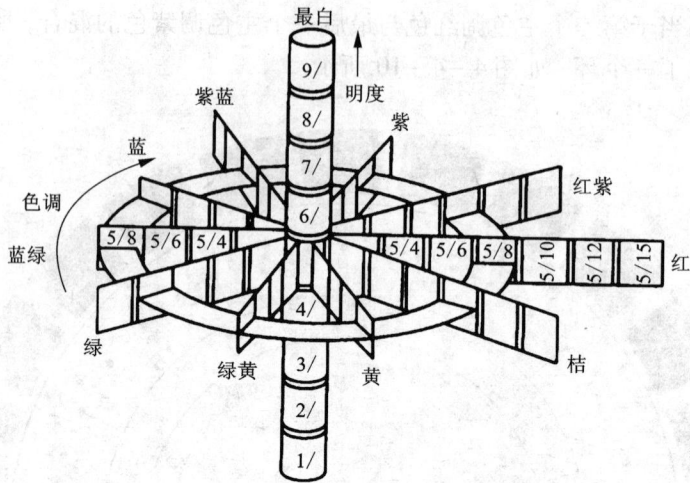

图4-4-11 孟塞尔模型的示意图

漆编码的位置,使用时与类似图4-4-1所指位置代号配合(各涂料厂商都会给出更为详细的图册资料,具体使用时再查询)。

表4-4-1 车厂名称和色码位置

车厂(车牌)名称	漆码位置	车厂(车牌)名称	漆码位置
阿库拉	15 22	本田	15 22
阿尔法·罗密欧	5 8 14 17 18	现代	2 7 10 15
奥迪	14 17 18	无限	7 10
宝马	2 3 4 7 8	迷你	22
克莱斯勒	2 4 5 8 9 10	五十铃	2 7 10 13 15
雪铁龙	2 3 4 7 8 10	依维柯	5
大宇	2	美洲貌	2 4 5 15
达夫	12	起亚	15
大发	2 7 10 20 22	拉达	4 5 8 17 18 19
托马斯	15 18	朗勃基尼	18
法拉利	5 18	兰西亚	4 5 18
菲亚特	4 5 14 18	兰德·罗孚	2 3 7 10 15 17
欧洲福特	2 3 4 7 8 15 17 18	凌志	3 7 10 15
福特	15	莲花	3 8
波罗乃茨	7 10	马萨拉蒂	5
伏尔加	18	马自达	7 10 15
通用	2 7 10 12	奔驰	2 3 8 10 12 15 24

表 4－4－2　车厂名称和色码位置

车厂(车牌)名称	漆码位置	车厂(车牌)名称	漆码位置
三菱	2 3 4 5 7 8 10 15	双龙	12 15
莫斯科人	14	土星	19
日产	2 4 7 10	西特	3 8 17 18
欧宝	2 3 4 7 8 10	斯柯达	8 10 17
标致	2 3 8	斯马鲁	2 7 8 10 11 15
波尔舍	2 7 8 10 12 15	铃木	7 10 11 17 20 23 24
伯罗顿	2 7 10	白鱼	2 3 4 7 8 9
利拉特	3 4 7 9 10	丰田	3 4 7 8 10 11 12 15 17 23
雷诺	3 7 8 10 15	伏克斯豪尔	2 8 9 10
劳斯莱斯	3 5	大众	1 2 3 7 8 14 17 18 19
罗孚	2 3 5 7 10	沃尔沃	2 3 7 8 10 11 12 15
萨伯	3 8 10 15 17	南斯拉夫红旗	2 3 5 18

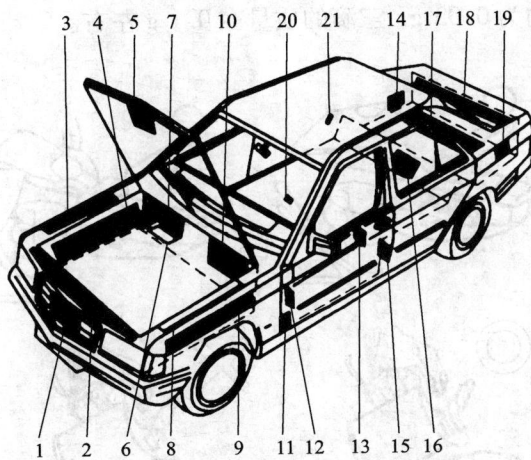

图 4－4－12　色卡、色号的位置

4.4.2　人工调色技术

4.4.2.1　表面准备

在日常工作中，我们通常所使用的配色标准板(油箱盖、车身部位)，表面往往有许多污染物，可能会影响颜色的比对效果。因此，在配色前应该用细蜡进行清洁处理，以免造成将来车身上的颜色差异。

4.4.2.2　色卡的对比

如果在车身上无法找到原厂色号，那么可以利用油漆公司提供的各种色卡，从色调、明度、彩度三个方面进行比对，挑选出相对接近的颜色，然后根据色卡查出对应的胶片标号，即可得出相对接近的配方。

4.4.2.3 配方的查询

在车身上查到原厂漆号或通过色卡比对找到色号后，查出正确的微缩胶片号，用阅读机进行阅读，找到正确的配方。当然也可以用电脑查到配方，因为电脑中存有所有色卡配方，用户只需将查找到的色号和所需份量输入电脑就可直接查阅计算好的配方数据，快捷、方便、计算准确。

4.4.2.4 计量添加色母

找到颜色配方，确定需要油漆的数量，利用电子秤计量添加相关色母的重量。在添加色母时，最好首先倾斜漆罐，然后逐渐拉操纵杆，让色母慢慢倒出。如果先拉操纵杆，那么当漆罐倾斜时可能有大量色母立即倒出。为了在倾斜末尾进行精细调整，也必须小心操作操纵杆，以控制色母流量，如图 4 - 4 - 14 所示。虽然各种色母的重量因颜色而异，但是通常情况下一滴的质量大约为 0.03 g，三滴的质量在 0.1 g 左右。

一汽大众汽车

色号: LA5C
车色: 冲浪蓝(偏浅)
车型: 开迪

色母	1升单量	1升累积
30-S00	267.6	294.6
30-S520	313.6	608.2
30-S410	255.8	864.0
30-S010	99.2	963.2
30-S920	68.2	1031.4
30-S160	1.0	1032.4
35-M00	267.6	267.6
35-M1510	331.4	599.0
35-M1410	148.9	747.9
35-M1010	111.2	859.1
35-M1920	75.3	934.4

图 4 - 4 - 13　大众汽车的色卡和反面的配方

(a)正确　　　　(b)错误

图 4 - 4 - 14　添加色母

在添加完所有色母后，要用搅杆或比例尺混合涂料，以产生均匀的颜色。如果涂料黏到容器的内壁，要用搅杆刮下涂料，以防产生色差。

4.4.2.5 对比色板

添加并搅拌均匀后的涂料，从色相、明度、彩度三方面与待调配的标准色板进行比对，以保证调配良好。比对方法有比较法、点漆法、涂抹法和喷涂法。

4.4.2.6　添加色母进行微调

如果颜色的比对结果表明所调颜色与汽车的颜色不一样，则必须鉴定出应添加哪一种色母，继而添加该色母以获得理想效果，这个过程就是"精细配色"或"人工微调"。这是一个比较和添加涂料的循环，直至获得理想的汽车颜色。

确定颜色调得多么接近是一项困难而重要的工作，虽然涂料的颜色越接近汽车的颜色越好，但是在实践中有一个点，达到此点我们便可认为颜色已经够接近了，不会有问题了。最好用比色计，用数字表示颜色相差的程度，但是如果没有比色计，那么就必须靠我们的双眼，最好让尽可能多的人来帮助进行鉴定，做出结论。

在汽车面漆修补过程中涉及到的涂装颜色种类，粗略地可以认为分成三大类：素色漆、金属色漆和特殊效果色漆。这里，金属漆包含我们通常所说的银粉漆和珍珠漆。

素色和金属色几乎就是当今所有汽车颜色的范围，在实际应用时，习惯把其中的金属色漆细分为两工序金属漆和三工序金属漆。

特殊效果色漆往往用于汽车内饰件表面，例如仪表板、门把手等。这类颜色多数需要使用到特殊的纹理添加剂，或是一些常规修补涂料以外的工艺。

4.4.2.7　喷涂操作

把微调完毕的涂料，按要求添加相应比例的固化剂、稀释剂并混合，按正确的施工程序进行涂装，注意采用合适的修补技巧，以达到无痕迹修补。

4.4.2.8　条件等色检查

在进行颜色调配时，偶尔会出现一些特殊情形，例如在某种光源下两件物体呈现相同的颜色，但在不同的光源下进行观察时，则会出现明显的色差，这种现象我们称为条件等色，又称光源变色、颜色异构。其原因是光源中各种彩色光线的强度不同造成的，这是在调配色漆的过程中需要注意的一个问题。

不同的颜料具有吸收和反射特定波长及能量的色光的能力，而调色的实质则是在当时的光源条件下筛选组合不同的颜料，确定它们的配比，使混合后的涂料能够在该光源下反射某种颜色所具有的波长及能量的光线。有时可以用不同组合和比例的色母调配出非常近似的颜色，而且这两种颜色都能够达到修补的要求，即配方不同，颜色相同。我们一般是在自然日光下进行调色工作的，如果把上述不同配方的颜色置于其他光源下，这两种颜色的差

图 4 - 4 - 15　标准光源下条件等色检查

异可能就会显现出来了。判断两个色漆是否是条件等色的方法就是在日光(或标准的人造光源)和白炽灯光下对比这两个颜色(图 4 - 4 - 15)，如果在这两种光源下色漆的颜色都相同，基本可以排除条件等色。

4.4.3　计算机调色技术

4.4.3.1　计算机调色的概念

计算机调色技术一般用在涂料制造厂和简单颜色用量较大的涂装行业。目前涂料颜色测量技术发展很快，而且测量精度有很大的提高，理论基础就是在前面中介绍的孟塞尔颜色理论。描述颜色可以从它的三个属性(色调、明度和彩度)进行，这三个属性可以用(L^*, a^*, b^*)一组数值来表示，这样颜色就可以通过这组数值进行量化计算及测量。

4.4.3.2　色彩空间的建立

既然要量化描述颜色，首先需要建立一个数值坐标。用两条相互垂直且通过色环中心的数轴形成一个平面直角坐标，以纯正红色和纯正黄色分别作为坐标轴的正方向，这样，与其相对的纯正绿色和纯正蓝色就是坐标轴的负方向。然后把坐标轴标上刻度，在这个平面坐标上的每一个点就表征一个具体的色调和彩度，通过坐标上的一对数值(a^*, b^*)就可以唯一地描述其在平面坐标系上的位置。若点与原点的距离越大，代表颜色越鲜艳，即彩度越高。再用垂直于平面坐标的第三条数轴表示颜色的另一个属性——亮度，轴上的点代表了颜色的亮度，由下往上亮度逐渐升高。

这样就建立了一个色彩空间，理论上这个"空间"内的点就代表了我们能够看见的所有颜色。例如对于空间内的点 A，在三条数轴上分别做出投影，利用刻度可以知道点 A 在色彩空间的坐标数值为(L^*, a^*, b^*)，这组数字唯一地标识了一个颜色。但是这里的三个数值与孟塞尔系统中的三个参数是有所不同的，这里的(a^*, b^*)两个数值代表平面坐标中的一点，这个点既表明了颜色的色调又表示了颜色的彩度，而孟塞尔系统中的色调和彩度是用两个参数分别表示的。

图 4 - 4 - 16　计算机颜色测量

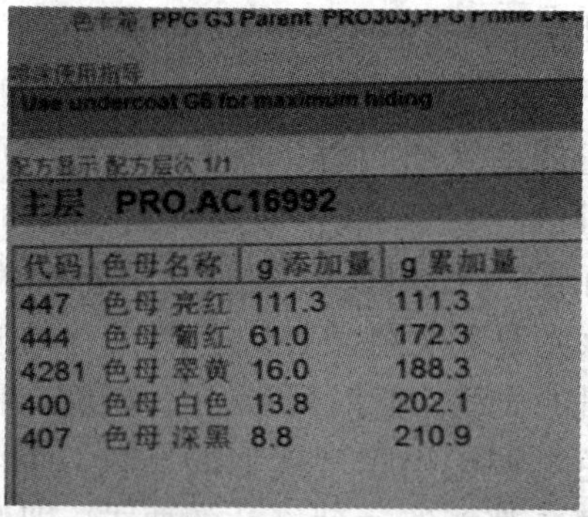

图 4 - 4 - 17　计算机给出颜色配方

4.4.3.3　计算机调色的应用

以当代计算机调色技术的发展水平，纯色漆(素色)可以测量得很精确，多次测量的结果重复性较好；而金属漆测量效果稍差，只能通过多次测量求其平均值。通常情况下，由于人为因素和环境因素的影响，在比较两个颜色的色差时会存在偏差。若利用精密的光学仪器，可以把所有的误差减到最小，保证颜色的质量。测色仪有各式各样，在试验室使用的仪器除了能在显示屏上显示出测量的数值外，还可以和计算机联机，利用计算机程序处理测量的数据, 使结果更准确。在调色工程中, 把每次微调后的颜色制成试板, 利用测色仪测量 (L^*, a^*, b^*) 值, 比较每组测量结果, 然后结合人眼的判断再对涂料进行微调。当然这样的工作流程只适合于在试验室操作, 所以这种方法一般被工厂生产时采用, 例如涂料生产商、印刷厂等。

随着光学仪器更精密、计算机硬件和机械制造水平更先进, 出现了集测色、调色一体化的真正意义上的"计算机调色机"。只要用一块色板, 先由测色仪测定 (L^*, a^*, b^*) 值, 然后输人简单的命令, 内部的机械机构开始运作, 准确地倒出需要的色浆, 完成调色过程。但是这对于修补涂料来说, 并不实用, 因为修补涂装的金属色比较多, 而且必须进行人工喷涂。这样的机器暂时只能使用在颜色简单(指纯色)的领域, 如内、外墙装饰等。

即使这样, 测色仪还是在汽车修补涂装领域进行了一些应用。图 4-4-18 所示是某种修补涂料的专用测色仪, 可以测量出颜色的 (L^*, a^*, b^*) 值, 并将测量的数据通过计算机在配方数据库中搜索, 找出最"接近"的颜色配方供参考。这一方法对纯色漆一般较准, 有一定应用; 但对金属漆就稍差, 往往只能获得一个接近的起点需要再做微调。

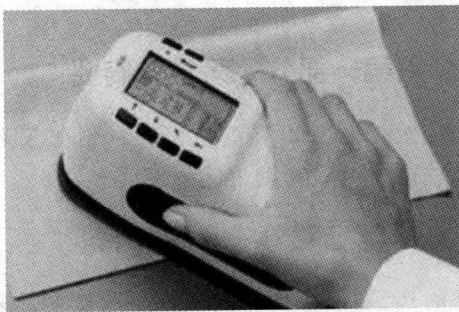

图 4-4-18 测色仪

课后思考题

1. 什么叫颜色? 颜色的三属性是指什么? 各有什么含义?

2. 什么是三原色? 什么是三间色?

3. 在孟塞尔颜色体系中如何表示颜色的三属性?

4. 简述吸力式、重力式和压力式喷枪的优缺点。

5. 什么叫黏度? 涂料的黏度是如何检测的?

6. 涂膜的光泽度是指什么? 光电光泽计的检测原理是什么?

7. 什么是涂膜的附着力硬度? 常用检测方法有什么, 是如何检测的?

青年创业项目策划书

项目名称：_____

团队名称：_____（可选填）

指导老师：_____（可选填）

日　　期：_____

学校名称：_____

负责人联系电话：_____

负责人电子邮件：_____

第一部分　策划书摘要

【说明：策划书摘要应该尽量控制在 2 页纸内完成。创业策划书摘要应该涵盖改策划书的所有要点，浓缩所有精华，并要求简洁、可信、一目了然。】

第二部分　产品/服务

【说明：主要介绍拟投资的产品/服务的背景、目前所处发展阶段、与同行业其他企业同类产品/服务的比较，本企业产品/服务的竞争优势，包括性能、价格、服务等方面的新颖性、先进行和独特性等。】

第三部分　行业及市场情况

1. 图表说明目标市场容量的发展趋势。
2. 本企业与目标市场内，至少两个主要竞争对手的比较：

竞争对手	竞争优势	竞争劣势
本企业		

第四部分 组织与管理

团队成员名单:

序号	职务	姓名	学历或职称	联系电话
1				
2				
3				
4				
5				

第五部分 产品营销策略

产品销售实施与策略:

第六部分 产品经营模式

1. 产品的经营模式说明。
2. 销售价格的制订。

第七部分 财务计划

1. 投入资金的最小值以及盈亏平衡分析。
2. 预计毛利润率为_____%,纯利润率为_____%。

第八部分 风险评估与防范

【请详细说明该项目实施过程中可能遇到的风险以及控制、预防手段(包括可能的政策风险、技术开发的风险、经营管理风险、市场开拓风险、财务风险、投资风险、对团队关键人员依赖的风险等。每项要单独叙述控制和防范手段)。】

第九部分 项目实施进度

详细列明项目实施计划和进度(注明起止时间):

项目五　申报玻璃涂胶机器人的技改项目

【观察与思考】

我们已经完成汽车的冲压、焊装、涂装的工程设备的学习,现在进入总装车间需要将汽车内装饰件、电气部件、动力总成安装到车身上。总装车间一个车型就有零部件954种、1552个,分别要送到72个不同工位,还有6种颜色的配置。如何完成将近3千种零部件的供给上线呢? 汽车的总装的流水线主要有哪几种呢? 分别完成哪些装配和连接任务? 如何把上车身和底盘动力总成可靠地连接在一起? 已装好的车辆应达到哪些标准,如何来检验呢? 要完成以上工作又需要哪些设备来支持和实现呢? 一块前风挡玻璃需要两个人米抬才能黏接,如何更省力? 要搞清楚这些问题,下面就开始本项目的学习。

本项目安排了三个任务,首先我们学习总装车间构成、汽车总装的排产管理方式和 MES 系统;再通过学习汽车总装的工艺设备,熟悉工艺设备保养和检验流程,按照风挡玻璃工艺流程卡和 KUKA 机器人的技术手册,完成玻璃涂胶机器人的技改项目申报书编制。

任务1　汽车总装车间构成、排产管理方式

能力目标

- 能说明汽车装配的概念、特点和主要的设备
- 能说明汽车装配的工艺流程和工艺方法
- 能通过总装的排产管理方式说明汽车生产节拍
- 能说明 MES 系统处理销售、生产订单流程

知识目标

- 认知汽车装配车间主要设备的作用
- 认知汽车装配工艺流程卡的作用
- 认知缩短汽车企业生产节拍的价值

素养目标

- 工作中的合作意识、团队观念
- 独立思考、善于总结

● 按标准做事，遵章守纪。

【任务引入】

观看视频《宝马汽车装配生产线》，讨论并回答下列问题：

（1）为什么他们车辆是倾斜的？有什么作用？中国大部分汽车厂为什么没有？

（2）你看到哪些装配工艺方法和工具？用什么进行检验的？

（3）你认为哪个设备最先进？为什么？

（4）宝马汽车的生产节拍是怎样确定的？估计一天能装多少台？

图 5 – 1 – 1　宝马汽车装配生产线

图 5 – 1 – 2　《宝马汽车装配生产线》二维码

汽车整车装配即总装，是汽车制造的最后一个阶段，例如，在某型 A 级轿车需要完成总成装配单个车型零部件 1054 种、1652 个。由于其车型零部件的种类随年度车型的推出，需要进行逐年更换和迭代，因此，即使在宝马、奔驰这样的国际大公司，汽车总装车间装配的工作很多也是需要由人工完成，当然员工丰富的经验才能保证出高质量的产品。

如何提升生产的效率，同时提高产品质量，降低单车制造成本是对总装车间的工装和设备基本要求，当前"机器换人"的方案是最好的一种选择。

5.1.1　汽车装配的定义

汽车整车或汽车总成件都是由若干个零件、组件和部件所组成的。按照规定的技术要求，将零件、组件和部件进行配合和连接，使之成为半成品或成品的工艺过程称为装配。把零件、组件装配成部件的过程称为部件装配，而将零件、组件和部件装配成最终产品的过程称为总装配。

装配不仅对保证汽车整车或汽车总成件的质量十分重要，还是汽车整车或汽车总成件生产的最终检验环节。通过装配可以发现产品设计上的错误和零件制造工艺中存在的质量问题。因此，研究装配工艺，选择合适的装配方法，配备符合生产和质量要求的工装与设备，制定合理的装配工艺规程，不仅是保证汽车装配质量的手段，也是提高生产效率与降低制造成本的有力措施。

5.1.1.1　汽车总装的生产组织形式

对于整车和可以单独组织装配的大型总成（例如发动机等），其装配生产组织，可以分为固定式装配和流水式装配两大类。若按生产类型和产品复杂程度的不同，可分为如下四类。

1）小批量试制的生产阶段

为了研发和验证某型新车型的生产线通过性，需要进行小批量试制生产，新车型的制造是不同结构的产品，有许多的零部件是重复的，可以在原有的生产线上继续生产，一般确定数量为 5 台份。

在一定的时期内，成批地制造相同的产品的生产方式称为成批生产。这种装配方式各工位有装配夹具、模具和各种工具，以完成规定的工作。成批装配方式可分部件装配和总装配，或采用不分工的装配方式，也可组成装配对象固定而操作者移动的流水线。这种装配方式生产率较高，能满足质量要求，需要的变更工装和设备不多。

2）爬产期的生产阶段

小批量试制生产已经完成生产线通过性验证，并完成了工装和设备的适应性变更，以及新车型的零部件 5 台份合格认证，这时，进入爬产期生产的装配，通常数量为 30 台份、50 台份、100 台份、500 台份、2000 台份，最后达到设计预定生产纲领，主要是验证工装和设备是否能够达到生产纲领的要求，同时验证新的供应物流能否适应量产所需要的 3000 台生产能力。

3）达产期的生产阶段

爬产期生产的阶段完成整个产品产业链的生产能力验证，将转入正常达产期的生产，汽车整车大批量生产的装配其产品制造数量很庞大，每个工作地点经常重复地完成某一工序，并具有严格的节奏。按机械化程度不同大量生产装配可分为人工流水线装配、机械化传送线装配和半自动、全自动装配线装配。人工流水线与机械化传送线是工艺相似的多品种可变流水线，可采用自由节拍移动或工位间有灵活的传送，即柔性装配传送线。机械化传送线若采用半自动，全自动装配线，则全部装配过程可在单独或几个连接起来的装配线上完成。这种装配方法生产率高，质量稳定，产品变动灵活性差。而且对零件及装备维修的要求都高，装备费用昂贵。

5.1.2 汽车总装生产线的形式

5.1.2.1 采用模块化装配

所谓模块化就是零部件和子系统的组合。为了提高装配的自动化水平，人们越来越意识到必须加强产品开发设计、生产工艺、生产管理和产品制造的密切合作。从产品设计开始就应尽可能考虑简化总装配工序，使尽可能多的分总成在总装线外先进行预装配，构成整体后再上总装线安装到车体上，也就是采用模块化装配。这样不仅可大大减少总装线上的装配时间、降低成本、提高产品的可靠性，而且便于实现自动化装配。国外很早就开始采用模块化装配技术，德尔福是模块化供应的倡导者，德尔福公司首先提出了模块化供应的新概念，并率先向奔驰在美国生产的 M 级车供应前座舱模块。模块化装配结构一般包括：[4]

（1）车门模块在车门分装线上，以内板为中心将门锁、玻璃、玻璃升降器以及密封护板等用螺栓安装于其中部，再将车门外把手、车门铰链、密封条及玻璃滑轨安装在一起，形成车门模块，然后，再将其装到车身上。

（2）仪表板模块在模块骨架上安装仪表板、空调、离合器踏板、制动踏板及转向柱，分装好后检查仪表和开关的技术性能，然后装到车身内。

（3）底盘部件模块将分装好的发动机和变速器总成、前悬架总成、后悬架总成、传动轴、排气管、油箱等底盘部件在线下合装好后，再装入车身。

（4）车头模块指安装于车身前段覆盖件上的前照灯、雾灯、喇叭、发动机罩盖锁和散热器面罩等。

5.1.2.2　机器人在汽车装配中被广泛应用

随着机器人技术的日渐成熟，机器人

图 5－1－3　底盘部件模块

已经逐步进入到装配领域，并在国外各大汽车公司装配生产中被广泛采用，从而使汽车装配自动化水平大大提高。目前，国外大量生产的轿车装配自动化程度有的已达50%～65%。另一方面，机器人的使用减轻了工人的劳动强度，减少了故障与事故的发生并大大提高了劳动生产率。在汽车整车装配中机器人不仅用于风窗玻璃的密封剂涂敷、安装及车轮、仪表板、后悬架、车门和蓄电池等部件的安装，也用于发动机动力总成等大部件的安装，都采用助力机械手的支持方式。

5.1.2.3　MES系统应用在生产管理

汽车产业的产业链长，供货、物流环节多，加上多数生产线都是混线生产，原有的管理方式已经不能保证生产的有效进行。汽车物流的复杂程度、相关的零部件数量、技术要求的准确性方面都是最高的。因此，采用分布式制造执行系统 MES（manufacturing executive system）和运筹经济化物流系统相结合的策略，才能应对当前现生产中的复杂问题。实现生产线的管理状态透明化，利于整个产业链的联动和及时供货，追求"零库存"和"准时化"（Just in Time，JIT）生产的有效保证。需要对厂内物流进行路径的设计、优化，逐步降低物流的流转时间，减少送货次数，有效地降低汽车生产成本和供应商的运输成本。

5.1.2.4　采用柔性装配线

汽车市场竞争的不断加剧，促使汽车制造厂依靠多品种来满足不同层次和个性化的用户需求，因此，汽车产品的生命周期逐渐缩短。如果每次更换产品，设备与工装必须全部更新，新产品就有可能因投入生产时间过长而失去市场。因此，企业要利用一次改造在相当长的时期内满足日益变化的多种车型混流生产的要求，同时又具有高的生产率，唯一的途径就是采用可以满足大量生产要求的柔性装配生产线。

柔性装配生产线就是指能够同时满足一个或多个系列汽车产品生产要求，可以灵活改变夹具及运行方式，以适应无法预知的产品更新变化。同类汽车产品装配需要的生产线具有以下特点：

（1）具有灵活多变的运行速度以适应不同生产节拍的生产要求。

（2）具有积放功能，使装配工时具有弹性。

（3）被运输的产品能在任意位置停止，以满足不同产品、不同装配内容的不同操作要求。

（4）具有可编程序控制系统。

（5）随行夹具的装夹和支承形式能够灵活改变以适应多品种的装配要求。

在汽车装配生产中柔性装配输送线的主要形式有：积放式悬挂输送机、自行葫芦输送机、滑橇式输送系统和 MMRUN 输送系统，又称电动单轨输送系统。按形式可分为悬挂式电动单轨输送系统(OH 型)和地面式电动单轨输送系统(FL 型)，这种输送系统，在日本汽车装配生产线上被广泛应用。

5.1.3 汽车总装生产订单管理

首先对外来的销售订单进行工艺分析，依据生产工艺 BOM 拆分销售订单为采购订单，生产管理部门给出所需的 VIN 范围，总装车间的 MES 系统按照 PBS 区排定的上线次序，发出当日库需要备料数量、颜色，转化为次日送料 BOM。当日库根据已经上线的车辆的即时信息，发布车间生产指令的动态信息，对现场的按灯系统的需求及时处理和应对。按照月度生产计划和周计划数量与当前库存校核，形成安全库存需求报表发送采购部。订单处理流程见图 5 - 1 - 4。

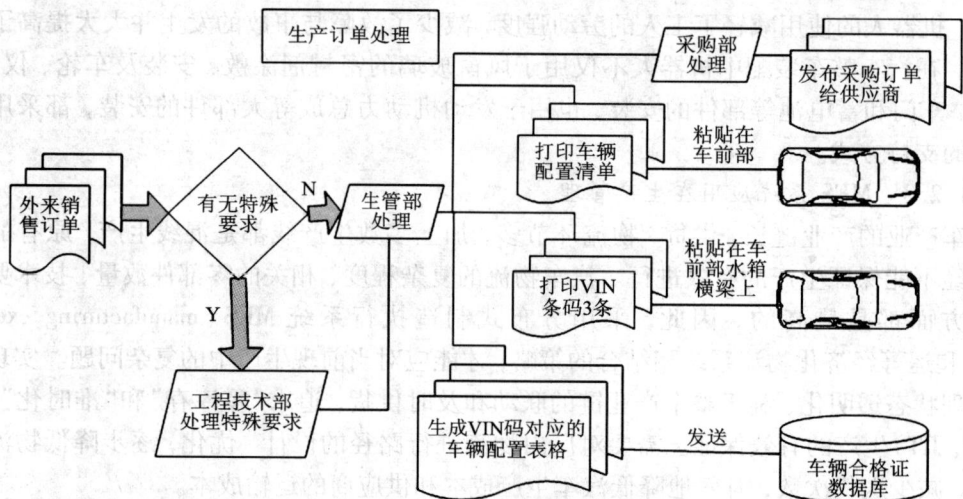

图 5 - 1 - 4 销售、生产订单处理流程图

MES 系统生产看板管理总装车间采用 LED 大屏或液晶显示屏方式展现，领导可通过电脑实时进行查看，实时把握生产中的每个环节。综合报表实时展现了生产现场的第一手过程数据，并对产线即时产量、工序产出率、设备和人员的作业状况进行汇总分析，为生产执行状况和产品品质改善与提升提供了有效的评估依据。例如，当前 11 月的生产计划表(含颜色配置订单)参见图 5 - 1 - 5。

5.1.4 汽车总装生产线的组成

汽车总装线由涂装车间的车身储存工段(PBS)、内装饰一线、内装饰二线、底盘高工位装配工段、车门分装输送工段、成车装配工段、动力总成分装工段、动力总成合装工段、前悬架分装工段、后桥分装工段、仪表板分装工段与油箱总装工段等构成。汽车一般要通过汽车总装、分装、整车检测和调整以及试车等流程。

轿车总装车间工艺流程为：涂装完成白车身储存工段(PBS)吊装到主抱架悬链上，进入

20XX 年 11 月份 生产作业计划

工作天数：20天　共生产1309台（以总装车间上线为准）。　　　　制表日期:20XX-10-19

部门	车型	日期	1	2	3	4	5	7	8	9	10	11	12	14	15	16	17	18	19	21	22	23	24	25	26	28	29	30	累计台数
焊装 台数	AO1	计划	3	→			3	→	8																	15			29
	PO1	计划			45		45				50		50						50	50	50			50	50	50	490
	PO3	计划	45	45		45	45	45	45	45	45	50	50		50	50	50	50	50	50	65	50	50	1070
	小计		3	45	45	45	45	48	45	45	45	53	45	50	50	50	50	50	50	50							959
涂装 台数	AO1	计划		3	→		3		8																20			34
	PO1	计划				45		45			50							50						50			490
	PO3	计划	45	45	45	45	45	45	45	45	50	50	50	50	50	50	70	50	50	1075
	小计		45	48	45	45	45	48	45	45	45	45	50	50	50	50	50	50	50							959
总装 台数	AO1	计划			3			3																20			34
	PO1	计划				45			45				50				50						50			490
	PO3	计划	45	45	45	45	45	45	50	50	50	50	50	50	50	70	50	50	1075
	小计		45	45	45	45	48	45	45	45	45	53	50	50	50	50	58	50	50	50	50	50	50	1309

说明：阴影部分为休息日或节假日。

备注：
1、20xx年11月份计划为1309台（14台AO1试制）。焊装车间：PO1：190台，PO3：755台，AO1：14台；涂装车间：PO1：190台，PO3：755台，AO1：14台；总装车间：PO1：190台（配置为1.5AT豪华型），PO3：755台（配置为1.3MT豪华型），AO1：14台（车型待定）。注：1.3MT舒适型还没试装合格，11月份还不能生产，本计划不做安排。AO1生产由工程技术部负责联系跟踪。配合各车间生产：颜色将在笔计划中体现（颜色大概分为：橄榄白：260台，苏醛世橘：270台，墨绿利卫红：90台，預典蓝：90台，伦敦次：135台，慕尼黑：100台）。

图5-1-5　11月的生产计划表（含颜色配置订单）

图5-1-6　MES 系统生产看板管理

总装车间拆下车门，从内装饰一线、内装饰二线，仪表板分装工段到底盘高工位装配工段、动力总成合装工段、将动力总成分装工段、前悬架分装工段、后桥分装工段、油箱总装工段的分总成合到主线上，最后，进入成车装配工段，合装车门完成装配。

汽车总装生产线简图可用图5-1-7来表示。

下面以某制造厂装配线为例（图5-1-8），讲述汽车装配的基本流程和各个工程的概要。

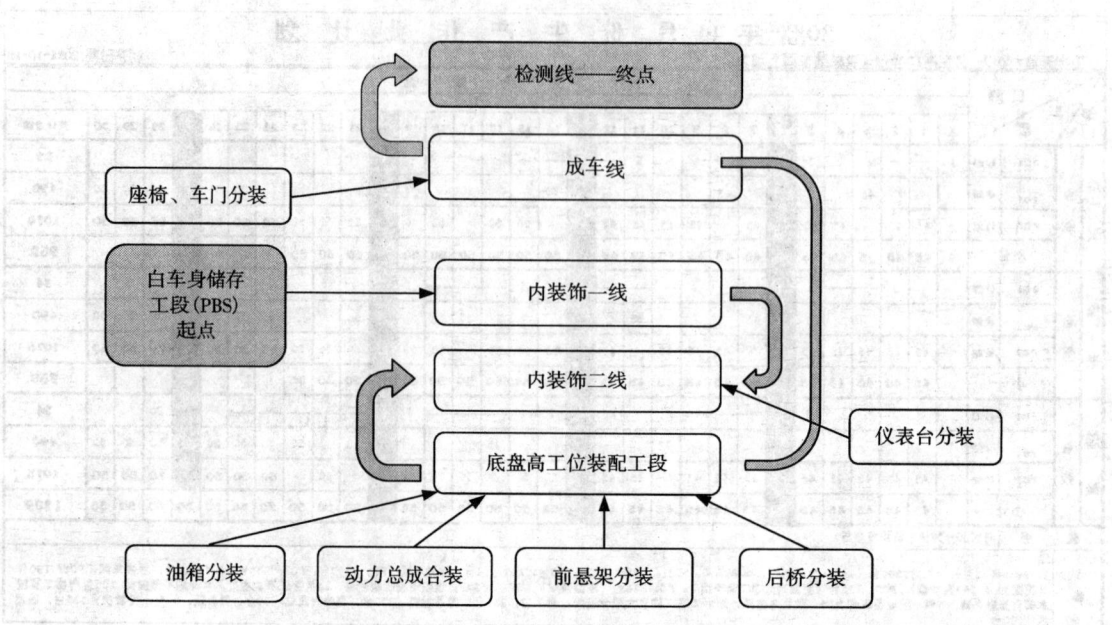

图 5-1-7　汽车总装生产线简图

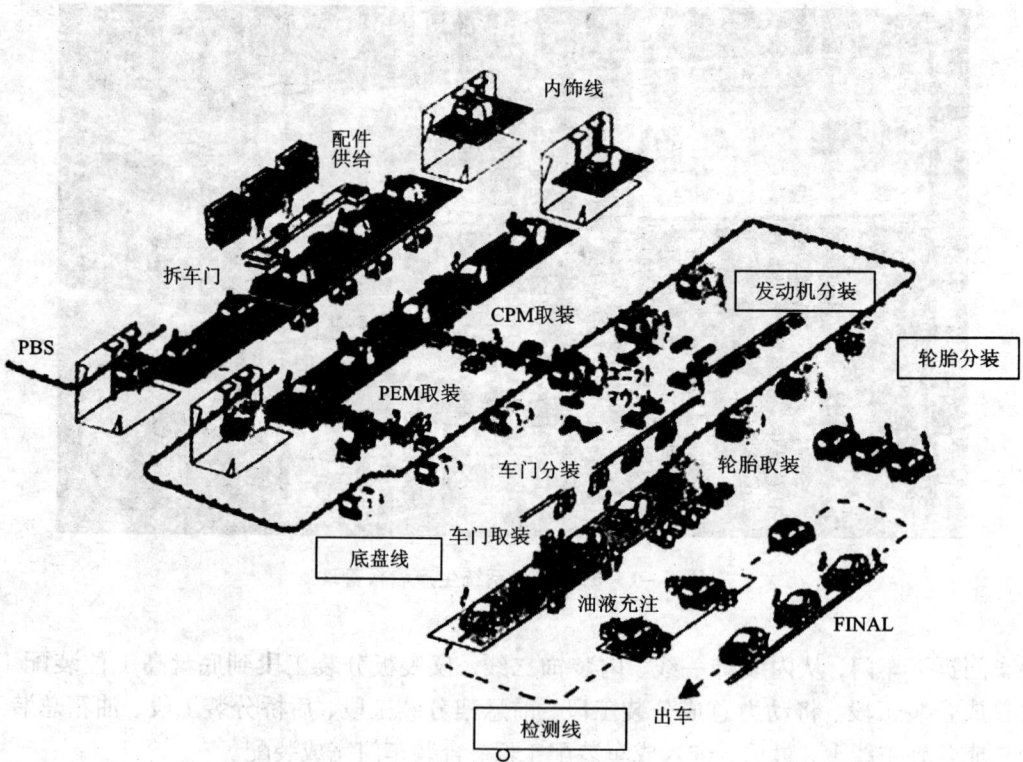

图 5-1-8　汽车装配的基本流程

5.1.4.1 白车身储存工段 PBS

白车身储存工段 PBS（Painted Body Stage）是指经涂装后的车体在转入总装线时要被储存，为了消除涂装时生产顺序的波动，通过其实现总装按客户要求进行顺序调整的管理设备。PBS 的主要功能是缓冲涂装与总装的生产平衡，排序，为总装同期生产赢取时间。存储的方法一般是用吊具吊起车体，用空中传送带把吊具运送的车体装载在台车上再通过地面传送带运送的台车方式。

图 5-1-9　天津夏利轿车 PBS 区

图 5-1-10　一汽轿车 PBS 区

5.1.4.2 内装饰一线、内装饰二线

从 PBS 开始，根据 MES 系统将前一天进入的车辆次序进行生产排序，颜色也按此次序分配给当日库的取件指示，按照所定的顺序把车体向内饰线搬运出。内饰线是指进行车门的装卸、电器配线、发动机舱内零件、内外装零件安装、座舱模块 CPM 安装、前端模块 FEM 与车窗玻璃安装。

图 5-1-11　一汽轿车内装饰一线

5.1.4.3 底盘高工位装配工段

车体在内饰线完成安装后，就被运送至底盘线。此时，在车架无底盘构造的情况时，装配工可直接在车体上安装机械零件。底盘线的传送带方式一般采用空中传送。

首先，在车床下安装制动管、燃料管等配管，进行燃料箱的安装。其次，在车体内安装已在侧围装配好的发动机、变速器和车桥等。最后安装排气管、消声器等排气系统的零部件，安装发动机舱内零件、保险杠和轮胎。

安装发动机、变速器和车桥等是采用助推器或者油压装置在升降机上完成。在安装卡车的底盘时，对翻转底盘进行翻转并安装油箱、车桥、悬架驱动轴等，然后再次翻转，正面朝上，安装发动机和变速器。最后，再把安装完内饰零件后的车体安装在底盘上。

5.1.4.4 成车线

成车线的传送一般为车辆轮胎接地运送的平板输送方式。

底盘线安装完毕的车辆进入整车线后开始安装座椅与其他小型零部件，然后对汽车进行制动液、空调制冷剂、冷却液与燃料的充注。完成上述装配后，再在内饰线上进行装配，安装在分装线已经装配完毕的车门，使之达到能正常行车的状态。在成车线尾部使用光电传感器进行计数，上传 MES 系统统计当前下线车辆。

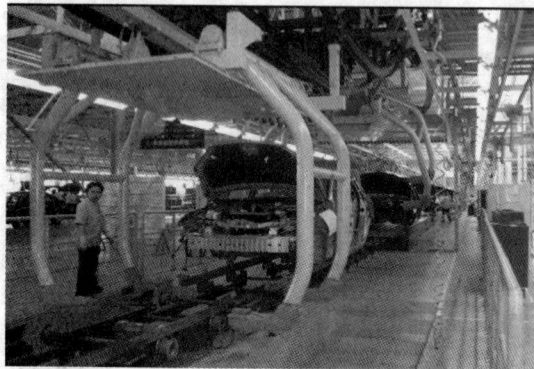

图 5 - 1 - 12　天津夏利轿车内装饰一线

图 5 - 1 - 13　天津夏利轿车内装饰二线

图 5 - 1 - 14　天津夏利轿车底盘高工位装配线

图 5 - 1 - 15　吉利帝豪轿车成车线

5.1.4.5　分装线

汽车装配的零部件有很多，在内饰、底盘与整车线装配时还需在分装线上安装其他零部件。分装线零部件的名称见表 5 - 1 - 1。

表 5 - 1 - 1　分装线零部件的名称

分装线零部件的名称	装配的零部件
车门（DOOR）	电动车窗玻璃、扬声器、内饰板，线束等组装
发动机（ENG）	发动机和变速器合体、传动带等组装、润滑油注入
轮胎（TIRE）	轮胎和车轮的安装、气体注入、平衡计测修正
车桥（FR/RR SUSP）	轴承压入、制动盘组装、摆动计测、制动钳组装
座舱模块（CPM）	仪表盘、测量仪表、转向柱、空调等组装
前端模块（FEM）	前照灯、散热器、保险杠加强件等组装

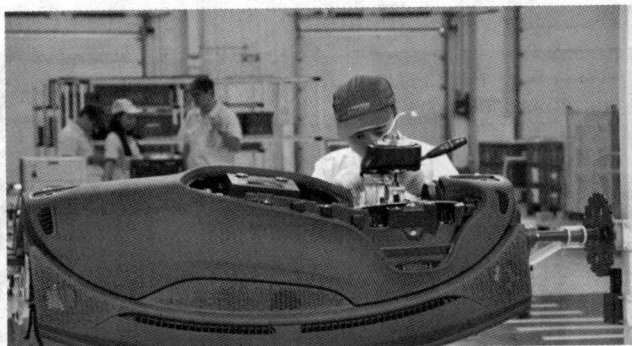

图 5 - 1 - 16　仪表台的预装工位预装

图 5 - 1 - 17　仪表台的预装完成后转运线

图 5 - 1 - 18　车门的预装工位预装

5.1.4.6　检测线

车辆完成组装后，为了确保整车的出厂质量，必须在整车检测线上对车辆的主要性能进行检测，并进行必要的调整。检测线检测的主要项目见表 5 - 1 - 2。

表 5 - 1 - 2　整车性能的检测

名称	检查项目
电装检查设备	电装接线连接、电装式样检测、发动机参数优化
前照灯检测器	前照灯光轴
四轮定位检测仪	汽车前束、前轮外倾、转向盘转角
侧滑检测仪	直线行驶性
自由转毂仪	速度计、走行性
制动检测仪	制动力
尾气分析仪	CO、HC 浓度
淋雨检测设备	密封性

图 5 – 1 – 19　整车淋雨检测工位

图 5 – 1 – 20　整车外观检测工位

任务 2　汽车总装的工艺设备、管理的流程

能力目标

- 能说明汽车工艺设备组成和主要的设备使用场景
- 能说明汽车装配的工艺流程和工艺方法
- 能通过总装的设备管理方式说明汽车生产节拍

知识目标

- 认知汽车装配车间主要设备与工艺流程的对应关系
- 认知汽车装配加注设备、VGA 小车的技术参数
- 认知质量保证体系的在质量控制中的作用

素养目标

- 工作中的质量意识、设备安全的观念
- 独立思考、善于总结
- 按标准做事，遵章守纪

5.2.1　汽车总装生产线的主要设备

整车装配所用的设备主要包括：装配线所用的输送设备、发动机和前后桥等各大总成线上的起重设备、油液加注设备、出厂检测设备和各种专用装置设备。

5.2.1.1　输送设备

输送设备主要用于总装配线、各总成分装线以及大总成的输送。根据轿车装配工艺特点，既有车身内外装饰，也有车下底盘部件装配，因此，轿车总装配线通常由高架空中悬挂式和地面输送式这两类输送机组成。空中悬挂输送机主要形式有普通悬挂输送机、积放式悬挂输送机和自行葫芦输送机。地面输送机主要形式有地面板式输送机、单链牵引地面轨道小车式输送机和滑橇式输送系统。各种输送机的特点见表 5 – 2 – 1。

表 5 – 2 – 1　各种输送机的特点

输送机名称		运行速度/ m · min⁻¹	特点
高架空中悬挂式输送机	普通悬挂输送机	0.5 ~ 15	优点为结构简单,价格低,可以充分利用空间。易于工艺布置,地面宽敞,动力消耗小。但用于内饰装配线时的稳定性较差。其次,工件上下需要配置升降设备,不便于多品种空间储存,适合单一品种大量生产,属于刚性输送线,无积放功能
	积放式悬挂输送机	0.5 ~ 15	优点为可利用升降机构根据工艺需要来实现输送机线路中某一段承载轨道的上升或下降,利用停止器根据工艺需要来控制载货小车的定点停止,以便在静止状态下进行装配,便于实现装配自动化。载货小车之间具有自动积放功能,便于储存和实现柔性装配。适于高生产率、柔性生产系统的输送设备,集精良的工艺操作、储存为一体,广泛地应用于轿车生产线中 缺点是:造价昂贵
	自行葫芦输送机	常用: 10 ~ 30 最大 60	自行葫芦输送机也称电动自行小车输送机,在国内可算一种新型的全自动输送系统。优点是:可采用集中控制、分散控制或集散控制方式,并实现自动控制。载货小车可以根据工艺需要,按设定的程序在工位上进行自动停止、自动升降、自动行走等各种动作。在需要装配的工位,工人也可手动控制小车上升、下降、前进与后退等工作。在配备道岔的输送线上,小车能够将成品按工艺要求自动分类、积放和存储,从而实现多种混流生产 自动葫芦输送机是集存储、运输、装卸与操作四大物流环节为一体的柔性生产系统,更适合于有频繁升降要求的工艺操作区域,并且有准确的停止和定位功能 缺点是:造价昂贵,属于间歇流水设备,技术等待时间较长,因此在国内大批量生产轿车的装配线
地面输送机	地面板输送机	0.6 ~ 18	板式输送机有单板和双板两种,单板一般用于前段车身内饰线,双板用于后段车身内饰线。在双板的中间根据工艺要求可设置地沟,便于车下调整作业。采用板式输送机其操作性好,结构简单,故障率低,便于维修 缺点是:刚性输送,没有柔性,而且造价较高
	滑橇式输送系统	1.5 ~ 60	滑橇式输送系统具有自动实现运输、储存、装配等功能。它是一种机械化程度较高的综合性地面输送系统,其主要优点是:工艺性强、灵活性大、柔性好,易于与其他输送装置相连接,适合于多品种大批量生产 缺点是:占地面积大,造价昂贵
	单链牵引地面轨道小车式输送机	0.5 ~ 15	优点:结构简单、建设速度快、造价较低、便于布置改变小车支撑位置,适合于多种生产 缺点:它是刚性输送,没有柔性

5.2.1.2 起重设备

汽车装配车间所采用的起重设备如图5-2-1所示，主要有电动单梁悬挂起重机、单轨电动葫芦、气动葫芦和立柱式悬臂吊等。

装配厂房内的运输通常采用电动叉车、手动托盘搬运车和电动托盘搬运车等。而装配厂房外的运输通常采用内燃机叉车。发动机、变速器、车桥等大总成或零部件从发动机厂运至装配工位，一般采用积放式悬挂运输和自行葫芦运输。

(a)电动单梁悬挂起重机

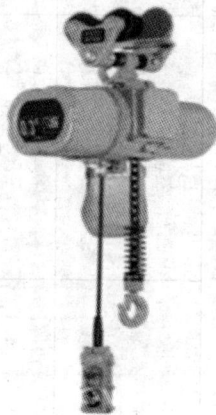
(b)单轨电动葫芦

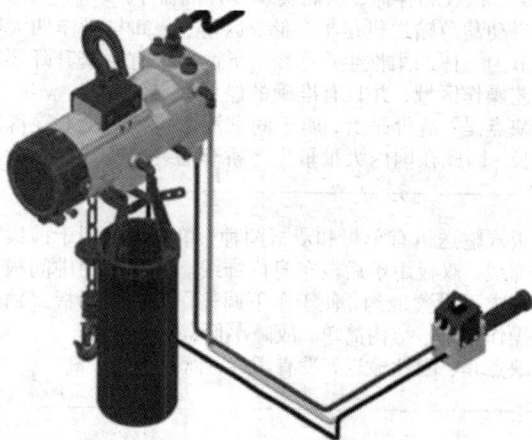
(c)气动葫芦

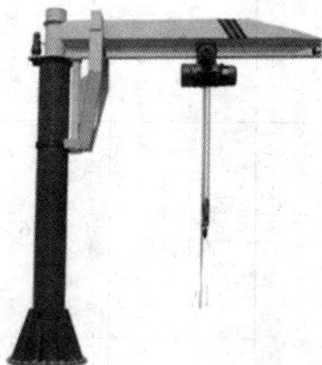
(d)立柱式悬臂吊(定柱式悬臂吊)

图5-2-1 汽车装配厂常见的起重设备

5.2.1.3 油液加注设备

汽车油液的加注包括冷却液、机油、齿轮油、燃油、制冷剂和动力转向液等。汽车装配厂加注油液通常采用定量加注设备，如图5-2-2所示。而汽车装配厂各油液加注方法和加注设备见表5-2-2。

(a)齿轮油定量加注机　　　　　　　　　　(b)机油定量加注机

图5-2-2　油液定量加注机

表5-2-2　各种油液加注方法和加注设备

序号	油液名称	加注设备	加注方法
1	冷却液	冷却液真空加注机	先抽真空，后加注
2	制动液	制动液真空加注机	
3	空调制冷剂	制冷剂真空加注机	
4	动力转向液	动力转向真空加注机	
5	发动机机油	发动机机油定量加注机	定量加注
6	变速器齿轮油	变速器齿轮油定量加注机	
7	玻璃洗涤液	洗涤液定量加注机	
8	后桥齿轮油	后桥齿轮油定量加注机	
9	燃油	电动计量加注机	

5.2.1.4　某汽车厂三合一加注设备参数

加注系统通常采用真空泵先对密封容器抽成高真空，然后进行负压的气密性检漏，待检漏通过后，用加压泵往容器中进行高速加注，加注到一定压力后，停止加注，最后回吸多余的液面，使其达到要求的标准液面高度，取下加注头，真空加注完成。

1）三合一加注设备实现功能

实现两种车型混线生产，三种加注液：制动液，冷媒，助力油。

2）实现的解决方案

采用一拖三的设备方式即一台设备带三把枪，分别加注不同的车型油液；另一种车型通过转换接头的形式加注。

（1）制动液描述。

采用一台设备配一把加注枪和一件转换接头，加注枪按生产量较多的那种车型设计（此暂定为A车型），转换接头按生产量较少的车型设计（此暂定为B车型）。当线上来A车型时，直接用加注枪加注；当线上来 B 车型时，先把转换接头拧到 B 车型的油壶上，在用加注枪夹紧转换接头的另一端进行加注。

（2）防冻液描述。

因为现场有散热器＋溢水壶并存的车型，只能把原来加注机的加注枪更换，更换成两级密封的加注枪，对发动机进行抽真空定液面加注，对溢水壶进行定量加注。另一种带膨胀箱的车型做转换接头，操作步骤与制动液类似。

（3）助力油描述。

考虑到两种车型的油壶口尺寸一致，只需更换设备的一把加注枪即可。因为两种车型的回吸液面高度不一致，需要加工两根长短不一的回吸管，线上来哪种车型更换哪种回吸管，更换回吸管的时间在 10 s 以内。

3）三合一加注设备液压原理图（图5－2－3）

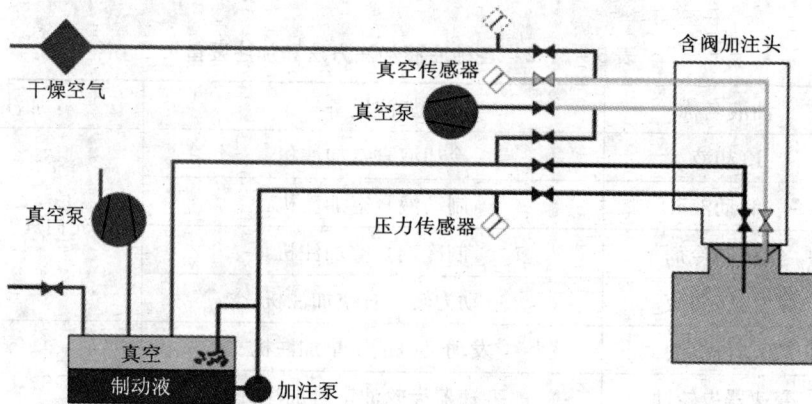

图5－2－3　三合一加注设备压原理图（示例一种）

4）设备实现的技术参数：

（1）设备抽真空能力（含随动管路6 m 及加注枪时）：

①抽速：对 5 L 容器，抽真空 30 s 后，容器真空度达到 0.5 mbar；

②加注枪端最低真空度：1 mbar。

（2）系统装配指标（含随动管路6 m 及加注枪时）：

①负压装配指标：抽真空到 1 mbar，保压 3 h，泄漏率为≤0.1 mbar；

②正压装配指标：加入 1.0 bar 冷媒，用专用卤素检漏仪检漏，漏率 <1.4 g/年。

（3）加注压力：1.4 ~6 bar，可调。

（4）加注速度：2 ~8 L/min，可调。

（5）加注精度（液面控制）：±2 mm 。

（6）生产节拍：小于 2.0 min/台。

（7）制动液供给：55 加仑油桶（双桶切换）。

（8）设备工作条件：

电源电压：380 V/50 Hz；压缩空气供给：4 ~7 bar；压缩空气消耗量≤ 500 L/min；动力消耗≤ 3.5 kW；工作温度 -5 ~40℃，湿度≤95%。

（9）设备规格尺寸：1350 mm×1050 mm×1800 mm。

5）设备软件实现功能

（1）控制软件和操作界面标准化。

（2）持续的改进和完善，形成了可靠的控制流程。

（3）开放式的参数设置，灵活性更强。

（4）智能化的自诊断功能和故障提示，操作维护方便。

（5）智能化真空、压力、流量校准。

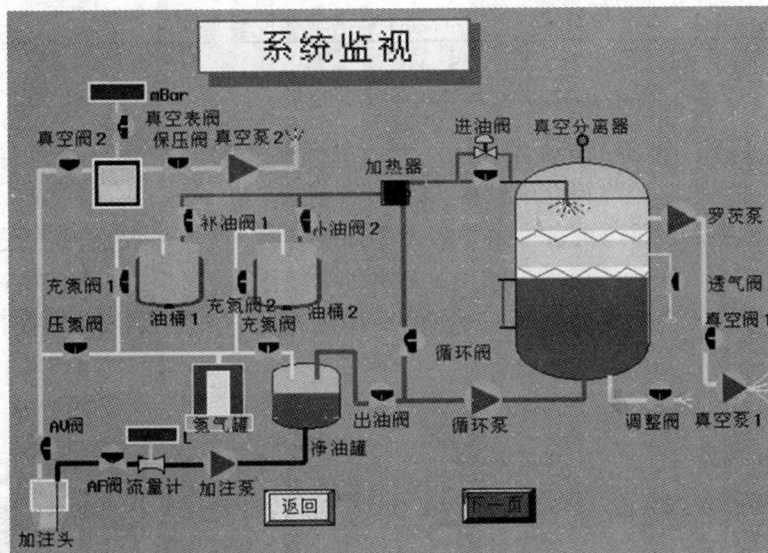

图5-2-4　三合一加注设备软件监控图

5.2.1.5　出厂检测设备

汽车出厂检测线一般由侧滑试验台、转向试验台、前照灯检测仪、制动试验台、车速表试验台、尾气分析仪和底盘检查等设备组成。对于独立悬架的车辆，还应配置车轮定位仪。完成出厂试验后车辆进入淋雨试验，进行汽车密封性能检测。通常在检测线边设置返修区，对于某个项目检验不合格的车辆进行返修并返回检测线复测，直至合格为止。整车出厂检测设备和检测内容见表5-2-3。

表5-2-3　整车出厂检测设备和检测内容

序号	检测项目	检测设备	检测的主要内容
1	前轮定位	前束试验台	检测前轮前束和前轮外倾角
2	侧滑	侧滑试验台	侧滑试验是汽车在动态下对前轮定位的准确性检测，即动态检查前轮前束与前轮外倾角是否正确匹配
3	转向角	转向试验台	检测汽车转向轮的左右最大转角
4	灯光	前照灯检测仪	检测前照灯的发光强度和光轴位置

序号	检测项目	检测设备	检测的主要内容
5	制动	制动试验台	检测各车轮的制动力,和同轴左右制动轮制动力的差值
6	车速表	车速表试验台	检测车速表的精度,汽车动力传动装置工作情况,如变速器有无跳挡、脱挡现象及传动装置有无异响等
7	尾气分析	尾气分析仪	检测发动机怠速时尾气中 CO 和 HC 的浓度
8	淋雨	淋雨试验室	检测整车的密封性
9	电器综合检测	整车电器综合检测台	综合检查整车的电器系统

5.2.1.6 汽车装配厂专用设备

汽车装配厂的专用设备包括大量使用的助力机械手、自动拧紧机、电动拧紧机、车号打号机、螺纹紧固设备、车轮装置专用设备、自动涂胶机与 AGV 小车等。

(1)助力机械手。在进行大部件组装和大零件安装时,为了减轻装配工人劳动的强度和提高装配的质量,汽车装配厂已大量使用了各种助力机械手(图 5 - 2 - 5、图 5 - 2 - 6)。

(2)自动拧紧机。自动拧紧机是一种机电一体化的设备,主要用来拧紧精密度较高的螺母与螺栓,如缸盖螺栓(图 5 - 2 - 7)。

图 5 - 2 - 5　座椅助力机械手

图 5 - 2 - 6　轮胎助力机械手

(3)电动拧紧机在汽车装配过程中,螺纹联接占较大工作量,采用定力矩电动扳手能确保联接的质量。整车中车轮螺母、前后桥与钢板弹簧连接的 U 形螺栓螺母这些重要的螺纹联接部位常采用电动拧紧机(图 5 - 2 - 8)拧紧。

(4)自动涂胶机。主要用于汽车风窗玻璃、金属橡胶件骨架的外圆等表面涂胶。自动涂胶机(图 5 - 2 - 9)的采用,彻底解决了传统涂胶设备产生的漏涂、误涂及胶黏剂浪费的现象。

(5)ACV 小车是一种物料搬运设备,它能在一定位置自动进行货物装载,自行行走到另一个位置,自动完成货物卸载的全自动运输装置。在汽车装配中,AGV 小车(图 5 - 2 - 10)常用在发动机合装和后桥合装等工序中。

拧紧轴下降
到位后才开
始拧紧

图 5 - 2 - 7　缸盖螺栓自动拧紧机

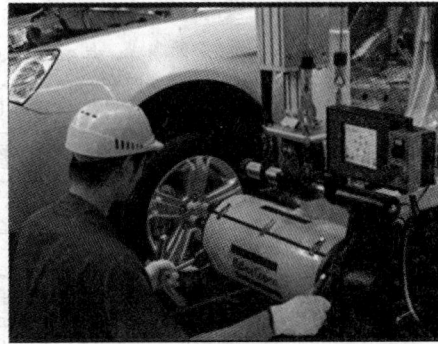

图 5 - 2 - 8　轮毂螺栓电动拧紧机

图 5 - 2 - 9　自动涂胶机

图 5 - 2 - 10　AGV 小车

5.2.1.7　某汽车厂发动机总装悬架装配 AGV 小车参数

AGV 是无人搬运车（Automated Guided Vehicle）的英文缩写，是指装备有电磁或光学等自动导引装置，能够沿规定的导引路径行驶，具有安全保护以及各种移载功能的运输车，AGV 属于轮式移动机器人（WMR—Wheeled Mobile Robot）的范畴。

总装后悬架装配 AGV 小车系统是由多台 AGV 小车组成的物流系统。为使 AGV 的运行安全、可靠，并协调各 AGV 的工作状况，提高系统工作效率，以尽量少的 AGV 完成物料转运及随线装配任务，同时还要考虑以后进行系统扩展的方便快捷，AGV 系统必须易于扩展。实现后悬自合装线至装配线的转运及随线装配。

通过对线段的分配控制来达到对多台 AGV 小车控制（交通管理、路线规划）的目的，防止 AGV 小车在运行过程中发生碰撞和堵塞，提高 AGV 运行效率。为保证 AGV 具备足够的定位精度（±10 mm）及路线布置的灵活性，建议 AGV 的引导方式采用磁条导航，此种引导方式灵活方便，便于更改；

AGV 使用免维护铅酸充电电池作为供电电源，AGV 系统具有智能化充电功能。在 AGV 运行过程中，安装在 AGV 小车上的智能容量检测器实时检测 AGV 小车的电池容量，当 AGV 小车的电池容量低于在容量检测器中的设定值时，容量检测器中的继电器输出将会给小车一个"容量低"信号，提示用户充电。

1)AGV 达到的功能要求(表5-2-4):

表5-2-4 AGV达到的功能表

项目名称	总装后悬架装配 AGV 小车	载重需求	0.5 t
设备用途	工序间转运及随线装配	数量需求	4 台
充电方式	电池可换,线下充电	节拍需求	4 min/台
装配时间	1.6 min	充电器	全自动充电机
特殊要求	整车及承载平台抗冲击	操作方式	自动
	随线光电跟踪,速度与悬链同步	转运时间	约 2 min
环境温度	-20~45℃	环境湿度	30%~90%

2)AGV 技术参数表(表5-2-5)

表5-2-5 AGV 技术参数表

1	车体自重	≤800 kg	障碍探测	日本 sun 障碍探测器
2	车体尺寸	参见外形尺寸附图	岔路识别	磁性地址标志
3	举升重量	额定≥500 kg	爬坡能力	1/100
4	运行速度	0.5 m/s~30 m/min 速度可调	车体结构	采用六轮结构
5	速度调节	0~0.5 m/s 无级调速	驱动方式	双轮差速驱动
6	防撞装置	前方安装防碰撞保险杠	引导方式	磁条导引
7	路径识别	1 条	导引介质	磁条
8	行走方向	前进、左转、右转	导引精度	+10 mm
9	行走警告	声光提示	定位精度	+10 mm
10	故障警示	声音报警	电量显示	两挡指示灯
11	操作方式	操作面板、控制按钮	地址识别	磁性标记
12	控制方式	三菱 40 点 PLC	读址方式	霍尔传感器
13	充电方式	电池可换,线下充电	停车识别	停车磁条
14	充电电压	AC220V-50HZ	承载台行程	900 mm+100 mm
15	工作电压	整车工作电压 DC-12 V	升降方式	液压剪叉式
16	供电方式	英国霍克免维护蓄电池	续航能力	8 h
17	随车附带	简体中文技术图纸、文字资料、合格证	其他防护	脱线保护、紧急停车、超工位停线、权限钥匙

3)AGV 小车功能描述

(1)AGV 小车整车采用 6 轮结构,前后的 4 个车轮为万向承载轮,中间两个为驱动轮。

（2）AGV 车体上方装有声光报警装置，在行驶过程中 AGV 小车会发出警灯闪烁和警示音。

（3）AGV 设有急停按钮，可以在特殊情况下按下这个按钮使 AGV 小车无条件停车。

（4）AGV 设有钥匙开关，只有拥有钥匙的人员才能启动 AGV 工作，以防止非权限人员私自开动 AGV 小车。

（5）AGV 小车设有脱线保护功能，当行驶路径的导引信号出现异常时，AGV 立即停车并发出脱线报警，以防止 AGV 失控造成损害。

（6）举升机构采用液压剪叉结构，用于汽车发动机及前悬总成、后悬总成的装配，发动机及前悬总成载荷不超过 500 kg。升降装置通过手动阀独立控制和使用。升降装置有中停功能，防止举升托板在高处缓慢自行下落。承载平台在小车上能够进行 X，Y 方向的微调，微调范围为 ±100 mm，便于工人操作。承载台面的操作，由两个按钮控制，两个操作工人同时按下才有效。升降行程、尺寸参见外形尺寸附图。

（7）小车最高运行速度 30 m/min。速度可以通过面板调速旋钮或控制程序自动调节，调节范围 0～30 m/min。

（8）小车有多重安全机构：雷达报警、脱轨报警、紧急停止按钮、行走声光警示等。

（9）障碍探测控制：小车在进入装配段时，自动关闭障碍探测，以防误报警；

（10）AGV 小车内部装有 PLC，控制全车的运行状态，具备自动手动模式切换，手动模式下，通过用车载面板操作，速度限制为低速，以确保安全。

4）AGV 工作流程描述

后桥合装线在后悬合成区上线处将装配完成的后桥通过电动葫芦将其吊装到 AGV 小车上；带着后桥的 AGV 小车快速运至后桥合装工位处，与空中运行的底盘线同步运行，同时将后桥升起完成后桥与车身的合装；当带有后桥的 AGV 小车运行至合装工位与上部车身准确对位后，由人工按动按钮，升降系统上升，完成合装后，人工按动按钮，升降系统下降，AGV 小车自动快速返回到上料工位；行走轨迹长度约为 45 m。

图 5 - 2 - 11　某汽车厂 AGV 小车

5.2.1.8　装配线

汽车装配线是汽车总装车间的主要设备，装配线是人与机器的有效组合，它将输送系统、随行夹具和在线专机、检测设备有机的组合在一起，以满足汽车零件的装配要求。汽车装配流水线的传输方式有同步传输（强制式）和非同步传输（柔性式）。根据配置的选择，实现汽车零件手工装配或半自动装配。装配线在汽车的批量生产中不可或缺。表 5 - 2 - 6 所示为国内几大主要轿车生产线装配形式。

从表 5 - 2 - 6 中可知，汽车装配线多为两段或三段，这主要是由轿车的结构特点决定的。汽车装配厂具体采取哪种形式的装配线，通常需要根据车型的品种、结构、生产纲领与投资状况等多方面因素共同决定。

表 5 – 2 – 6 国内几大主要轿车生产线装配形式

序号	生产厂	生产车型	装配线形式
1	上海大众汽车有限公司	桑塔纳轿车	滑橇 + 普通悬挂输送机 + 地面双板式输送机
2	一汽大众汽车有限公司	捷达、高尔夫轿车	积放式悬挂输送机 + 地面双板式输送机
3	天津汽车工业总公司	夏利轿车	地面反向积放输送机 + 积放式悬挂输送机 + 地面双板式输送机
4	神龙汽车有限公司	富康轿车	滑橇 + 积放式悬挂输送机 + 地面双板式输送机
5	北京吉普汽车有限公司	切诺基	积放式悬挂输送机 + 地面双板式输送机

图 5 – 2 – 12 汽车厂底盘与车身合装

图 5 – 2 – 13 三合一的真空加注设备

5.2.2 汽车总装生产线的设备管理

汽车总装生产线是汽车企业提高出厂新车的质量、技术性能和安全性能的一个重要保证。

汽车总装生产线必须建立质量保证体系，有质量保证体系框架图，有质量保证体系正常运转的各种规章制度，以确保汽车总装生产线的正常运行和检测数据和结果的可靠性。检测线所有的仪器和设备包括为其配备的自校工具均应按规定进行周期检定，并有计量鉴定资格证书，所用仪器设备实施标志管理。鉴定单位必须是国家技术监督部门。

汽车总装生产线设备的管理可分为汽车总装生产线质量管理和汽车检测线设备管理两大部分。这两部分相互依存，起共同促进的作用。

1）汽车总装生产线的质量保证体系

汽车制造厂总装生产线建立质量保证体系对整车检测线的各种制度、工作程序、检测能力、人员的工作职能作出了明确的规定。质量保证体系的建立使工作人员能严格把关，认真负责，保证汽车产品的质量。图 5 – 2 – 14 所示为某公司汽车总装生产线的质量保证体系。

2）职工汽车总装生产线设备知识的培训

要保证汽车汽车总装生产线设备的稳定工作，须强化职工检测设备知识培训。培训的内容包括汽车基础理论、国家有关行业法规、条例、汽车的检测标准、车辆质量问题的判定，设备操作保养、安全防火知识、驾驶知识等方面的内容。

　　3）汽车总装生产线设备的日常维护保养

　　首先，必须建立汽车总装生产线设备的操作规程，并严格执行。

　　其次，须制定汽车总装生产线设备日常维护保养规定，这个规定对每台检测设备特性用图示的方法明确设备日常保养的部位和要求，并根据设备检查和设备状态的鉴定，对检测设备的保养作出完善和补充。汽车检测线的检测设备对检测精度和灵敏度的要求都很高，为此工作人员在对设备的检查和维护时应高度细致，不能粗心大意。而重点检测设备则应由专人进行保养和维护，发生较大程度的维修后必须进行鉴定，合格的设备才允许投放使用。

　　最后，质量管理部门对设备操作规程，日常点检建立档案。

　　4）汽车总装生产线设备的预防性管理[4]

　　汽车总装生产线设备的预防性管理主要是采用专门检定仪器对重点检测设备的重点部位进行有计划的监测活动，记录检测结果，以提早察觉设备故障的征兆和及时采取有效措施。

　　其次，汽车总装生产线须建立安全、防火与环境卫生的制度。定期对检测线开展整理、整顿、清洁、清扫与素质工作。检测线配置足够的消防器材，并定期检查，防止失效。检测线内不得存放任何易燃、易爆物品，定期检查检测线各种电器线路，并注意照明和通风。

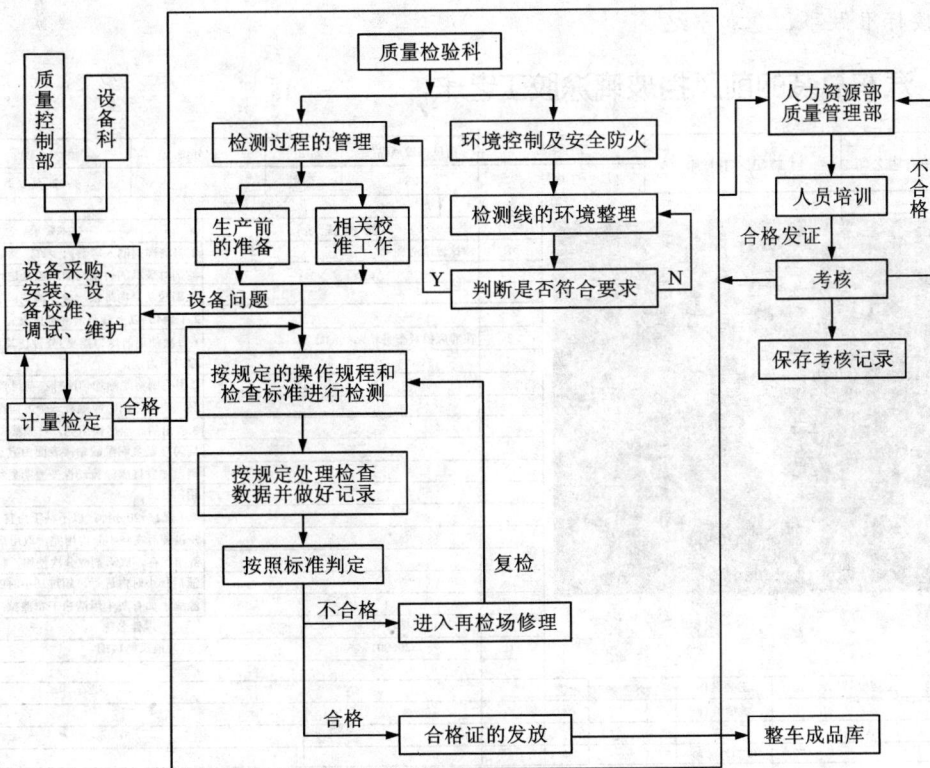

图 5 – 2 – 14　某公司汽车设备管理的质量保证体系

任务3　申报玻璃涂胶机器人的技改项目

能力目标
- 能说明汽车风挡玻璃涂胶的步骤和主要的用品
- 能说明汽车风挡玻璃涂胶的工艺卡内容和工艺方法
- 能完成玻璃涂胶机器人的技改项目的申报

知识目标
- 认知汽车风挡玻璃涂胶用品的作用
- 认知汽车风挡玻璃涂胶注意事项
- 认知汽车企业技改项目的各方面的综合因素

素养目标
- 解决工作中问题综合能力
- 独立思考、善于总结
- 按标准做事，遵章守纪

5.3.1　汽车总装的前风挡玻璃涂胶工艺卡

×××汽车有限公司	装配工序卡片	工序名称	前风挡玻璃黏接	分组号	内外饰		MA4
		工序号	28	工时		共2页 第1页	
工序重要度	A		功能描述				

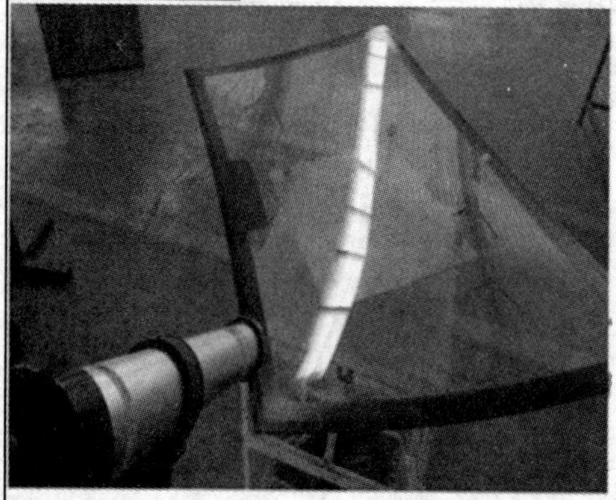

序号	操作描述	技术要求
1	涂抹玻璃清洗剂	1.将清洗剂倒入容器内少许，然后用毛刷蘸清洁剂对玻璃的待粘结面粘胶处进行清洗，使用毛刷应从里向外依次叠加清洗；2.干燥40s以上直至清洗剂挥发完全。
2	在前风挡及车身粘贴处涂底涂	1.每次使用前均匀摇晃3分钟使其发出清脆的撞击声为止；2.用毛刷将底涂均匀涂抹在前风挡玻璃粘接面上，使用毛刷时应顺着一个方向操作；3.取出的底涂尽快用完，严禁暴露放置，用量均匀覆盖且润湿欲粘接表面为宜且不漏底不流淌，如发现底涂流动性变差明显粘稠时不可再用；4.干燥15-20分钟，以不粘手为宜，底涂剂打开包装后在48小时内用完，取用后必须加内盖密闭保存，底涂剂应分次使用，粘接应在刷底涂后16小时内进行，超过16小时的可直接重新涂刷，如有灰尘用洁净干布擦拭；

序号	零件号	零件名称	数量
1	5206001	前风挡玻璃	1

序号	工装编号	工装名称	技术参数	数量
1		玻璃吸盘		4
2		毛笔		1
3		气动打胶枪		1
4				
5				

编制(日期)	审核(日期)	标准化(日期)	会签(日期)

标记	处数	更改文件号	签字	日期	更改文件号	签字	日期

图5-3-1　某公司前风挡玻璃涂胶工艺卡1

×××汽车有限公司	装配工序卡片		工序名称	前风挡玻璃粘接	分组号	内外饰	MA4	
			工序号	28	工时		共 2 页　第 2 页	
工序重要度	A		功能描述					

序号	操作描述	技术要求
		5.绝对不能在底涂剂表面用清洗剂擦拭。
3	打玻璃胶	1.玻璃胶高度为6±2mm，宽度5±1mm，胶体要均匀、连续，拐角为圆弧，涂胶收口位置应在玻璃中下位置，方式为左右搭接。
		2.维修装配时，残留胶清理平整（严禁涂清洗剂）置置5分钟以上，再进行粘接。
		注：1.玻璃胶与清洗剂、底涂必须相匹配；
		2.工作环境应保持在温度18℃-40℃，湿度55%-65%时为宜。
		3.使用前必须注意玻璃胶、底涂的生产日期，严禁使用过期产品涂胶后玻璃应立即装配，不
4	粘贴打好玻璃胶的前风挡	得超过15分钟，调整好间隙，尽量不要串动位置
5	用PVC胶带把1粘贴牢靠	粘接24小时后撤除，玻璃底涂和玻璃胶位置吻合。

序号	零件号	零件名称	数量

序号	工装编号	工装名称	技术参数	数量
1		PVC胶带	300mm	4
2				
3				
4				
5				

编制(日期)	审核(日期)	标准化(日期)	会签(日期)

标记	处数	更改文件号	签字	日期	更改文件号	签字	日期

图 5 - 3 - 2　某公司前风挡玻璃涂胶工艺卡 2

5.3.1.1　汽车总装生产线风挡玻璃涂胶工艺

1）清洁连接处，安装隔水片

用干净擦布将挡风玻璃需涂胶的凹槽内擦试清整干净，无油渍、灰尘、水、锈杂物。

将清洗剂 Terostat 8550（无色）摇均，用干燥、干净擦布沾取，薄薄地擦试在挡风玻璃的黏合表面及车头凹槽黏接面；该清洗剂如沾到油漆面时应立即用干净纱布擦去。

用双面胶带安装隔水片。注意：不要触摸玻璃表面。

2）玻璃表面涂底涂

开启前摇动包装罐；启开后随时关闭，保护剩余材料。用油画笔沾取底涂 Terostat 8521，涂于完全干燥的黏接表面挡风玻璃黏接面，等常温完全干燥后再进行施胶。

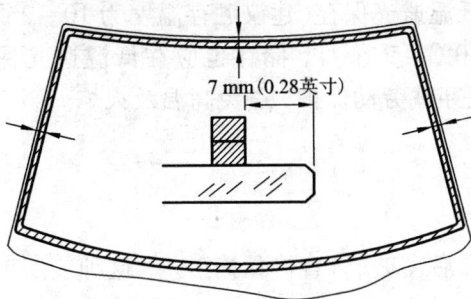

图 5 - 3 - 3　安装隔水片

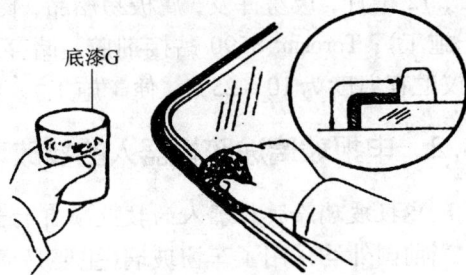

图 5 - 3 - 4　玻璃表面涂底涂

3）玻璃表面涂胶

挡风玻璃凹槽黏接涂胶（黏接剂胶时温度不能低于
5℃，若在低温下施工必须将胶筒加热至35℃）。将 Terostat
8590 黏接剂胶嘴切开，呈现三角形，放置于汽动枪内，将每
筒最外面的不稳定胶料挤出，不用。将胶嘴放于需涂胶的
凹槽内，均匀涂胶，挤出的胶条形应为三角形。胶面高出玻
璃钢表面(6±2)mm，宽度(5±1) mm，适当留有余量。

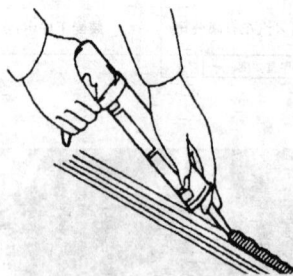

图5-3-5　玻璃表面涂胶

4）挡风玻璃的安装、修整

4 人合作，2 人用吸盘搬住玻璃左侧，另 2 人在吸盘搬
住玻璃右侧，缓慢放下，合力将玻璃放置安装凹槽内（注意，此时需将后挡风玻璃的电热丝接
线，绝不能将电热丝接线压在玻璃与安装框之间）。

轻压玻璃，使之与 Terostat 8590 黏接剂完全接触，并使安装玻璃与车体周边平整，二者
在同一平面内。

凹槽刮胶：涂胶后立即用金属刮刀或橡胶刮刀刮平胶缝，修平表面，保证光滑表面。

修补若刮涂时发现缺陷，可压住刮刀，使胶条呈凹状，重新涂胶。所有未固化胶及底涂
用 Terostat 8550 清洗剂擦试。

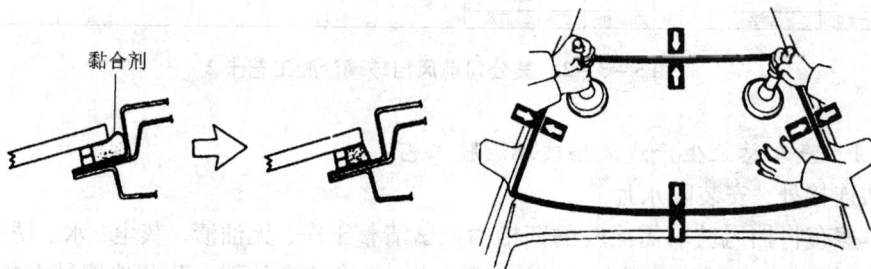

图5-3-6　玻璃黏接

5）挡风玻璃的固化

该胶须 24 小时后完全固化。

注意事项：底涂剂 Terostat 8521、清洗剂 Terostat 8550，无色透明 、储存期温度为15～
30℃，12 个月，极易挥发，属极易燃品，储存应在低温避光保存（建议贮存温度为 10～25℃，
便于施工）；Terostat 8590 黏接剂胶，储存期 15～30℃。9 个月，储存也应在低温避光保存
（建议贮存温度为 10～25℃，便于施工）。施工时应穿戴劳动保护，避免高温及火焰。

5.3.2　申报玻璃涂胶机器人的技改项目

1.申报玻璃涂胶机器人的技改项目的意义

当前国外均采用了车窗玻璃（主要是风挡玻璃和后窗玻璃）直接黏接工艺，这种装配工艺
使得车窗玻璃与车身结合成为一个整体，大大减少工人的劳动强度，机械手臂的黏接使得车
体和玻璃受力均匀，保证玻璃与车身结合力增加。同时由于机械手臂黏接剂直接密封，提高
了车窗的密封一次合格率。机器人涂胶系统具有生产节拍快、工艺参数稳定、产品的一致性

好、生产柔性大等优点。

汽车工业用机器人性能不断提高(高速度、高精度、高可靠性、便于操作和维修)，而单机价格不断下降，平均单机价格从 1991 年的 10.3 万美元降至 1997 年的 6.5 万美元，到最近汽车工业用机器人的单机采购价格已经降到 3 万欧元，30 万人民币可以购买一台。用一个较小的投入，在三年内回收投资，改进当前生产现状十分有必要。

2.玻璃涂胶机器人的现场条件

生产现场的两工位，长度为 5.5 m×2

现在生产节拍为 3.5 min。

前风挡玻璃图纸 1600 mm×1000 mm×5 和后风挡玻璃图纸 1400 mm×900 mm×5

风挡玻璃图纸涂胶工艺卡

3.玻璃涂胶机器人技改项目技术可行性论证

机器人的选型必须保证以下的要求：

(1)能够在两工位 11 m 内完成布置前风挡玻璃和后风挡玻璃机器人；

(2)机器人 P 点范围必须大于前后风挡玻璃尺寸；

(3)机器人承载载荷必须大于风挡玻璃与夹具的总重量；

(4)机器人安装所需的水、电、气供给；

(5)机器人完成前风挡玻璃时间必须小于生产节拍；

(6)安装机器人采用倒置安装 P 点范围，小于车间横梁高度。

4.玻璃涂胶机器人技改项目经济性(3 年期)论证

技改项目经济性需要那些计算初始条件？

使用 Terostat 8590 西卡胶成本是多少？

如何保证 3 年期回收投资？

可以从哪些方面实现节约？达到哪些优点？

如何将投资总额控制在一定范围以内？

课后思考题

1.简述汽车装配工艺过程。

2.简述汽车总装配线的构成。

3.简述汽车检测线检测的内容与方法。

4.简述汽车检测线的管理

5.汽车装配生产的组织形式有哪些？

6.汽车装配工作主要包括哪些环节和内容？

7.汽车装配的技术要求有哪些？

8.汽车装配流程有哪些？

9.汽车装配厂主要设备有哪些？

设备采购计划项目预算书

项目名称：_____

申报单位：_____

单位负责人(打印、签名)：_____

项目负责人(打印、签名)：_____

×××××××有限责任公司制

设备采购计划项目预算书预算表填制说明

一、在填写本预算表之前，项目执行人及项目申报单位应认真阅读《科技资金管理暂行办法》，并了解其他有关制度的规定。

二、本预算表应由项目负责人会同申报单位财会部门共同编制。

三、本预算表粗实线框内部分由集团公司填写，其余部分由项目负责人逐项填列，不得漏项。没有的项(或不填的项)请画出"/"，以表示此项在编制经费预算时不予考虑。

四、除填写本预算表外，应单独提交详细的预算编制说明书。

五、项目预算要根据项目申报书中确定的研究内容、技术路线、试验方法、研究目标、研究周期、参加人员等内容认真编制。

六、与项目有关的前期研究(包括阶段性成果)支出的各项经费不得列入本预算表。

七、人员费，指直接参加项目研究的全体人员支出的劳务费用。人员费按申报单位现行工资标准编列，并按全时工作时间计算到人月。其中，对主要研究人员费用按姓名列示。

八、设备费，指项目开发研究过程中所需的中小型仪器设备(单价在 20 万元以下)购置、商业软件购置和样品样机等试制费用。需购置的单台价值超过 5 万元人民币的仪器设备应在附表中列示清单，包括设备名称、设备型号、单价、拟购置数量、生产国别、主要技术性能指标、购置理由等。

九、相关业务费主要包括：

1. 材料费：是指在项目实施过程中由于消耗各种必需的原材料、辅助材料等低值易耗品而发生的采购、运输、装卸和整理等费用，大宗材料和贵重材料应单独列示。

2. 测试化验加工费：是指在项目实施过程中由于承担单位自身的技术、工艺和设备等条件的限制，必须支付给外单位(包括项目承担单位内部独立经济核算单位)的检验、测试、设计、化验及加工等费用。

3. 燃料及动力费：是指在项目实施过程中相关大型仪器设备、专用科学装置等运行发生的可以单独计量的水、电、气、燃料消耗费用等。

4. 差旅费：是指在项目实施过程中开展科学实验(试验)、科学考察、业务调研、学术交流等所发生的外埠差旅费、市内交通费用等。

5. 会议费：是指在项目实施过程中为组织开展相关的学术研讨、咨询以及协调任务等活动而发生的会议费用。

6. 劳务费：是指在项目实施过程中支付给项目组成人员中没有工资性收入的相关研发人员(如在校研究生等)和临时聘用人员等的劳务性费用。

7. 专家咨询费：是指在项目实施过程中支付给临时聘请的咨询专家的费用。专家咨询费不得支付给参与项目研究及其管理相关的工作人员。

8. 其他费用：是指在项目实施过程中除上述支出项目之外的其他直接相关的支出。如：国际合作与交流费，出版、文献、信息传播、知识产权事务费等。预算编制说明中应对其他费用的主要内容及金额详细列示。

十、科技管理费，指科技研发资金统筹单位用于开展科技管理工作的相关费用，主要包括科技交流、宣传、咨询、调研、考察、表彰奖励等工作的费用。

十一、新技术新工艺推广费，主要指首次使用国内外研发的新技术新工艺推广过程中发生的设备购置、建筑安装及试运行等项费用。

十二、从其他渠道获得的资助，应在预算说明书中列示。

十三、《×××××××有限责任公司科学技术研究计划项目预算表》及其有关附表的相关数据应保持一致，做到准确、无误。

设备采购计划项目预算总表

单位：万元(保留两位小数)

预算科目	预算数	批准数	备注
(1)	(2)	(3)	(4)
支出预算合计			
一、人员费			
其中：项目负责人			
主要研究人员			附表 1 列示
二、设备费			
1. 购置费			
其中：单价 5 万元(含)以下的设备			
单价 5~20 万元的设备			附表 2 列示
2. 试制费			
三、相关费用			
1. 材料费			附表 3 列示
2. 测试化验加工费			
3. 燃料及动力费			
4. 差旅费			
5. 会议费			
6. 劳务费			
7. 专家咨询费			
8. 其他费用			
9. 工程费			
四、科技管理费			
五、新技术新工艺推广费			
来源预算合计			
一、承担单位自筹资金			
二、从其他渠道获得的资助(如果可能)			

项目负责人及主要研究人员费预算明细表

单位：万元（保留两位小数）

序号	姓名	年龄	现专业技术职称	投入本项目全时工作时间（人月）	在本项目中承担的主要工作	预算数	
						标准（元/人月）	金额
	(1)	(2)	(3)	(4)	(5)	(6)	(7)
1							
2							
3							
4							
5							
6							
7							
8							
合计							

注：本表（7）列合计数=预算数（2）列相关数字。

预备费预算明细表(单价5~20万元)

单位：万元(保留两位小数)

序号	设备名称 (1)	设备型号 (2)	单价(万元/台/件) (3)	拟购置数量(台) (4)	总价 (5)	生产国别 (6)	购置理由、用途 (7)	主要技术性能指标 (8)	同类设备国内分布状况(是否已加入仪器公共协作网) (9)
1									
2									
3									
4									
5									
6									
7									
8									
9									
合计	/					/	/	/	/

注：①单价5万元以下设备购置总价＿＿万元；
②本表(5)列合计合计数=预算数(2)列相关数字。

相关业务费——材料费预算明细表

单位：万元（保留两位小数）

材料类别 (1)		计划数量 (2)	单价（万元/单位数量）(3)	金额 (4)	用途 (5)
一、原材料	其中：				
	其中：				
	小计				
二、辅助材料					
三、低值易耗品					
四、其他材料费用					
合计					

注：①原材料"其中"栏填列大宗或贵重材料名称；
②本表（4）列合计数=预算表（2）列相关数字。

设备/工装

序号	名称	规格/型号	编号
1	施胶机		Z11-004

装配工具

序号	工具名称	规格/型号	扭力范围

装配零件清单

序号	零件名称	零件编号	数量
1	玻璃清洁剂	Terostat8550	10 mL
2	玻璃底涂剂	Terostat8521	10 mL
3	玻璃胶	Terostat8590	180 g
4			
5			
6			
7			
8			

辅助材料清单

序号	材料名称	规格/型号	用量	备注
1	一次性擦试布		0.5	钣金清洁用
2	毛画笔	9号/10 mm(宽)	0.03	涂底涂用

序号	作业内容	技术要求	关键
1	取出清洁剂,对玻璃四周、密封条内侧宽度约为20 mm的带状区域进行清洁处理(如图X)		
2	待清洁区域吹干后,用毛笔在玻璃边沿沿着的印刷网格线区域涂底涂剂,要求底涂剂涂满		
3	手拿涂枪枪沿着涂胶,使胶涂在玻璃四周均匀,要求密封胶部宽度为8~10 mm,密封胶高度为12~14 mm		
4	检查涂胶是否均匀,调整涂胶不合要求的区域,对已打玻璃胶的需在20 min内装上车框		

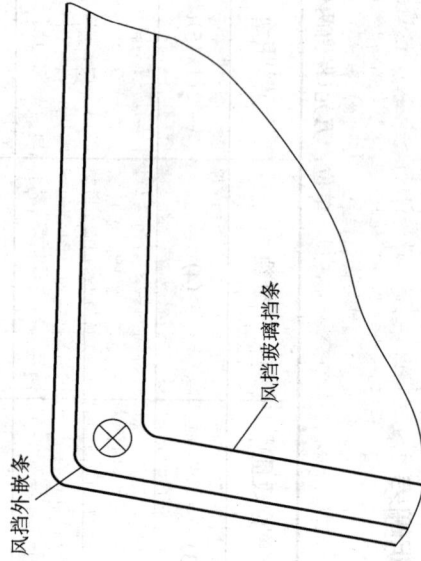

风挡玻璃挡条

风挡外嵌条

工作时间	尺寸A	尺寸B	尺寸C	尺寸D	尺寸E	尺寸F	尺寸G	尺寸H	体积
KR 120 R2500 pro	2826 mm	3051 mm	2496 mm	1699 mm	797 mm	1532 mm	1000 mm	1150 mm	55 m²
KR 90 R2700 pro	3026 mm	3451 mm	2696 mm	1874 mm	822 mm	1732 mm	1200 mm	1150 mm	55 m²

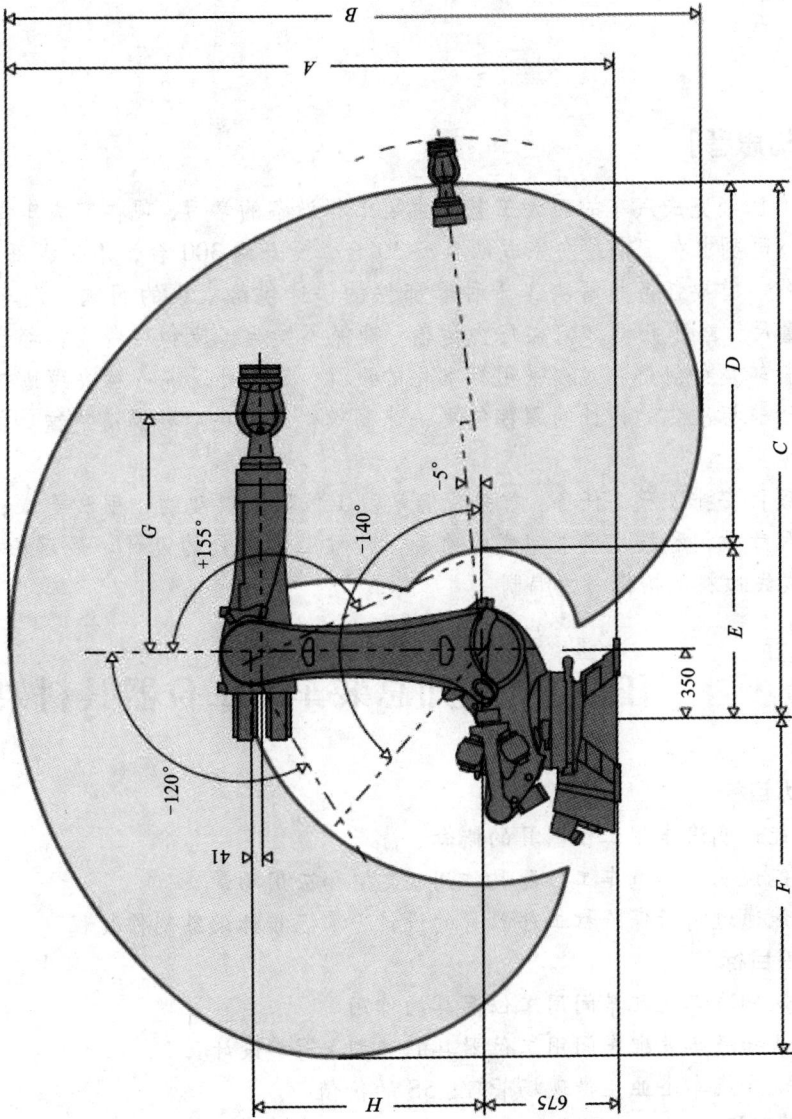

项目六　总装工位器具料架的设计招标

【观察与思考】

　　我们已经完成汽车的四大工艺的主要工程设备的学习，现在完成车型的试制和小批量生产，总公司要求在三个月内完成从日产 30 台，提升到 300 台，并完成每个车间线边 5S 定置管理工作。首要任务是解决 3 千种零部件的快速供给上线的问题。汽车的零部件的形状大小、重量尺寸各不相同如何在厂内运输，确保不发生工废和料费呢？经过工艺的调整不同工位间物料转运如何解决呢？采用标准化的设计，是否可以统一解决线边物料的摆放和管理问题？对于非标准化的设计问题如何更快速高效得到解决？要搞清楚这些问题，下面就开始本项目的学习。

　　本项目安排了三个任务，首先我们学习工位器具料架的作用和要求；依据前后保险杠的零部件尺寸数模和技术要求完成的前后保险杠工序器具的设计。最后依据年产 12 万辆车需求，完成线边料架招标书的编制。

任务 1　认知总装车间工位器具料架

能力目标

- 能说明汽车用工位器具的概念、特点
- 能说明汽车汽车工位器具作用、类型和应用场景
- 能通过前后保险杠工序器具的设计，掌握非标设备制作过程

知识目标

- 认知汽车装配车间用工位器具的作用
- 认知汽车装配车间用工位器具的选型、简单设计
- 认知汽车企业生产现场管理、5S 的价值

素养目标

- 工作中的 5S 意识、精益成本观念
- 独立思考、善于总结
- 按标准做事，遵章守纪

【任务引入】

观看汽车保险杠喷漆生产线视频，讨论并回答问题：

（1）像保险杠这样的"泡货"应该怎样运输？怎样才能以最小成本生产？

（2）如何完成将当日库中的座椅和保险杠送到总装线边？

（3）你认为对保险杠应该怎样保护？为什么？

图 6－1－1　汽车保险杠喷漆生产线

图 6－1－2　汽车保险杠喷漆生产线二维码

6.1.1　汽车工位器具的概念

工位器具属于"工装"的范畴，"工装"是产品制造过程中所用的各种工具的总称。在GB/T 4863—2008《机械制造工艺基本术语》中工位器具的概念在工作地或仓库中用于存放生产对象或工具用的各种装置（图 6－1－3）。

在一般机械制造企业里，工位器具是指生产过程中用于盛装或（和）运送材料、毛坯、半或品、成品及各种零部件的辅助性用具。在生产车间各工位上使用的器具。一般包括用于零部件的放置、转运和方便工人操作的各种料架、操作台、工艺车等。

工位器具的概念扩展后，也包括工作台、操作台，甚至辅具等。

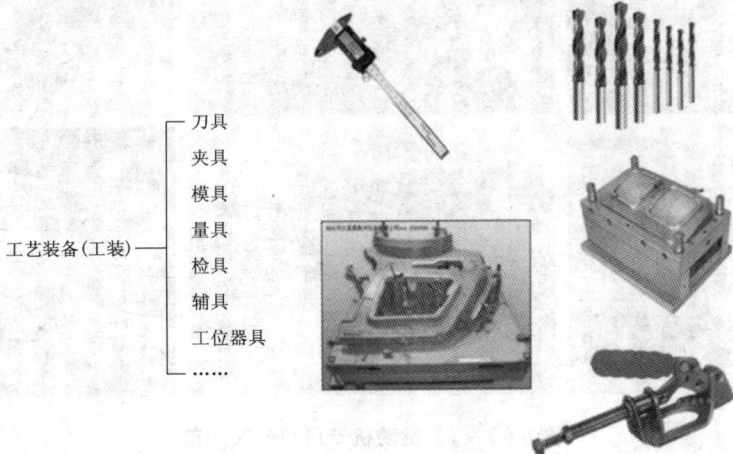

工艺装备（工装）——
刀具
夹具
模具
量具
检具
辅具
工位器具
……

图 6－1－3　工装种类

6.1.2　汽车工位器具的的作用和意义

6.1.2.1　从扬州柴油发动机厂的物流器具改造看效益

每一个发动机厂都使用大量的物流器具和工位器具，对于扬州柴油机厂这样的制造企业的改造难度很大，但管理层已认识到物流管理水平对企业发展的重要性，成立物流管理部门开始对物流器具和工位器具逐步改造，经过三年改造，大幅提高企业效益，现已初见成效。

（1）改造前发动机整机料架实际上是用角钢焊接的简单托架，每个发动机放在一个托架上，虽然料架的成本低，但该料架结构不符合物流作业要求，不能堆垛，发动机只能平面摆放在地上，仓库空间浪费，也无法实现货区货位管理和先进先出管理，也用不上先进的 ERP 系统；同时，由于该料架质量不足，使用寿命短，造成每年大量的浪费。

（2）该料架不能用于整机运输包装，而使用木箱包装，每个木箱成本按 100 元计，年产量按八万台计，每年用于运输包装的成本是巨大的。

（3）由于整机存放与运输包装器具的不同，企业内部物流作业程序增加；木箱包装到汽车厂后存在拆箱再转放到专用料架的过程，因而造成客户满意度降低，并且增加了整个物流作业的成本。

新的整机料架满足了物流各环节作业要求，装机可堆垛三层，充分利用了物流空间；实现货区货位管理，可用于长途运输和汽车厂用户的厂内物流周转，整个物流过程不更换包装，作业环节减少，达到了保护发动机质量、降低物流成本、提高客户服务满意度的管理目标。

改造前，零件加工面与料架钢结构直接接触，零件之间相碰，对表面质量没有保护（图6－1－4）。

图6－1－4　发动机专用料架改造前

改造后，料架用 PVC 材料设定保护定位功能，零件的每一个加工表面都得到保护，并且

图 6 - 1 - 5　发动机专用料架改造后

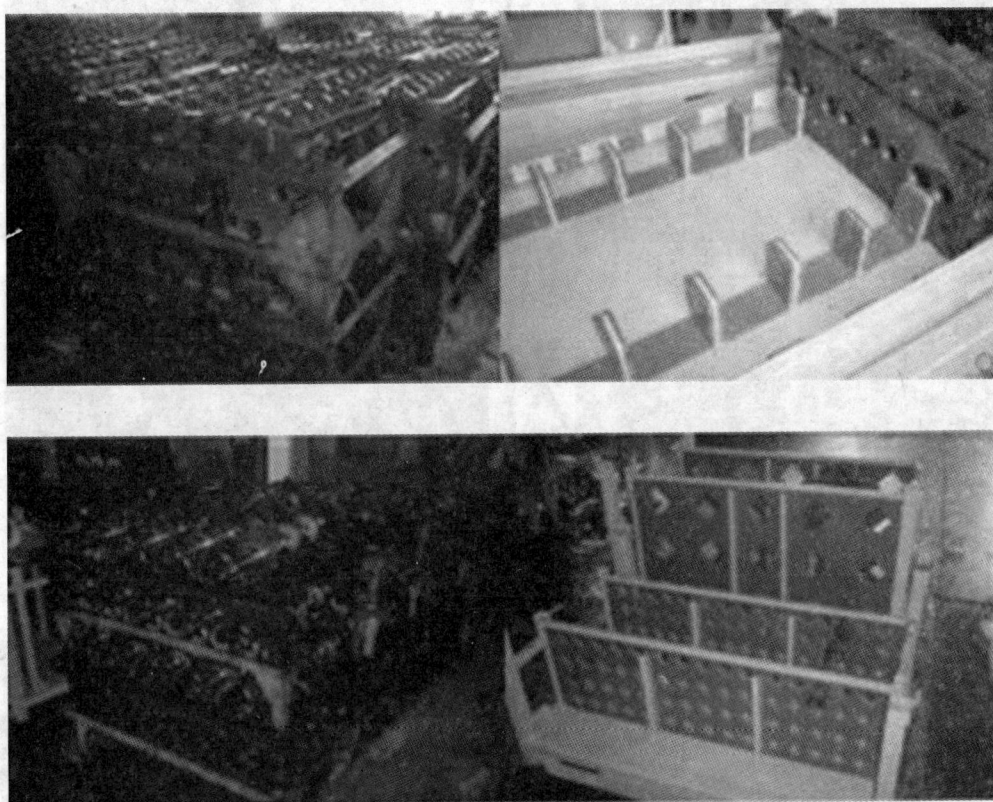

图 6 - 1 - 6　发动机四大件专用料架改造

料架堆垛的安全性得以充分保障，最大程度减少了物流作业产生废品的可能。

6.1.3　汽车工位、物流器具保证质量

6.1.3.1　零部件保护是第一要素

保护零部件质量是物流器具和工位器具选型方案的第一要素，必须做到：

（1）与零部件接触部分的材料硬度必须比零部件表面硬度小，避免零部件表面被损坏。

（2）物流器具和工位器具的结构设计必须做到零部件摆放整齐，避免相互碰撞，并支持目视化管理。

图6－1－7　总装库房料架改造前后对比

6.1.3.2　提高现场目视化管理效果

图6－1－8　总装料架改造前后对比3

6.1.3.3　体现最高物流成本、最低生产效率的基础配置

物流中心的任务是以最低的资源成本、最高的作业效率和最小的浪费保障最高的生产能力。必须做到用专业的物流器具和工位器具对所有的生产物料进行规范化的包装、陈列、准备、配送，库区库位明确、配送周期明确、配送路线明确、配送运输工具专业，建立高度透

图 6 - 1 - 9　总装料架改造前后对比

图 6 - 1 - 10　总装料架改造前后对比 3

明、高度规范的精益物流管理体系。

6.1.3.4　制造高质量的汽车的前提

总装线由装配作业区、物料存放区、物流通道区组成，这三者必须在工厂平面规划中结合工艺流程要求，以实现物流高效为目标给以明确设定，并在工厂实际地面上予以标识。

生产线的工位器具和物流器具管理与物流中心的器具管理必须高度统一，从物流中心配送到组装工位的零部件必须用专业化的工位器具和物流器具包装摆放，达到组装工人作业方便高效、对零部件质量保护、工位物料区空间充分合理利用、保证作业安全、同时保持车间

图 6-1-11　总装料架改造前后对比 4

作业视野通透性等关键目标。

6.1.4　汽车工位器具的分类

在 GB/T 1008—2008《机械加工工艺装备基本术语》的工位器具术语中列出了八种工位器具,如表 6-1-1 所示。

表 6-1-1　工位器具的分类

名称	作用
工具箱(柜)	用以存放工具的箱(柜子)
工件箱	用以存放半成品、成品的箱子
料箱	用于存放原材料、毛坯等的箱子
工具架	用以存放工具的架子
工件架	用以存放半成品、成品的架子
料架	用以存放原材料、毛坯的架子
运输小车	用以搬运原材料、毛坯、半成品、成品等的小型车子
托盘	用以存放轻小的工具或工件等,形状似盘形的器具

工位器具按结构特点及用途可分为箱类、托盘类、架类、容器类、柜类、车类、工作台和专用器具等。箱类一般用于小件的中转,并且工件不需要规则放置,可放多层;托盘类一般用于较大件的周转,工件一般是单层规则放置;架类一般放在某一固定的位置不动,一般分多层;容器类一般用于液体的存放及周转;盒类一般用于小件如标准件的存放及周转;柜类一般用于工件的存放及展示;车类一般用于须在一定范围内近距离移动的场合,如部件部装、维修、调试等;工作台则便于操作者对零部件的加工、装配、包装、检测和维修等。

6.1.4.1　工作台/工作桌

工作台供装配作业和其他作业使用,可根据作业要求选用轻型工作台或重型工作台,并可选用配带吊柜或工具柜存放工具(图 6-1-12)。台面材料可选用多层压木板、实木板、指接实木板、防护板、复合塑料板、防静电板、不锈钢板。

有相当大部分装配作业需要用到小的标准件和多种装配工具,需选用带有桌上挂板的装配工作桌。该挂板可挂零件盒和各类工具,改善作业现场的 5S 管理。

图6-1-12　工作台工位器具

6.1.4.2　工作站(Work Station)

在欧美企业工厂的装配作业和质检作业部门,可以看到很多功能更多的工作桌,称为工作站(Work Station)(图6-1-13)。桌上部分根据作业需要安装有放置零件盒的搁板、放仪器仪表的台面、装滑移轨道配平衡器(Balancer)用于悬挂作业工具、并配汽动工具作业要求的压缩空气管路接口等,这种工作站是真正从作业环境的改进来提高作业效率。我们公司已为西门子、庞巴迪等知名的欧美公司提供此类工作站的服务,相信越来越多的工厂会使用工作站。

图6-1-13　工作站工位

在汽车行业,很多工厂利用线棒的柔性特点来设计建造工作站(图6-1-14)。线棒最早由日本丰田汽车工厂使用,线棒实现了用标准材料解决非标专用料架的难题,具有应用灵活、非标能力强、可持续改进、随时根据需要设计搭建料架、有效保护零件表面质量等特点,是精益物流管理的有力工具,近几年在中国被越来越多地应用。

图6-1-14　线棒工位料架(流离货架)

6.1.4.3　移动工位作业车

有些作业没有固定的工位，但需要少量的零件、工具、作业台面，可选用可移动工位作业车(图6－1－15)。

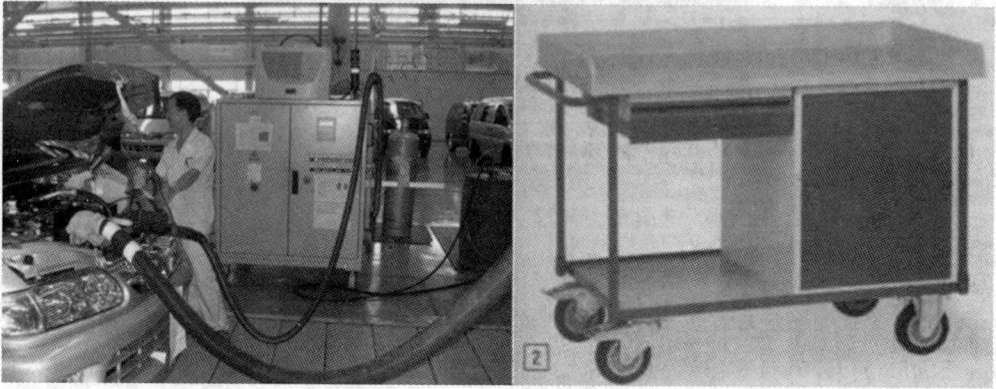

图6－1－15　移动工位工作车

6.1.4.4　定点工位料架

特定工位料架的选型应重点解决工位空间的利用、人机界面的改善和作业效率的提高(图6－1－16～图6－1－20)。

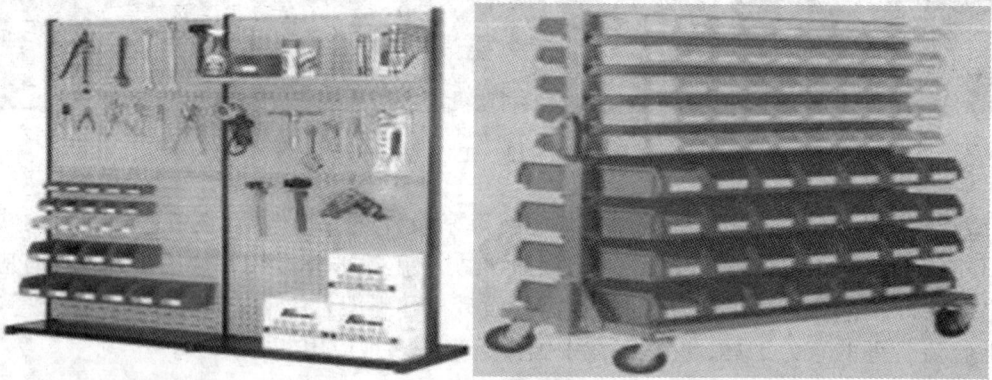

图6－1－16　特定定点工位料架1

1)物料整理架/零件架

灵活机动，可用于标准件、小零件的管理，也可用于改进工具的5S管理。

2)斜面料架/斜面料架车

配用周转箱或零件盒存放零件，由于其结构采用斜面搁板，容易看清料盒内的零件，拿取零件作业方便，人机界面好，作业效率高，是最好用的工位料架之一。

3)滑移式货架

与斜面料架特点相近。物料周转箱从滑移式货架的后端放入，滑到作业端，实现先进先出的物流作业要求，并可在一个料架上对十到二三十种零件的有效管理，是先进制造业工位

图 6 - 1 - 17　特定定点工位料架 2

图 6 - 1 - 18　特定定点工位料架 3

器具的代表，适合于装配作业物流量大的工位。

4）专用料架

对于外形特殊、体积大、质量重等不适合用周转箱存放的一些零件，需采用专用料架。其中，外形特殊且大的零件可采用线棒搭建专用料架解决，重的零件用钢结构料架解决。

图 6 - 1 - 19　特定定点工位料架 4

5）工位之间的物料转移

除了质量大的加工零件以及长距离使用托盘和叉车搬运外，大部分零件均可采用各类工位推车来实现工位间短距离的物料转移搬运。工位推车除了搬运功能外，还可用于零件的临时作业存放，应用能力强。

此外，也可用物流台车和乌龟车用于工位间搬运。

图 6 – 1 – 20　物料转移工位料架

6.1.4.5　局部公共管理：工具库、刀具库、综合区

（1）工具库：种类多、量大、共用性强的工具，可用零件盒配搁板货架、工具柜、组合工具柜等建立工具库，由专人进行统一管理。

（2）刀具库：刀具多的机加工车间，可用刀具架、组合置物柜、刀具车等建立刀具库，由专人进行统一管理，各加工工位所需的刀具采用刀具车搬运。

图 6 – 1 – 21　工具、刀具库料架

6.1.4.6　运输外包装

运输包装的方法很多，这里介绍两种新的包装：吸塑包装和天地盖包装。（图 6 – 1 – 22）

吸塑包装的方法是用抗冲击韧性好的塑料板通过加热吸塑成型，形成与需包装的零件外形相配合的定位结构，零件分布摆放在吸塑盘上，零件之间互不接触，避免了储存运输中零

件相互碰撞的问题，保护零件质量。同时，吸塑盘可相互堆垛，并用拉带上下扣紧，存储空间利用率高、安全。这种包装与钢结构专用料架比，对零件质量保护更有优势。

图 6 - 1 - 22　运输外包装

6.1.5　汽车工位器具的结构要求

6.1.5.1　安全性结构要求

（1）工作台面高度超过 1500 mm 的移动工作架、工艺车，垂直断面必须为梯形，即上窄下宽，以增加稳定性。底座的宽度应比工作台面至少大 150 ~ 200 mm。

（2）移动工作架、工艺车的护栏、阶梯（图 3 - 20）：

护栏高度：800 ~ 1000 mm，取 100 的整数倍；默认尺寸为 1000 mm。工作台面上要求三面护栏，正对操作面的一侧可不设置护栏，对着阶梯一侧的护栏设置成可开合的结构（护栏门），阶梯两侧设置扶手。

阶梯：斜度：≤60°，踏步（台阶）高度：250 ~ 300 mm。

图 6 - 1 - 23　安全性结构要求

（3）刹车装置：

可移动的工作台、操作架必须设置刹车装置（图6-1-24）；移动料架、物料周转车视具体使用情况选择使用刹车装置。刹车装置必须与工位器具的底座等部位连接牢靠。

刹车装置的型式（根据实际情况选用）：

①采用带刹车器的脚轮；

②采用单独的支撑架（与脚轮规格配套）；

③采用螺旋丝杠或其他可靠刹车装置。

图6-1-24 刹车装置

（4）带脚轮的工位器具，如果承载较重或一旦脚轮失效会倾覆诱发安全事故的，应在脚轮附近设置固定的安全支柱（图6-1-25）。安全支柱必须与工位器具的底座等部位连接牢靠，支柱下端面距离地面30～40 mm。

5）针对具体物料放置情况，采取必要的措施和结构（图6-1-26），如挡块、插销、翻转销等，防止物料的滑动或从工位器具上脱落（也是产品防护的要求）。

图6-1-25 零部件固定装置

图6-1-26 零部件分隔装置

6.1.5.2 结构材料通用性要求

（1）工位器具的框架结构应尽可能选用型钢，即角钢、方钢管或槽钢等材料，支承面或工作面覆以薄钢板或木板。料架等工位器具应核算每层和总的载重量，按最大载重量及安全系数选择合适规格的材料。

（2）带脚轮的工位器具，脚轮的规格与承重要求相适应。使用环境恶劣的，应提高一个承载级别。

（3）工位器具的运输装置：对于需要搬运且自身不可移动的工位器具，应设置运输或起吊装置。装有工件以后总质量超过 30 kg 的，应有能方便地利用钢丝绳或吊带起吊的起吊销或吊装钩。料架、料箱、托盘及较大的容器等器具下面应留有足够的空间便于叉车运输，该空间高度一般不少于 80～100 mm。同时，对于承载较重的或易因工件放置不平衡造成工位器具侧翻或从叉车上滑落的，工位器具上应设置保护性叉脚限位装置，如叉脚挡块、挡杆等机构。

对于带脚轮可移动的料架和物料转运车，应设置拖挂（拖杆）装置。

对于可移动的工作架、操作车等器具，应设置扶手等便于人工推动的装置。

（4）对于贮存工件用的工位器具应考虑多层存放或堆垛放置（图 6 - 1 - 27）。堆垛存放时，应设置便于叠放的支脚。

图 6 - 1 - 27　多层存放或堆垛装置

（5）工件、产品的防护要求：

对于已喷漆的工件及车身内、外饰零部件，要求将件与件隔开，工位器具的支承面及间隔面覆以非金属柔性材料，如橡胶皮、塑料管、尼龙块、泡沫板或海绵等，避免零部件的磕碰或划伤。另外，涂装和总装车间使用的工位器具，尖角处、外表面可能与产品有接触或碰擦的部位均需包覆各种柔性材料，如泡沫或海绵等，避免车辆的划伤，防护装置并列如如图 6 - 1 - 28 与图 6 - 1 - 29 所示。

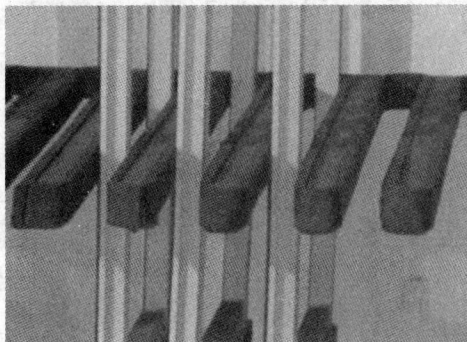

图 6 - 1 - 28　防护装置 1

图 6 - 1 - 29　防护装置 2

6.1.5.3　主机厂标准化要求

（1）颜色：根据我厂对工位器具的统一要求，所使用的工位器具的颜色都为奶白色。

（2）对于线棒式器具所选用材料：尽量选用轻质型材，但必须满足达到结实耐用的使用要求。

（3）对于焊接式器具底架的设计统一采用 40 mm ×40 mm ×2 矩形方管。

（4）底架以上结构以采用 40 mm ×40 mm ×2 矩形方管为第一原则，当 40 mm ×40 mm ×2 矩形方管不能满足工件实际摆放要求时，可用其他材料代替。

（5）零部件标识和器具标牌：实行零部件标识和器具标牌分开。零件标识采用塑料袋封装纸质标识，并且固装在显现位置上，其大小为 A5，内容为零部件名称、代号、数量和颜色（无颜色区分的此项可以省略）；器具标牌保证永久性且固定在左、右两侧面的右下底部处，标识内容必须含供应商代号、供应商名称、器具编号、净重、总重，字体均为宋体。

（6）存件当量：一般零部件的存件当量以 5 为基数，按 5 的倍数存放；小件的存件当量以 20 为基数，存放量最多不超过日双班产量，即 180 件。

6.1.5.4　对于焊接式器具的补充说明

1）设计铲运结构

工位器具底部结构应考虑叉车运送时其承载力和起重空间，可使叉车进入。根据工厂实际情况，要求工位器具底面和地面之间留出不少于 100 mm 的起重空间（图 6 - 1 - 30）。

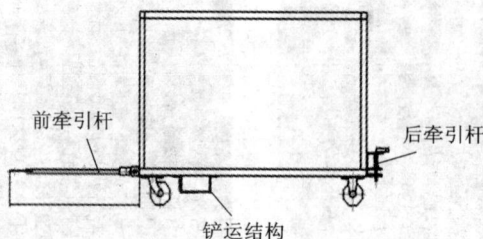

图 6 - 1 - 30　铲运结构

2）设计拖柄、拖钩结构

拖柄基本结构如图 6-1-31 所示，拖柄长度根据料架的尺寸不同，选择范围为 500～1200 mm（考虑至少能拖 3 个料箱）；安装高度为 150～300 mm。所用材料直径不得小于 15 mm。拖柄要求能在垂直平面内旋转，并在垂直位置有固定装置，以下两种拖柄可供参考。

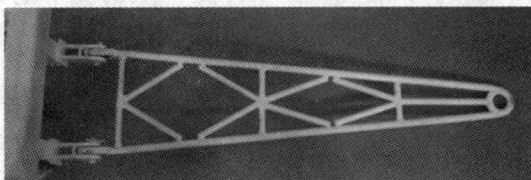

图 6-1-31　拖柄示意图 1

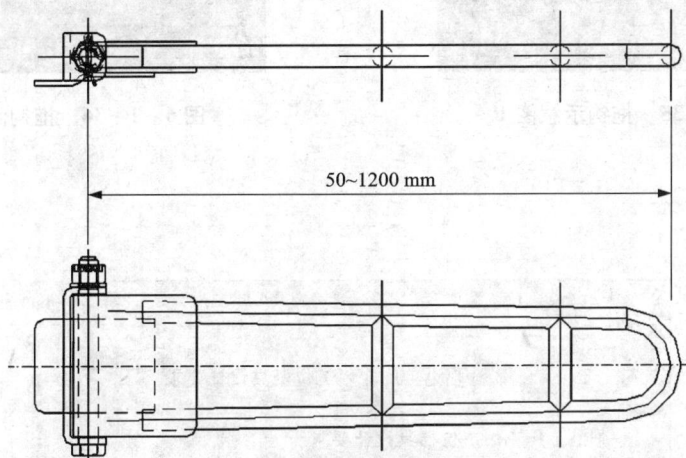

50~1200 mm

图 6-1-32　拖柄示意图 2

图 6-1-33　拖柄示意图 3

图 6-1-34　拖柄示意图 4

拖钩结构如图 6-1-35 与图 6-1-36 所示。拖钩所用材料直径不得小于 15 mm，内环直径在 50～80 mm，要求不易松动。拖柄、拖钩安装原则：

（1）料架只有一侧可以取料，则拖钩安装于取料侧，对面安装拖柄；

（2）长边与短边都可以取料，一般情况下拖钩安装于较短取料侧处，对面安装拖柄；若料架形状狭长，两取料侧长宽比例悬殊，这种情况下拖钩安置于较长取料侧，对面安装拖柄。

图 6 - 1 - 35　拖钩示意图 1

图 6 - 1 - 36　拖钩示意图 2

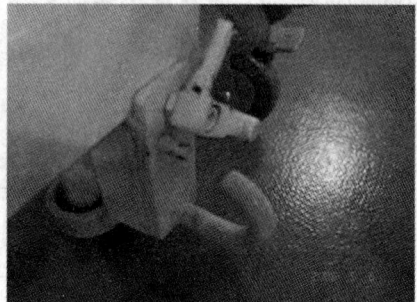

图 6 - 1 - 37　上汽工位料架颜色要求

任务2　汽车总装的前后保险杠工位器具的设计

能力目标
- 能说明汽车用工位器具的制作过程
- 能说明汽车汽车工位器的工艺参数
- 能通过简单工序器具的设计，掌握制作过程
- 能通过验证工序器具功能，掌握非标设备的验收流程

知识目标
- 认知汽车装配车间用工位器具的工艺作用
- 认知汽车装配车间用工位器具的设计、制作要求
- 认知汽车企业生产现场非标设备的验证、验收流程

素养目标
- 工作中的生产现场5S意识、精益成本观念
- 独立思考、善于总结
- 按标准做事，遵章守纪

6.2.1　汽车工位器具的简单设计

6.2.1.1　技术输入和工艺要求

（1）项目描述：前保险杠预装前雾灯、后保险杠预装倒车雷达和反射器与排气管装饰罩，需要预装支架支持。

（2）工作制度：全年工作300 d，每天工作时间21.5 h。

（3）生产条件及节拍：生产节拍为3.5 min/台；工位节距为6500 mm；生产模式：大线为流水线连续生产。

（4）环境条件：厂房内温度，−5 ~ −40℃。

（5）动能参数：三相五线制，AC380V ±7%，50 Hz ±2%；单相电，AC220V ±10%，50 Hz ±2%；压缩空气压力，4 ~ 6 bar。

（6）相关产品数模：2803010 − P01 前保险杠总成；2804001 − P01 后保险杠总成；1209100 − P01 排气管装饰罩总成；4116010 − P01 左前雾灯总成；4116020 − P01 右前雾灯总成。

6.2.1.2　材料选用和工艺参数

（1）颜色：奶白色。

（2）因保险杠总成相对较轻，采用30 mm×30 mm×3矩形方管。

（3）零部件标识和器具标牌：字体均为宋体。

（4）测算单套装配时间为1 min，按照日双班产量即180件，需要完成数量2台套。

（5）为了通用化设计，前保险杠、后保险杠公用一个尺寸，制作数量4套。

6.2.1.3　技术图纸、施工设计

（1）考虑操作方便，工件高度为700 mm。

（2）零部件的定位方式，采用泡棉圆弧支撑。

（3）因保险杠总成预装工位固定，不需要采用滚轮设计。

（4）布置照明要求400LX。

（5）按照双工位设计提供压缩空气和电源。

（6）采用充电式定扭扳手，防止过扭。

6.2.1.4　图纸绘制、制作施工

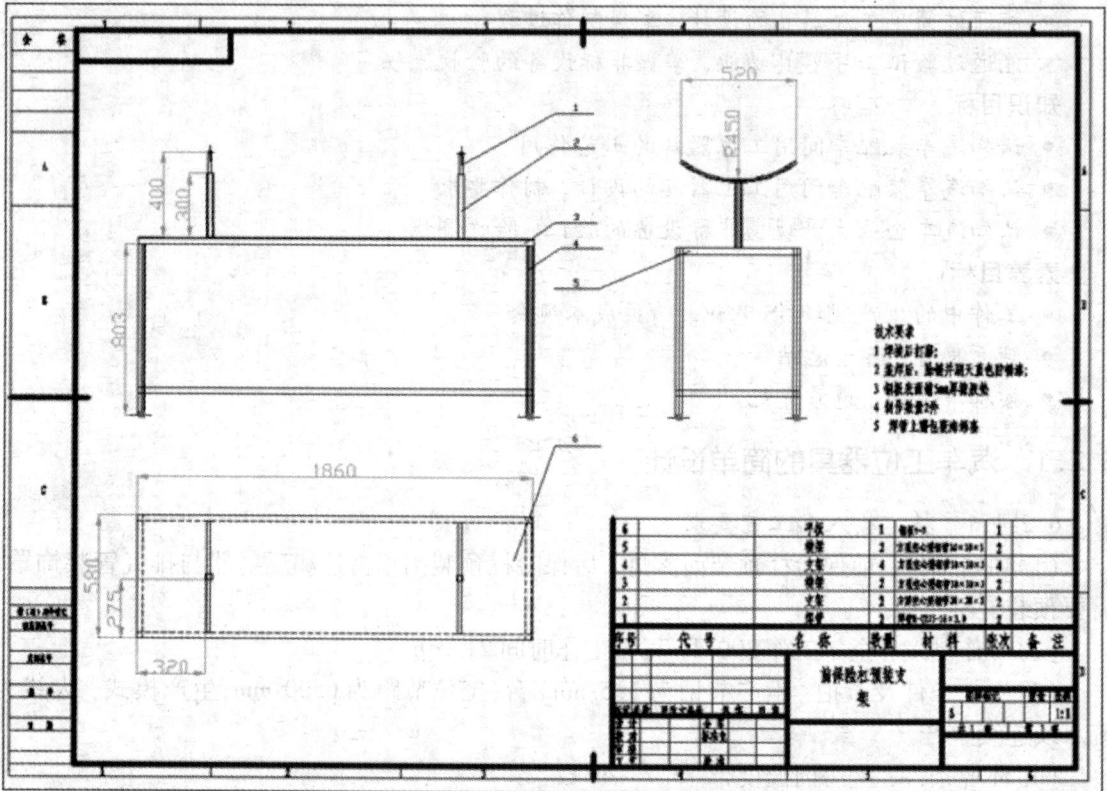

图6－2－1　保险杠总成预装台图纸

6.2.2　实际的现场验证

图 6-2-2　保险杠总成预装台实际验证使用

任务 3　年产 12 万辆车线边料架招标书的编制

能力目标

- 能说明汽车用工位器具的招标流程
- 能说明汽车汽车工位器具作用、类型和应用场景
- 能通过编制线边料架招标书，掌握非标设备的采购流程

知识目标

- 认知汽车装配车间用工位器具的作用
- 认知汽车装配车间用工位器具的招标、制作过程
- 认知工位器具缩短汽车企业生产现场管理、5S 的成本价值

素养目标

- 工作中的 5S 意识、精益成本观念
- 独立思考、善于总结
- 按标准做事，遵章守纪

依据年产 12 万辆规划车线边料架的需求种类，计算数量提出招标要求，完成招标书的填写，可以按照双班倒的形式排定，总装线按照 107 个工位排布。

6.3.1　参考采购招标公告实例

××××轿车股份有限公司 D003 项目车型总装滑移料架采购招标公告

招标编号：JLZQH-ZB-2012443CG

所属行业：其他

标讯类别：国内招标
资源来源：其他
所属地区：吉林

受××××轿车股份有限公司（以下简称"招标人"）委托，就 D003 项目总装滑移料架采购进行公开招标，具有提供标的物能力的生产企业均可前来投标。

1. 招标货物的名称、数量

序号	项目	种类	数量	备注
1	滑移料架	新增	341	颜色专用
2	滑移料架	改制	115	

注：具体内容详见招标文件技术要求。

2. 资格要求

2.1 投标人须是具有独立法人资格、有能力提供招标货物及服务的企业。

2.2 近年具有同类或类似货物供货业绩。

2.3 本项目不接受联合体、代理商及经销商投标。

3. 获取招标文件

3.1 凡符合资格要求的投标人，请持法人单位有效营业执照副本复印件、法定代表人授权委托书原件于 2012 年 8 月 23 日至 2012 年 8 月 29 日，北京时间 8 时 30 分至 16 时 00 分（法定公休日、法定节假日除外）向招标代理机构购买招标文件。

3.2 招标文件每套售价人民币 300 元整，售后不退。

3.3 招标文件如需电邮，投标人须将相关报名资料原件的扫描件电邮至招标代理机构，招标代理机构确认资料无误并收到款项后，以电子邮件方式发出。

4. 投标文件的递交

4.1 投标文件递交的截止时间（投标截止时间，下同）为 2012 年 9 月 14 日 9 时 00 分。

4.2 逾期送达的或者未送达指定地点的投标文件，招标人不予受理。

××××× 轿车股份有限公司滑移料架新增滑移料架改制采购招标

报名方式：按照要求，请符合条件的投标企业电话咨询获取注册报名的表格，进行报名登记注册。

联系人：×××（经理）138111××××

电话：010 - 5148××××××

手机：138111×××××

邮箱：×××zbcg××××××@163.com

地址：北京市海淀区永定路××××号院

6.3.2　填写招标文件技术要求

招标文件技术要求实例

表 6 - 3 - 1　货物(服务)类项目采购预算明细表

项目名称：

预算总金额(万元)：

填报时间：　　　年　　月　　日

序号	设备名称	规格型号材质技术性能参数	数量	单价	小计	建议品牌	服务要求	场地位置	对承重、电力负荷、水等要求	购置理由、论证情况	备注
11	前保险杠预装、后保险杠预装支架	(1)项目描述：前保险杠预装前雾灯、后保险杠预装倒车雷达和反射器与排气管装饰罩，需要预装支架支持； (2)工作制度：全年工作300 d，每天工作时间21.5 h； (3)生产条件及节拍：生产节拍：3.5 min/台工位节距6500 mm 生产模式：大线为流水线连续生产； (4)环境条件：厂房内温度 -5 ～ -40℃；保证装配过程中不出现划伤、碰伤，按照节拍完成任务，能够双工位操作实现双班执行	4	1	4		2人	2工位	动能参数：三相五线制AC380V ±7%50 Hz ±2%单相电AC220V ±10%50 Hz ±2%压缩空气压力4～6 bar	1)因保险杠总成相对较轻，采用30×30×3 矩形方管； 2)零部件标识和器具标牌：字体均为宋体	颜色：奶白色

表 6 - 3 - 2　货物(服务)类项目采购预算明细表(空表)

序号	设备名称	规格型号材质技术性能参数	数量	单价	小计	建议品牌(3个以上)	服务要求	场地位置	对承重、电力负荷、水等要求	购置理由、论证情况	备注
21	车门内饰板转运车										
32	水箱上横梁转运车										
33	油箱上线转运车										
44	线边料架										
55	线边料架用料盒										
66	前照灯上线转运车										
77	真空助力器上线转运车										
	总计										

6.3.3　投标书实例

投标书必须有公司法人签字，符合招标书的要求（图6-3-1）。

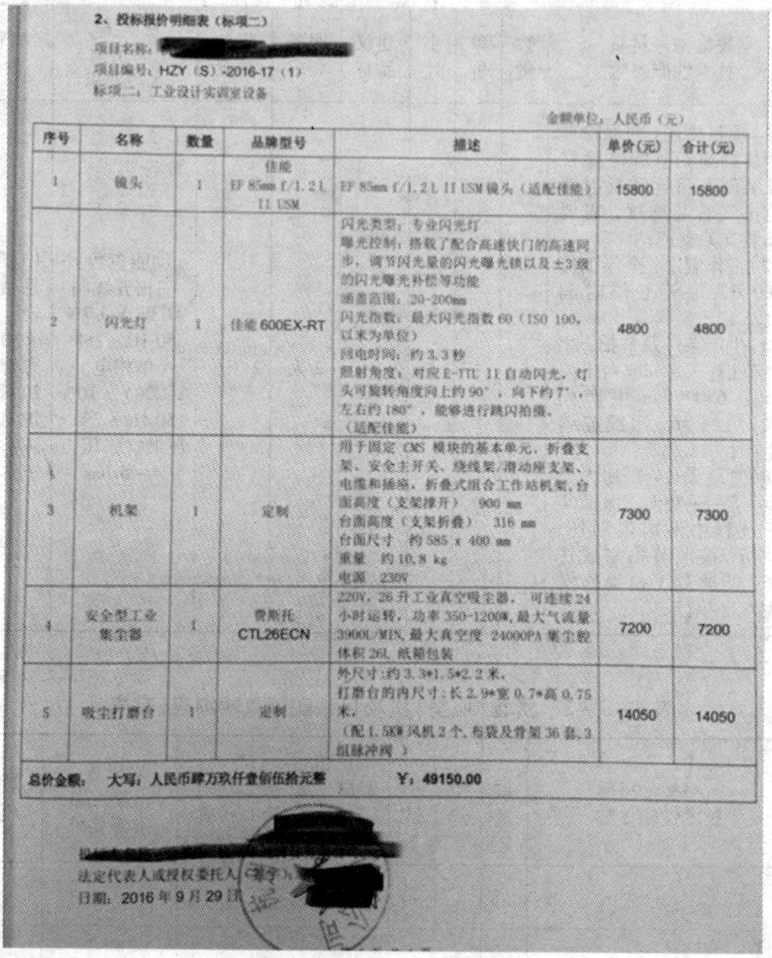

2、投标报价明细表（标项二）

项目名称：▓▓▓▓▓▓▓▓▓▓▓▓▓

项目编号：HZY（S）-2016-17（1）

标项二：工业设计实训室设备

金额单位：人民币（元）

序号	名称	数量	品牌型号	描述	单价(元)	合计(元)
1	镜头	1	佳能 EF 85mm f/1.2 L II USM	EF 85mm f/1.2 L II USM 镜头（适配佳能）	15800	15800
2	闪光灯	1	佳能 600EX-RT	闪光类型：专业闪光灯 曝光控制：搭载了配合高速快门的高速同步，调节闪光量的闪光曝光锁以及±3级的闪光曝光补偿等功能 涵盖范围：20-200mm 闪光指数：最大闪光指数 60（ISO 100，以米为单位） 回电时间：约3.3秒 照射角度：对应 E-TTL II 自动闪光，灯头可旋转角度向上约90°，向下约7°，左右约180°，能够进行跳闪拍摄。 （适配佳能）	4800	4800
3	机架	1	定制	用于固定 CMS 模块的基本单元、折叠支架、安全主开关、绕线架/滑动座支架、电缆和插座、折叠式组合工作站机架，台面高度（支架撑开）　900 mm 台面高度（支架折叠）　316 mm 台面尺寸　约585 x 400 mm 重量　约10.8 kg 电源 230V	7300	7300
4	安全型工业集尘器	1	费斯托 CTL26ECN	220V，26升工业真空吸尘器，可连续24小时运转，功率350-1200W，最大气流量3900L/MIN，最大真空度 24000PA 集尘腔体积 26L，纸箱包装	7200	7200
5	吸尘打磨台	1	定制	外尺寸：约3.3*1.5*2.2米， 打磨台的内尺寸：长 2.9*宽 0.7*高 0.75米。 （配1.5KW风机2个，布袋及骨架36套,3组脉冲阀）	14050	14050

总价金额：　大写：人民币肆万玖仟壹佰伍拾元整　　　¥：49150.00

法定代表人或授权委托人（签字）▓▓▓

日期：2016 年 9 月 29 日▓▓▓

图6-3-1　项目投标书

6.3.4　填写中标通知书

中标通知书实例如表6-3-2所示。

表6-3-2　项目中标通知书

采购人的名称地址联系方式：

标项序号	中标或者成交供应商名称、地址	主要中标或者成交标的的名称	规格型号	数量	单价	服务要求交期质保	备注（如有）

课后思考题

1. 简述汽车工位料架的功用。
2. 简述汽车工位料架的种类。
3. 简述汽车工位料架的要求与设计方法。

参考文献

[1] 范有发. 冲压与塑料成型设备. 北京：机械工业出版社
[2] 王纯祥. 焊接工装夹具设计及应用. 北京：化学工业出版社
[3] 王锡春. 涂装设计手册. 北京：化学工业出版社
[4] 贺展开. 汽车装配技术. 北京：机械工业出版社
[5] 吴复宇. 涂装工艺与设备. 北京：高等教育出版社

图书在版编目(CIP)数据

汽车制造设备与工装/杨立峰,程琼主编.
—长沙:中南大学出版社,2016.12
ISBN 978 - 7 - 5487 - 2648 - 7

Ⅰ.汽…　Ⅱ.①杨…②程…　Ⅲ.汽车－生产工艺　Ⅳ.U466

中国版本图书馆 CIP 数据核字(2016)第 314990 号

汽车制造设备与工装

杨立峰　程　琼　主编

□责任编辑	刘　辉		
□责任印制	易红卫		
□出版发行	中南大学出版社		
	社址:长沙市麓山南路		邮编:410083
	发行科电话:0731-88876770		传真:0731-88710482
□印　　装	长沙印通印刷有限公司		

□开　　本	787×1092　1/16	□印张 14.75	□字数 373 千字
□版　　次	2016 年 12 月第 1 版	□2016 年 12 月第 1 次印刷
□书　　号	ISBN 978 - 7 - 5487 - 2648 - 7
□定　　价	35.00 元